l'auteur & à son ouvrage, concluent à le rejetter comme trop contraire aux mœurs & à l'honnêteté publique.

Le Sr. Palissot argumente de-là pour faire une querelle aux histrions, sous prétexte que ce n'est point à eux à prononcer sur cette partie, qu'elle regarde la police, & qu'ils ne peuvent ni ne doivent s'en mêler.

3 *Avril* 1775. On parle d'une nouvelle épître de M. de Voltaire contre *les Pestes publiques, appellées Philosophes*. C'est sous le nom du chevalier de Morton que paroît cet ouvrage, qu'on juge aisément une ironie.

4 *Avril* 1775. Le vice-chancelier, pere du chancelier Maupeou, est à toute extrêmité. Jusqu'à présent son fils a vainement sollicité pour revenir.

6 *Avril* 1775. Le pere de M. le chancelier a été enterré ce matin. C'étoit un homme aimable, de la plus belle figure, une langue dorée, & qui, quoique très-ignorant, s'étoit fait un honneur infini du parlement. Il n'a pas soutenu son rôle, & il avoit fini par être l'homme le plus méprisable, lorsque son fils a voulu enchérir sur lui de bassesse & de perfidie.

6 *Avril*. Le sieur Palissot s'imaginant que le refus des comédiens n'étoit motivé, comme ils l'annonçoient, que sur l'indécence prétendue de sa piece, a eu de la police une approbation par le sieur Crébillon, qu'il a prodigieusement loué dans ses *Mémoires littéraires*. Muni de cette permission il a demandé une nouvelle assemblée. Les comédiens s'y sont trouvés au nombre de 24. Il n'y a eu que 5 voix contre 19. Ceux-ci,

piqués de l'opiniâtreté de l'auteur, lui ont déclaré que ce n'étoit que par égard pour son amour-propre qu'ils avoient fondé leurs refus sur la seule indécence du titre & du fond de sa comédie des *Courtisanes*. Mais qu'indépendamment de ce défaut contre les mœurs, ils y en trouvoient d'essentiels d'un autre genre; qu'il n'y avoit dans sa piece ni action, ni intérêt, ni goût, ni intrigue. En sorte que le sieur Palissot, furieux, en appelle au public, & va faire imprimer ses *Courtisanes*, ou *l'Ecole des Mœurs*.

7 *Avril* 1775. M. le Chevalier de Châtellux a été élu membre de l'académie Françoise, à la place de M. de Châteaubrun, le 29 du mois dernier. Il est auteur d'un livre intitulé : *de la Félicité Publique*, qui a eu beaucoup de succès. Il est le premier adulte qui se soit fait inoculer en France.

10 *Avril* 1775. Le Sr. Freron s'étant permis dans une des dernieres feuilles de son *Année littéraire* 1774, pour piquer ses lecteurs, de s'égayer trop indécemment sur le compte du Sr. Diderot, de le représenter même comme un apôtre de l'incrédulité, cherchant à la répandre & à l'accréditer, de le dénoncer en quelque sorte ainsi au gouvernement ; le parti des encyclopédistes, qui est aujourd'hui très-soutenu, s'est prévalu de la circonstance, a fait arrêter plusieurs numéros de l'année derniere, & suspendre la continuation de l'ouvrage du critique. Comme cet auteur n'a aucune conduite, qu'il n'a pas su profiter de sa fortune & se ménager une ressource pour l'avenir, il court risque de devenir très-misérable.

MÉMOIRES
SECRETS
POUR SERVIR A L'HISTOIRE
DE LA
RÉPUBLIQUE DES LETTRES
EN FRANCE,

DEPUIS MDCCLXII JUSQU'A NOS JOURS;
OU
JOURNAL
D'UN OBSERVATEUR,

CONTENANT les Analyses des Pieces de Théatre qui ont paru durant cet intervalle; les Relations des Assemblées Littéraires; les notices des Livres nouveaux, clandestins, prohibés; les Pieces fugitives, rares ou manuscrites, en prose ou en vers; les Vaudevilles sur la Cour; les Anecdotes & Bons Mots, les Eloges des Savants, des Artistes, des Hommes de Lettres morts, &c. &c. &c.

TOME HUITIEME.

. . . . *huc propius me,*
. . . . *vos ordine adite,*
Hor. L. II. Sat. 3. vs. 81 & 82.

A LONDRES,
CHEZ JOHN ADAMSON.

M. DCC. LXXXV.

MÉMOIRES
SECRETS

Pour servir a l'Histoire de la République des Lettres en France, depuis MDCCLXII jusqu'a nos jours.

ANNÉE M.DCC. LXXV.

1 Avril. IL passe pour constant que monsieur Bret est nommé directeur-général de la gazette, & que l'abbé Aubert lui reste adjoint; pour la partie de la comptabilité, qu'il entend mieux que la partie politique.

2 Avril 1775. Le Sr. Palissot annonce depuis quelque temps une comédie intitulée: *les Courtisanes.* Cette piece a été lue aux comédiens assemblés au nombre de treize. Il y a eu sept voix par scrutin pour la recevoir; trois pour la refuser, sans motiver les raisons; & trois dont les opinants, en donnant les plus grands éloges à

10 *Avril* 1774. L'épître nouvelle de M. de Voltaire, par le *chevalier de Morton, sur ces Pestes publiques qu'on appelle Philosophes*, est adressée au comte de Tressan. Ce seigneur étoit l'ami & le confident du roi Stanislas; ce qui est déja faire son éloge. Il encourageoit ce prince dans ses bonnes actions & l'amusoit par ses poésies & autres ouvrages de littérature. Les vers sont précédés d'un *Avis aux Parisiens*, très-futile, où l'auteur se plaint qu'on ne veuille pas adopter ses travestissements, qu'on altere ses manuscrits, &, en passant, rit de Jean-Jacques & déchire Freron.

Quant à l'épître, on n'en conçoit pas aisément le plan. Ce n'est point une ironie, comme le titre le feroit croire, où, sous prétexte de décrier les philosophes, on ridiculise leurs adversaires. Le poëte semble en vouloir véritablement aux chefs de secte, qui, jaloux d'étendre leur opinion, sont intolérants envers tous les autres. Il passe en revue à cette occasion divers auteurs de systême, sur lesquels il est déja revenu cent fois. Les théologiens & la sorbonne ont aussi leur tour. Il finit par décrire les avantages d'une philosophie douce, riante, pacifique, & fait sa profession de foi sur l'immortalité de l'ame, sur sa croyance à une autre vie. Tout cela ne se passe pas sans de bons coups de patte contre Riballier, Clément, Freron, Sabbathier.

12 *Avril* 1774. Le grand chansonnier, l'abbé de Lattaignant a célébré d'avance sa mort:

Chanson de l'abbé de Lattaignant, sur l'air :
Des Billets doux.

J'aurai bientôt quatre-vingts ans ;
Je crois qu'à cet âge il est temps,
   De dédaigner la vie :
Aussi je la perds sans regret,
Et je fais gaîment mon paquet :
   Bon soir, la compagnie.

Lorsque d'ici je partirai,
Je ne sais pas trop où j'irai,
   Mais en Dieu je me fie :
Il ne peut me mener que bien,
Aussi je n'appréhende rien :
   Bon soir, la compagnie.

J'ai goûté de tous les plaisirs,
J'ai perdu jusques aux desirs,
   Apréfent je m'ennuie :
Lorsque l'on n'est plus bon à rien,
On se retire, & l'on fait bien :
   Bon soir, la compagnie.

13 *Avril* 1775. On ne sauroit croire comment le sieur Palissot est parvenu par son hypocrisie à persuader au clergé que sa piece *des Courtisanes* est non-seulement très-honnête, mais même utile & nécessaire pour la réforme des mœurs. En sorte que la cabale des dévots est en mouvement pour le soutenir & obtenir un ordre du roi qui fasse jouer sa comédie. Celle *des Philosophes* l'avoit déja rendu recommandable dans le parti. Dans celle-ci il a introduit encore un certain *Sophanès*, auquel il fait jouer le rôle le plus infame, & qu'il prétend

être un représentant de ces messieurs. Son objet est de montrer à quelle dégradation conduit cette exemption des préjugés, soit religieux, soit politiques, soit de convention, qu'affichent les encyclopédistes. On assure que M. l'archevêque de Paris est absolument dans les intérêts du poëte.

13 *Avril* 1775. L'académie royale de musique se propose de donner après pâque la tragédie lyrique de *Céphale & Procris*, dont les paroles sont de M. de Marmontel, la musique du sieur Gretry. Cet opéra, joué à Versailles pour les fêtes du mariage de madame la comtesse d'Artois, n'y avoit pas fait fortune. On sait qu'il est de beaucoup changé, & amélioré conséquemment ; c'est ce qu'on verra.

15 *Avril* 1775. Tout s'ébranle, tout est en mouvement pour le sacre. Il paroît que cette cérémonie se fera avec encore plus de pompe & de dépenses que les précédentes. Les curieux vont déja voir les habillements, les broderies qu'on prépare, sur-tout le carrosse du roi, coûtant 250,000 livres.

16 *Avril* 1775. Depuis long-temps on se plaint du local incommode de la comédie Italienne. Un architecte estimé, le sieur le Noir le Romain, vient de faire imprimer un projet préférable, ce semble à bien des égards, aux autres déja formés pour le même objet. Convenance du lieu ; spectacle commode, vaste & isolé; issues multipliées ; la voie publique entièrement libre ; rien à détruire, & peu de dépenses à faire relativement à l'importance du monument qu'il annonce. Tels sont les avantages qu'il fait valoir.

Cette salle seroit élevée dans un lieu actuellement en marais. Elle seroit située entre la rue Poissonniere & celle du fauxbourg St. Denis. Il y a joint un plan avec son prospectus, & d'après cela il a fait faire un modele en relief de la salle qu'il montre aux amateurs. Le plus grand & peut-être le seul inconvénient de ce projet, est l'éloignement de la salle, qui se trouveroit ainsi à l'extrêmité & même hors de Paris.

16 *Avril* 1775. M. le duc d'Orléans a acheté la superbe collection des théatres qu'avoit rassemblée M. de Pont-de-Vesle. C'est une des plus completes connues.

17 *Avril* 1775. M. le duc de Chartres a fait derniérement un pari contre un seigneur de la cour, à qui parcoureroit le plus vîte le chemin de la grille de la Muette à la porte St. Denis, toujours en trottant. Le premier a gagné de 45 pas. Le pari étoit perdu au premier instant où le cheval de l'un d'eux auroit pris le galop. M. le comte d'Artois étoit présent à cette course, qui s'est faite le samedi-saint.

17 *Avril*. Le S. Palissot, non content d'attaquer juridiquement la troupe des comédiens François, la berne encore dans une épître intitulée: *Remerciement des demoiselles du monde aux demoiselles de la comédie Françoise, à l'occasion des Courtisanes; comédie.* Cette piece, très-piquante, l'est encore plus par les circonstances. Il paroît que la dame *Préville* est celle à qui l'auteur en veut davantage.

Il observe dans une note de son mémoire que les demoiselles *Drouin*, *Bellecourt*, *le*

Lievre, *Molé*, &c. ainsi que la Dlle. *Sainval*, lui ont donné leurs voix.

18 *Avril* 1775. Un auteur très-médiocre, nommé *la Vieville*, s'est avisé de composer une mauvaise brochure, ayant pour titre : *la Réconciliation des auteurs*, & s'est attiré l'épigramme suivante :

 De l'Hélicon grand pacificateur,
 Rimeur benin, qui veux du peuple auteur
  Finir les querelles peu sages ;
 Hélas ! quel fut le fruit de ton effort !
 Tous les auteurs d'aujourd'hui sont d'accord,
  Pour ne point lire tes ouvrages.

18 *Avril*. La réception de M. le chevalier de Châtellux à l'académie Françoise est fixée au jeudi 27 de ce mois.

19 *Avril* 1775. Le feu roi aimoit beaucoup, pour se délasser de ses augustes occupations du trône, à se livrer aux détails particuliers de la cuisine. Il avoit tout l'attirail de ce genre chymique, & s'en amusoit singuliérement. Feu M. le dauphin, prince très-pieux, avoit le goût du lutrin, du plain-chant, du chant d'église. Le roi actuel aime les ouvrages de la main, mais sur-tout la serrurerie.

19 *Avril*. La discussion des auteurs dramatiques contre les comédiens excite une fermentation générale. M. le chevalier du Coudray se met sur les rangs, & a écrit une *lettre à M. Palissot sur le refus de sa comédie des Courtisanes, en trois actes & en vers*. Malheureusement cet athlete n'est pas un grand renfort contre les histrions. L'auteur, bon gentilhomme, suivant

ce qu'il annonce, est une espece de fou, piqué au jeu lui-même, pour avoir tenté vainement de faire recevoir trois mauvaises comédies de sa façon : *le Moralifeur, l'Egoïste & la Cinquantaine dramatique.* Il y a quelques anecdotes dans cet ouvrage, où l'on met les comédiens à leur vrai rang, c'est-à-dire, au dessous des valets de pied du roi.

20 *Avril* 1775. Le projet de la nouvelle salle de comédie Italienne, dont on a parlé, est absolument tombé & rejeté, quoique fort soutenu par M. le duc de Duras. On a senti la folie de placer hors de Paris un tel spectacle.

20 *Avril.* La comédie des *Courtisanes* est imprimée. Malheureusement c'est la meilleure maniere que l'auteur ait pu prendre pour justifier les acteurs de leur refus. Elle est en trois actes & en vers, & a tous les défauts de convenance théâtrale qu'ils lui ont reproché : ni action, ni intrigue, ni gaieté, ni intérêt.

21 *Avril* 1775. Il y a de grands mouvements dans les bureaux de la guerre pour les nouvelles ordonnances que prépare M. le comte de Muy. A l'exemple de M. le duc d'Aiguillon, son prédécesseur, & de tout ministre sage, il consulte les officiers-généraux. Il est sur-tout grandement question des notices très-étendues que les inspecteurs doivent donner sur les officiers des divers corps.

22 *Avril* 1775. Le Sr. le Tourneur, qui étoit secretaire-général de la librairie, & que son attachement à M. le chancelier a rendu désagréable, est obligé de quitter cette place, & elle est conferée à M. Gaillard de l'académie Françoise. C'est sur M. le Noir, lieutenant-géné-

ral de police, que M. le garde-des-sceaux se repose aujourd'hui de l'inspection générale de la librairie.

23 *Avril* 1775. Il paroît des *lettres d'un officier d'artillerie à un officier général*, où l'on attribue l'avancement de M. de St. Auban à une charge vénale qu'il a eue, & à une multitude de manœuvres & d'intrigues dont il s'est servi. Cet officier y a répondu par un *supplément aux considérations sur la réforme des armes*. Il y donne l'état de ses services très-nombreux, & prétend se justifier de façon à ne laisser aucune prise à ses adversaires. Il attribue ce libelle à la cabale des Bellegarde & des Monthieu. Il passe pour avoir été l'instigateur secret du conseil de guerre tenu aux invalides contre eux en 1773.

23 *Avril*. Un chirurgien de la marine, distingué par ses talents, attaqué de la manie du suicide, toujours trop commune, vient de se tuer.

24 *Avril* 1775. Madame la comtesse Dubarri s'est enfin fixée, & a acheté la terre de St. Vrain près d'Arpajon; ce qui la met à peu près dans la distance où elle doit être éloignée de Paris & de la cour.

24 *Avril*. Le fameux prêtre janséniste, mort sur la paroisse de St. Severin, & qui a causé beaucoup de scandale, est un abbé *Dumoulin*, vieillard âgé & recommandable dans le parti, pour son savoir & son zele en faveur de la secte. On prétend qu'il a beaucoup aidé M. l'archevêque de Tours dans son instruction pastorale si renommée, & dans les autres ouvrages d'érudition ecclésiastique qu'il a publiés.

24 *Avril* 1775. Le discours de M. du Paty, prononcé à la rentrée du parlement de Bordeaux, étoit attendu avec impatience dans ce pays-ci. On en faisoit les plus grands éloges, & il paroît les mériter à bien des égards. On y remarque beaucoup de nerf dans les idées, des vérités lumineuses & hardies, mais sur-tout un patriotisme qui doit rendre ce magistrat à jamais recommandable. Son discours plaît d'autant plus que sa conduite s'accorde avec son langage, & qu'il a prouvé dès sa plus tendre jeunesse son attachement aux loix & aux grands principes de la liberté nationale. On peut critiquer dans son style des métaphores trop outrées, un luxe d'expressions, qui annonce plus d'imagination que de goût, mais qui sont les défauts ordinaires de l'enthousiasme de la jeunesse.

Les théologiens ne sont point contents de voir cet avocat-général associant indistinctement les Marc-Aurele, les Titus, les Louis XII, les Henri IV, & les plaçant ensemble au sein de la gloire éternelle.

24 *Avril*. Il paroît une brochure nouvelle en vers sur les affaires du temps, intitulée: *le Coup d'œil purin*. Ce titre bizarre annonce une production singuliere, dont on parlera plus amplement, si elle le mérite.

26 *Avril* 1775. La reine prend fort à cœur la protection des lettres. Elle a fait avoir derniérement à M. de la Harpe 1,200 livres de pension pour sa tragédie de *Menzicoff*, qu'il a eu l'honneur de lire devant elle.

27 *Avril* 1775. Quoique le successeur de M. de Belloy à l'académie Françoise ne soit pas encore élu, c'est un bruit général que M. le maré-

chal duc de Duras, ayant défiré être de cette compagnie, en fera nommé inceffamment. Le mérite littéraire de ce feigneur n'eft pas bien connu, mais on prétend que c'eft un chef que les encyclopédiftes veulent fe donner dans l'académie, propre à tenir tête au parti du maréchal de Richelieu.

27 *Avril* 1775. Le titre feul du *coup d'œil purin*, fort étendu, en donne l'explication, & fert comme de commentaire à ce mot baroque. Il porte : *Le coup d'œil purin, augmenté par fon auteur de plus de 700 vers, enrichi de beaucoup de notes néceffaires & très-intéreffantes, avec un précis des actions héroïques de meffieurs de Miroménil dans la magiftrature, ou abrégé de l'hiftoire mémorable à la poftérité, de la conduite, des caracteres & des faits iniques de ceux qui compofent le confeil fupérieur de Rouen, à commencer du jour que ces intrus fe font inftallés au palais le 17 décembre 1771, quoique déclarés parjures par arrêt du parlement du 15 avril de la même année. Enfin la notice des forfaits énormes commis par Perchel, avocat, & foi-difant procureur-général de ces violateurs des loix.* Væ qui condunt leges iniquas & fcribentes injuftitiam fcripferunt.... Revelabitur ignominia tua, & videbitur opprobrium tuum.... ISAIE, chap. 10 & 47. *A Rote, chez le grand-pere de Ficquet, dit Vilnormand, hôtelier, à l'enfeigne de la valife d'un milord efcamotée. A Rouen, chez Perchel, en fon hôtel d'Argentcour, & de Prefelne fon affocié à la trahifon.*

28 *Avril* 1775. Le *coup d'œil purin* paroît être la piece la plus recherchée en Normandie

depuis la création du conseil supérieur de Rouen, le 27 décembre 1771. On compte jusqu'à près de 400 pieces, tant en vers qu'en prose, faites contre ce tribunal; & la préférence qu'on accorde à la premiere brochure ne donne pas une grande idée des autres. Celle-ci est une conversation entre quatre personnes du bas peuple de la ville de Rouen, & le style, quoiqu'en vers, au ton des interlocuteurs, est un patois difficile à comprendre & qui n'en vaut guere la peine. Les notes sont ce qu'il y a de plus curieux, en ce qu'elles rendent compte de beaucoup de faits & d'anecdotes qui intéressent la province & ceux qui prennent part à la révolution qu'elle a souffert. On trouve également des détails curieux à cet égard dans l'avertissement & dans un morceau de prose qui se trouve à la fin, contenant un abrégé des vies des Srs. Perchel, procureur-général du conseil supérieur de Rouen, & Prefelne, autre membre de ce conseil. Le tout est terminé par des vers en épigrammes qui ne valent pas mieux que le reste.

Un fait intéressant & qui mérite d'être extrait, c'est qu'on avoit augmenté de deux sous pour livre la capitation, pour les gages des officiers des conseils supérieurs de Rouen & de Bayeux : augmentation qui devoit monter à environ 700,000 livres par an, quoiqu'il ne fallût guere que 100,000 livres par an pour cette dépense.

Au reste, il paroît que ce poëme burlesque a été composé avant le rétablissement du parlement, & dans le temps de la plus grande fermentation, c'est-à-dire qu'il se ressent de l'esprit satirique & de la licence effrénée qu'ont occafioné dans cette province les troubles qui l'ont agitée.

28 *Avril* 1775. Il paroît un grand ouvrage *sur la législation & le commerce des grains*. Ce livre est de M. Necker, auteur de l'éloge de Colbert, couronnée à l'académie Françoise, & renommé pour différentes vues politiques & systématiques, que le ministere a adoptées, surtout dans les temps de la compagnie des Indes.

On assure que M. le contrôleur-général, craignant la fermentation qu'occasioneroit cet écrit, absolument contraire à ses principes d'administration en cette partie, a fait tout ce qu'il a pu pour empêcher la publicité; mais que M. le lieutenant-général de police, du parti opposé à celui des économistes, ne s'est pas prêté aux vues du ministre : que celui-ci s'étant adressé au censeur, le Sr. Cadet de Senneville, ne l'a pas trouvé mieux disposé ; qu'ayant exigé qu'il ne donnât pas son approbation, le Sr. de Senneville lui a demandé un ordre par écrit, & sur son refus a donné l'approbation suivante, dont la teneur est remarquable. Elle est conçue en ces termes :

« J'ai lu par ordre de monseigneur le garde-
» des-sceaux un ouvrage intitulé : *sur la Légis-*
» *lation & le Commerce des grains*. Quoi-
» que les principes qui y sont contenus me
» paroissent différer de ceux annoncés par le
» gouvernement sur cet objet, cependant
» l'auteur s'étant restreint dans les bornes d'une
» simple discussion, sans personnalités ni décla-
» mation ; & la vérité me paroissant ne pou-
» voir que gagner à la discussion d'une ques-
» tion si importante, j'ai pensé que l'impres-

» sion de cet ouvrage ne pouvoit être qu'utile. » Paris, ce 18 Avril 1775. »

28 *Avril* 1775. M. de Brunoy ayant mangé plus de huit millions depuis qu'il est question de son interdiction, & qu'il a gagné son procès, cela donne lieu à une multitude de procès, pour la discussion desquels on a donné une attribution à la seconde chambre des requêtes par un arrêt du conseil.

29 *Avril* 1775. Les princes & pairs ont été assemblés hier au palais pour continuer à entendre la lecture du rapport du procès de M. le maréchal duc de Richelieu. Ce rapport est si énorme, qu'il n'a pu être fini dans la séance & qu'elle a été remise à la huitaine.

29 *Avril*. Un avocat, nommé Sarot, qui s'étoit abstenu de plaider pendant tout le temps de l'interruption, a paru pour la premiere fois au palais, le 28 mars dernier, à la grande chambre, à l'audience de relevée tenue par M. Ormesson, président à mortier. Il a profité de cette occasion pour haranguer le parlement, & il l'a fait de la façon la plus forte, non-seulement contre les auteurs de la révolution, qu'il appelle *les ennemis de l'état*, mais contre ses propres confreres, qu'il inculpe d'avoir été *brûler leur encens sur l'autel des faux dieux*. Il se félicite d'avoir pour défenseur adverse un *avocat fidele* en la personne de Me. Hutteau. Il gémit sur la nécessité où il se trouve d'être exposé à plaider contre les autres. Il voudroit qu'on suivît dans son ordre l'exemple du jeune monarque, uniquement occupé avec ses conseils à élaguer des cours rétablies les membres qui les avoient reniés, en les corporifiant avec leurs

adhérents. Il applaudit à l'expulsion de Me. Linguet, & il se flatte que cet orateur célebre ne sera pas le seul renvoyé. Il cite les maximes anciennes de l'honneur de l'ordre, où les contaminés devoient se retirer, & n'étoient pas faits pour servir sous ses drapeaux. Enfin il attend la décision, disposé à s'y conformer.

Ce discours, extrèmement chaud, plein d'imagination, de métaphores, de comparaisons exagérées, annonce un jeune homme qui a plus d'honneur que de goût. C'est ce Me. Sarot qui, lors de la délibération sur Me. Linguet, fut d'avis de le conserver, *attendu qu'on conservoit les 28.*

29 Avril 1775. Le sieur Tort répand encore une addition intitulée : *Cartons de la Réplique de M. le comte de Guines*, tirée de la correspondance entre M. le duc d'Aiguillon & cet ambassadeur. Il en tire les inductions & même les preuves les plus fortes en sa faveur, & conclut par faire voir clairement, suivant lui, lequel des deux s'est permis des injures, des ruses, des calomnies, des manœuvres ; lequel, en tergiversant, a tâché d'éluder, d'éloigner, d'empêcher le combat ; lequel est protégé, vexé, persécuté ; lequel enfin s'est conduit comme un coupable.

30 *Avril* 1775. Le livre de M. Necker, indépendamment de son mérite intrinseque, a fait grand bruit à cause des circonstances. Dans la premiere partie il discute l'exportation des grains : dans la seconde, la liberté extérieure : dans la troisieme il examine les modifications les plus connues, appliquables au commerce des grains en

général : dans la quatrieme, il finit par hasarder son opinion sur la loi qui obvieroit au plus grand nombre d'inconvéniens.

Il résulte de la premiere que la liberté ou la prohibition constante d'exporter des grains sont des loix contraires au bien public.

De la seconde, que la liberté illimitée du commerce des grains dans l'intérieur du royaume réunit des avantages & des inconvénients.

De la troisieme, que toutes les modifications connues, apportées jusqu'ici au commerce des grains, soit avec l'étranger, soit dans l'intérieur du royaume, ne remédient qu'imparfaitement aux diverses difficultés qu'il développe.

Enfin de la quatrieme, qu'il faut rejeter toute loi absolue, toute loi permanente, à moins que celle-ci ne soit modifiée de façon à s'allier à toutes les circonstances.

En un mot M. Necker est comme tous les écrivains qui combattent des systêmes, détruisant beaucoup plus facilement qu'ils n'édifient. Il discute savamment, profondément la matiere; mais peut-être feroit-il mieux de réduire à des éléments plus simples un traité qui devroit être à la portée de tout le monde. Du reste, il est bien écrit, avec force & élégance, & ne peut que faire infiniment d'honneur à son auteur. La premiere édition a été épuisée rapidement.

30 *Avril* 1775. L'opéra doit donner mardi la premiere représentation de *Cephale & Procris*, ballet héroïque dont on a déja parlé fort au long, lorsqu'il a été donné à l'occasion des fêtes du mariage de madame la comtesse d'Arois. Il y a eu hier une répétition très-nom-

breufe en fpectateur, & prefqu'auffi complete qu'une repréfentation.

30 *Avril* 1775, fuivant le précis de la vie du fieur *Perchel*, c'étoit l'exécuteur le plus ardent du defpotifme de M. le chancelier en Normandie. On lui reproche d'avoir contribué à l'enlévement de M. *Gianonne*, jurifconfulte très-favant, & judicieux hiftorien, mis en prifon à Chambéry; à celui de M. *le Maître*, avocat, mis à la baftille; d'avoir fait exiler deux autres jeunes avocats, qui commençoient à fe faire connoître par leur éloquence : favoir, Me. *des Linieres*, à Sauxilanges en Auvergne, & Me. *Ferry*, à Feurs en Velay ; d'avoir fait enlever le prieur de St. Lo, transféré auffi à la baftille.

Snivant ces anecdotes, il avoit pouffé l'ingratitude contre M. de Miroménil, qui l'avoit honoré de fon amitié, & comblé de fes bontés, au point de dire, lors de la difgrace de ce magiftrat : *Il ne refte à ce Miroménil, batteur de pavé des rues de Paris, qu'à aller aux invalides y prendre l'habit*. Et lorfqu'on en parloit à cet illuftre exilé, & qu'on le peignoit fous les couleurs noires qu'il méritoit, il fe contentoit de répondre modeftement : *Ah ! comme vous le maltraitez !*

Quant à *Prefelne*, il paroît que c'étoit un homme très-inftruit du droit Romain, des loix, des ordonnances & du temps où elles ont été faites & rendues : qu'il étoit ami de *Cromot*, premier commis de l'abbé *Terrai*, qui n'avoit pas peu contribué à le faire entrer dans le confeil fupérieur, & qui lui avoit procuré une penfion de 1,200 livres, foit pour raifon de ce dévouement au chancelier, foit pour avoir donné avis au ministere de la requête de la noblesse de Normandie, signée *Argentau*. Tels sont les traits principaux qu'on a trouvé dans *le Coup d'œil purin*, concernant ces deux suppôts de monsieur de Maupeou.

1 *Mai* 1775. Le sacre du roi reste toujours fixé au 11 juin, mais S. M. s'y rendra directement de Versailles, & doit faire trois séjours en route, chez M. le duc d'Orléans.

On trouve fort étrange que les charpentes mêmes, galeries en bois & autres ouvrages grossiers qui pourroient se fournir & travailler à Rheims, soient envoyés de Paris par l'intervention des menus : ce qui doit prodigieusement augmenter les dépenses, déja très-fortes.

1 *Mai*. On doit commencer incessamment, au châtelet, le rapport du procès de M. le comte de Guines, & le public attend avec impatience le jugement d'une affaire qui excite depuis si long-temps sa curiosité.

2 *Mai* 1775. Le ballet de *Céphale & Procris* a été exécuté aujourd'hui à l'opéra, & malgré les changements qu'on annonçoit dans les paroles & la musique, le grand nombre des amateurs n'a pas été satisfait. A l'égard de la derniere, on a trouvé le premier acte passable, le second mauvais, & le troisieme meilleur. Mais en général on veut que le plus mauvais des opéra comiques du sieur Grétry, à la comédie Italienne, soit meilleur que cet essai au théatre lyrique. Il faut convenir que ces rigoristes sont trop outrés, & qu'il y a des morceaux de distinction dans l'ouvrage qu'ils rejettent si dédaigneusement.

Les ballets sont la partie la plus agréable de

ce spectacle. Ils sont travaillés, ils ont beaucoup de pittoresque, & ont une expression qu'on ne trouve pas toujours dans ces sortes de danses.

3 *Mai* 1775. L'ordre des avocats est fort mécontent du bâtonnier, dont la mollesse ne fait qu'augmenter. On voit clairement aujourd'hui que son dessein est de gagner du temps, d'arriver au moment de l'élection de son successeur, & de sortir de cette place sans avoir formé le tableau. M. Lambon s'est confirmé dans cette résolution, sur-tout depuis sa conférence avec M. le garde-des-sceaux, qui lui a prescrit beaucoup de réserve dans les radiations, même à l'égard des *vingt-huit*, à l'expulsion desquels le roi s'opposoit. D'un autre côté, il veut éviter les reproches des zélés, dont la vigueur s'accroît par l'exemple des parlements de province.

3 *Mai.* Le sieur *la Rive*, le protégé de Mlle. Clairon, a débuté samedi aux François, mais sans produire aucun enthousiasme.

6 *Mai* 1775. M. le comte *d'Houptot* épouse mademoiselle *Périnay du Faugnes*, fille du receveur-général des finances. On parle fort de ce monsieur *d'Houptot*, parce que c'est lui qui a eu cet hiver, au bal de la reine, l'aventure de la lettre qui a fait tant de bruit.

7. *Mai.* 1775. Il paroît une nouvelle édition du poëme de *la Pucelle* de monsieur de Voltaire, en 21 chants; ce qui en forme trois bien distinctes: une en 18, l'autre en 20, & celle-ci. Les changements, au surplus, de cette derniere ne consistent point dans une augmentation réelle de chants, mais dans une refonte des autres, où l'auteur a entremêlé quelques tirades parti-

culieres. Par exemple, on y trouve trois morceaux remarquables : le premier sur la destruction des jésuites ; le second sur la suppression des parlements ; & l'autre une sortie violente contre Freron, Nonotte, Patouillet & les divers ennemis de monsieur de Voltaire. On conçoit aisément que tous ces morceaux sont très-satiriques, & que le poëte ne se seroit pas permis le second, s'il avoit prévu le retour de l'ancienne magistrature, ce qui pourroit bien donner lieu à d'autres corrections. On ne sait pourquoi dans l'édition d'aujourd'hui on a retranché les vers qui concernoient madame la marquise de Pompadour.

8 *Mai* 1775. Madame la présidente de Saint-Vincent a présenté une nouvelle requête aux chambres assemblées pour demander d'abondance l'apport au greffe du parlement de toutes les procédures, tant ordinaires qu'extraordinaires, judiciaires ou extrajudiciaires, & sur-tout la restitution des papiers qui lui ont été enlevés, tant chez elle qu'ailleurs.

8 *Mai*. La liaison intime qui subsistoit entre M. le Noir & M. de Sartines donne lieu à des conjectures contre ce dernier. On sait que c'est lui qui avoit proposé son ami pour lui succéder. On sait que la veille de la disgrace de M. le Noir, ils ont eu une conférence très-longue ensemble ; que M. de Sartines étant également dans les principes opposés à M. Turgot, ne lui est point agréable & le contrarie souvent au conseil. Toutes ces raisons font présumer qu'il ne restera pas long-temps dans le ministere.

9 *Mai* 1775. M. le marquis de la Hage a

plaidé lui-même sa cause hier, en la troisieme chambre des enquêtes du parlement, dans un procès dont il avoit suspendu la poursuite durant l'absence de la cour. Il l'avoit fait avec d'autant plus de raison, qu'outre le prince de Nassau qu'il avoit pour principale partie adverse, il avoit encore le Sr. Berthier, fils du premier président du nouveau tribunal. On juge par cette circonstance combien sa présence a dû être agréable aux magistrats ; car outre son intérêt personnel qui arrêtoit son activité, il paroît qu'un patriotisme ardent l'avoit encore plus animé. Non content de rester dans le silence, obligé malgré lui de souscrire à un acte dont il reconnoissoit la lésion, il porta sa vigilance jusqu'à faire des protestations préalables. Voici comme il raconte lui-même le fait :

« Je revins sur le champ à Paris pour m'assurer d'un officier public qui reçût mes protestations ; mais les coups d'autorité frappés par-tout, & coup sur coup sur la magistrature, tenoient si fortement courbés dans ces officiers les ressorts de l'ame, que privés de toute énergie, ils ne connoissoient que la crainte. La plupart, sur la simple énonciation des motifs de protestation que je voulois faire, frémirent, comme si je leur eus proposé d'entrer dans une conspiration contre l'état. Enfin le dernier de ces notaires m'indiqua le sieur Fontaine, commissaire au châtelet, qui m'écouta de sang-froid, convint qu'il ne pouvoit, sans trahir les devoirs de son ministere, refuser de me donner acte des protestations que permet la loi, & me donna sa parole qu'il recevroit les miennes.

Le fonds de l'affaire n'est pas assez intéressant,

ou du moins assez neuf pour en rendre compte. Mais on ne peut s'empêcher de rapporter le préambule du plaidoyer, qui indique encore mieux les sentiments de ce gentilhomme.

MESSIEURS,

« Je ne parois aujourd'hui devant vous, que parce que, fidele à mon adhésion aux généreuses & salutaires protestations de nos princes du sang, pour la nation entiere, & particuliérement pour la noblesse, du corps de laquelle j'ai l'honneur d'être, je n'ai pas dû, comme bon citoyen, comme bon François, reconnoître pour mes juges les particuliers qui se sont prêtés à une intrusion, à une représentation contre laquelle portoient ces protestations, &, parce que je n'ai pas dû non plus, comme homme sage, prudent & prévoyant, exposer le sort de ma fortune à leur décision. »

Tout le plaidoyer est écrit dans ce même esprit, & semé de figures hardies d'une imagination exaltée par l'enthousiasme.

9 *Mai* 1775. Les amis de M. de Sartines regardent aujourd'hui comme dissipé l'orage considérable élevé ces jours derniers contre lui à l'occasion de la disgrace de M. le Noir, son successeur à la police. Ils prétendent que c'est le roi lui-même qui l'a défendu contre les attaques qu'on lui portoit : que S. M. est toujours favorablement disposée pour lui, & conserve la bonne opinion qu'elle en a conçue depuis son entretien avec ce magistrat à Choisy, il y a un an, lors de son avénement au trône.

10 *Mai* 1775. On ne croit pas que M. le comte de Guines aille à son ambassade d'Angleterre, & l'on renouvelle le bruit que ce sera

M. le marquis de Noailles, ambassadeur auprès des états-généraux, qui doit passer à Londres. En effet, quand même M. de Guines gagneroit son procès au châtelet, où il va être jugé incessamment, il y aura certainement appel au parlement, & l'affaire recommencera avec tout l'appareil d'une procédure nécessairement très-longue.

10 *Mai* 1775. M. Albert, le nouveau lieutenant général de police, est un économiste très-outré. On ne doute pas que toutes les maîtrises ne soient abolies sous peu de temps, si M. Turgot continue à avoir en lui la même confiance.

10 *Mai*. Monsieur le cardinal de la Roche-Aymond, archevêque de Rheims, malgré son desir extrême de jouir encore, avant de terminer sa glorieuse carriere, de l'honneur de sacrer le roi, pourroit bien, à cause de son grand âge, n'être pas en état de remplir cette fonction très-longue & très-pénible. A son défaut elle devroit être naturellement dévolue à M. l'évêque de Soissons. Mais comme le premier a un coadjuteur, il s'élève une question entre ces deux prélats à qui le remplacera. M. le coadjuteur a déja fait un mémoire qu'il a eu l'honnêteté de communiquer à l'évêque de Soissons, qui a répondu de son côté.

11 *Mai* 1775. On vient de recevoir de l'étranger une brochure ayant pour titre : *la Vie de Louis XVI, depuis son avénement à la couronne jusqu'au 24 août 1774 inclusivement, jour à jamais mémorable pour la France, en forme de drame, en conversations intéressantes entre trois personnages distingués, & ornée*

de plusieurs anecdotes secretes. Par M. le prince de Burliabled.

Ce pamphlet est comme tous ceux qui s'impriment depuis quelque temps dans ce pays là, c'est-à-dire, une rapsodie de faits insérés dans toutes les gazettes, & d'anecdotes peu sûres & souvent fausses. Il y a peu de critiques, & en général une adulation fastidieuse, peu propre à donner beaucoup de véhicule à l'ouvrage. Le style en est aussi commun que le fond. En tout, c'est une composition bizarre, où l'on est fort étonné de trouver des interlocuteurs Russes & Polonois ne parlant que des nouvelles de France. L'auteur a cru par-là le rendre piquant, il ne l'a rendu que ridicule.

11 *Mai* 1775. M. le coadjuteur de Rheims établit dans son mémoire trois moyens contre son adversaire. Le premier est tiré de ce que les évêques de Soissons, qui fondent tout leur droit sur la possession, n'alleguent & ne peuvent alléguer aucune occasion où ils aient fait le sacre au préjudice d'un coadjuteur de l'archevêché de Rheims. Le second résulte du titre de coadjuteur & des droits qu'il attribue. Le dernier est puisé dans le sentiment de trois jurisconsultes.

Dans une consultation du 12 avril, monsieur l'évêque de Soissons fait discuter ces trois moyens par d'habiles jurisconsultes; & il résulte des deux ouvrages, que dans cette question, comme dans beaucoup d'autres, on peut soutenir le pour & le contre avec d'égales probabilités, & même avec des preuves & des faits que chacun tourne à son avantage & fait valoir de son mieux.

11 *Mai* 1773. L'assemblée des pairs, tenue mardi dernier, pour entendre la suite du rapport du procès de M. le maréchal de Richelieu, n'a pas encore terminé, à beaucoup près, les diverses questions qui en font l'objet. Il n'y a eu qu'un point de décidé; savoir, que toute la procédure faite par le châtelet, depuis la requête de madame de St. Vincent, où elle accuse M. le maréchal de Richelieu de subornation de témoins, est nulle, & que le lieutenant-criminel voyant un pair accusé, devoit s'abstenir d'aller plus loin, & ne pouvoit joindre la requête au fond comme il a fait.

La séance est remise au mercredi 17. On a remarqué dans la derniere que plusieurs princes & beaucoup de pairs, ennuyés sans doute de cette effrayante procédure, & de la longueur du rapport, se sont retirés & n'y ont point paru. En sorte que, pour peu que ces séances durent encore, il pourroit bien arriver qu'ils s'absenteroient presque tous.

11 *Mai*. Le concours, pour entendre plaider M. le marquis de la Hage, est d'autant plus grand, que cet orateur est un vieillard âgé de 80 ans, qui a encore toute la vigueur de la jeunesse, qui est chaud, bouillant même, & parle de mémoire, & comme d'abondance du cœur.

Cette affaire est à la troisieme chambre des enquêtes, parce que toutes les causes de la maison de Nassau y sont attribuées spécialement.

11 *Mai*. M. le maréchal duc de Duras a été enfin élu de l'académie Françoise à la place de M. de Belloy, le 2 de ce mois, & sa réception est fixée au 15.

12 *Mai* 1775. Le Sr. Tort, dans un de ses mémoires, insinue que le Sr. Boyer a fait ses premieres armes sous un fameux bandit nommé *Mandrin*, exécuté en 1754. Celui-ci a présenté une requête, où il demande réparation d'une calomnie aussi cruelle ; & pour mieux la mériter, il rapporte des certificats authentiques de sa conduite, qui prouvent le contraire de l'assertion avancée par son accusateur.

Au surplus, le rapport de ce procès, commencé le 4 de ce mois au châtelet, se continue, mais le jugement ne peut avoir lieu qu'à la fin de mai.

12 *Mai*. Monsieur Albert joint à la place de lieutenant-général de police, l'inspection de la librairie, partie bien essentielle dans un moment où les écrivains se tournent vers la politique & le gouvernement, & où tout le monde écrit sur ces matieres.

13 *Mai* 1775. Les comédiens Italiens doivent donner aujourd'hui la premiere représentation de *Roger Bon-tems & Javotte*, parodie de l'opéra d'*Orphée & Eurydice*. C'est le sieur *Moline*, le traducteur de cet opéra Italien, qui est auteur de cette facétie.

On devoit donner au même théâtre aujourd'hui une autre piece nouvelle, intitulée : *L'heureuse espiéglerie*, mais qui a été retardée par l'indisposition d'un acteur.

13 *Mai*. Monsieur l'archevêque de Toulouse, homme d'esprit, ambitieux, mais ne pouvant se signaler à la cour & dans les matieres politiques comme il l'auroit désiré, cherche du moins à le faire dans son diocese, & à se rendre utile par des vues patriotiques. En conséquence, il

a rendu le 23 mars dernier une ordonnance concernant les sépultures, dont l'objet principal est que nulle personne, de quelque qualité & condition qu'elle soit, sans aucune exception, ne soit enterrée dans les églises, & que même il soit choisi hors de la ville des enceintes pour les cimetieres.

Le 31 mars, le parlement de Toulouse, sur un réquisitoire du procureur-général, conforme audit mandement ou ordonnance, contenant 15 articles, a ordonné qu'il seroit exécuté d'autorité de ladite cour, suivant sa forme & teneur, & qu'il sera imprimé, publié & affiché, ainsi que le réquisitoire du procureur-général, & l'arrêt de la cour.

13 *Mai* 1775. M. le duc de Gévres a été reçu hier au parlement duc & pair, à la place du duc de Tresmes, son pere.

13 *Mai*. Une partie du travail de monsieur le comte de Muy pour son département de la guerre, paroît enfin en 6 ordonnances, toutes datées du 26 avril, concernant le régiment de *Royal-Corse*, celui de *Royal-Italien*, les régiments d'*infanterie Allemande*, *d'Alsace* & *de Bouillon*, & pour mettre la *légion de Corse* sur le pied des autres légions Françoises, sous le nom de *légion de Dauphiné*.

Une, plus volumineuse, de même date, concernant l'infanterie, dédouble 7 régiments de 4 bataillons pour en former 14, & donne une constitution plus avantageuse au service.

14 *Mai* 1775. *Roger Bontems & Javotte* n'ont point eu de succès aux Italiens hier. L'objet d'une parodie doit être de saisir les endroits foibles du meilleur ouvrage, d'en faire une cri-

tique fine & judicieuse, en les préfentant fous un jour ridicule, plus propre à les faire remarquer de ceux à qui ils auroient échappé. Une gaieté pleine de fel en doit être le caractere diftinctif. Il faut fur-tout beaucoup de légéreté, & que l'auteur ne s'appéfantiffe pas fur les détails. Il paroît que le fieur Moline ignore abfolument l'art de la parodie. Sa piece n'eft qu'une farce calquée fur l'opéra d'*Orphée & d'Euridice*, fans aucun farcafme direct qui en indique les défauts, fans efprit & fans fallies. Auffi le parterre l'a-t-il fort mal reçue; & lorfque l'acteur eft venu l'annoncer pour la feconde fois, il a crié en chorus : *Non, non, non, &c.* : mais des alguafils ont bientôt fermé la bouche aux mécontents, en les menaçant de les enlever.

14 *Mai* 1775. Le livre de M. Necker a fort fcandalifé les économiftes, mais n'étant pas en état d'y répondre avec la même profondeur, un de leurs apologiftes s'eft contenté de publier une petite brochure, intitulée : *Lettres fur le commerce des grains*, où il y a plus d'injures que de raifons. On en eft d'autant plus furpris qu'on attribue le pamphlet à M. le marquis de Condorcet. C'eft fans doute pour l'en récompenfer que M. Turgot vient de lui donner le département des monnoies, qu'avoit M. de Fargès, chargé aujourd'hui du département des grains, à la place de M. Albert.

15 *Mai* 1775. Quand un homme fort de la foule & s'éleve à quelque place diftinguée, on recherche tout de fuite quel il a été, quel il eft, & quel il fera. M. Albert eft aujourd'hui dans ce cas. Voici ce qu'on en rapporte d'affez cer-

tain. Il étoit lieutenant-général de Perpignan : la protection de la maison de Noailles, & son ambition l'ont excité à venir à Paris, & à y acheter une charge de conseiller au parlement à la seconde chambre des requêtes en 1764. Il avoit alors quarante-cinq ans, & étoit fort mal à l'aise. Il chercha d'abord à se distinguer dans sa compagnie, par un avis toujours à lui, dans lequel il persistoit constamment, sans s'en départir jamais, fût-il seul. Dans sa chambre, comme M. de Vaudeuil en est le magistrat le plus distingué, il faisoit toujours la contre-partie, au point que ses confreres ne se rappellent pas les avoir vus une seule fois de la même opinion. M. Albert ne parle ni avec facilité ni avec grace, mais ses avis étoient hérissés d'érudition. Il est profond dans les loix, sur-tout dans le droit romain & dans le droit canon. Il s'étoit acquis une sorte de réputation dans sa compagnie, puisqu'on l'a vu chargé de rédiger des remontrances. Cependant il sentit bientôt qu'il ne pourroit percer dans son état autant qu'il le desiroit. Il se retourna du côté du conseil, & se fit donner une place d'intendant du commerce par commission. Il se fit charger de la partie des grains, celle dont le ministere s'occupoit le plus alors, & la plus propre à le faire distinguer. On assure qu'il a même écrit sur cette matiere quelque petite brochure médiocre sans doute, puisqu'elle n'a pas causé un certain bruit.

Il avoit toujours conservé sa charge de conseiller au parlement, mais il n'y venoit plus. Il ne s'est point trouvé aux assemblées orageuses de 1770 & 1771, & n'a pas été compris dans l'exil. Il étoit alors sur le point de se remarier à une demoiselle d'une naissance commune, ni jolie, mais qui avoit beaucoup de biens. Il déploya des sentiments romanesques sur l'état critique où il se trouvoit par celui de sa compagnie, & sembla se refuser en quelque sorte à un hymen qui alloit envelopper la future dans sa disgrace. Celle-ci se piqua à son tour de générosité ; elle persista dans sa résolution, & le mariage fut conclu le jour même de l'exil. M. Albert ne crut point devoir se montrer à Paris, lorsque sa compagnie n'y étoit plus : il fut à Argenteuil se cantonner avec sa femme, chez son confrere, M. le Fevre d'Amecourt, où il resta jusqu'à la liquidation de celui-ci. Il revint à Paris avec lui, & toujours poussé par l'ambition qui le dévoroit ; ayant vu que le parti des économistes prenoit le dessus, il s'y est jeté à corps perdu ; & le Sr. de St. Prest ayant été renvoyé, il s'est fait charger de nouveau de la partie des grains, & ensuite de l'approvisionnement de Paris, ôté à M. le Noir. Il a gagné la confiance de M. Turgot de plus en plus, en adoptant son systême & en l'outrant ; en sorte que ce ministre n'a vu personne plus propre à le seconder dans la place de lieutenant-général de police. Ce magistrat a le travail lent & lourd ; il manque de cette activité, la partie peut-être la plus essentielle pour la place dont il est chargé.

15 *Mai* 1775. On parle beaucoup d'une lettre du roi aux evêques, à l'occasion des troubles actuels, où S. M. leur apprend ce qu'ils doivent faire.

15 *Mai*. on annonce un nouveau pamphlet, intitulé : *la Poule au pot*. Quoiqu'on n'en dise

pas grand bien, il est toujours fort rare, & on ne le connoît que par oui dire.

15 *Mai* 1775. On écrit de Nancy qu'à peu de distance de la ville il y a un bois, au milieu duquel est une maison où s'étoient logés plusieurs particuliers, au nombre de 22, de différents états ; les uns militaires, d'autres chevaliers de St. Louis, des ex-magistrats, des gentilshommes, des gens sans profession, &c. On ajoute que le jeudi 4 de ce mois, des troupes ont fouillé ce bois, ont investi la maison & ont enlevé trois carrossées de ces messieurs, qui ont été conduits à la citadelle & mis en prison. On ignore les motifs de leur détention, plus remarquable dans les circonstances actuelles, auxquelles bien de gens prétendent qu'elle a rapport.

16 *Mai* 1775. *Défense de François de Vedel-Montel*, &c. Tel est le titre d'un nouveau mémoire dans l'affaire du maréchal de Richelieu. Il est de Me. Blondel, avocat. Il est très-bien fait, clair, méthodique ; mais verbeux & d'un style quelquefois emphatique. Après tout l'historique préalable, il établit :

1º. Qu'il n'existe aucune preuve juridique du faux dont se plaint M. le maréchal de Richelieu.

2º. Que quand la preuve existeroit, il n'en résulteroit pas que madame de Saint-Vincent fût auteur de ce faux.

3º. Qu'en supposant même, contre toute évidence, que madame de Saint-Vincent soit coupable du faux, M. de Vedel n'en a eu ni pu avoir aucune connoissance, & conséquemment n'en est ni n'en peut être complice.

16 *Mai* 1775. Il est à craindre que les émeutes dernieres ne retardent la représentation du *Siege de Paris*, tragédie en prose du Sr. Sedaine, qui devoit se jouer incessamment aux François. Ce sujet est tiré des *Maillotins*, révolte arrivée & punie en cette capitale, en 1383, par Charles VI. Cette ressemblance empêchera sans doute l'auteur de songer à sa piece en ce moment-ci. Vraisemblablement la même raison engagera M. Durosoy à faire retarder aux Italiens son *Siege de Paris*, sous Henri IV.

17 *Mai* 1775. M. de Luc, marquis de Saluces, comme seul représentant & descendant de la maison de Saluces, s'est pourvu au conseil pour des dédommagements qu'il réclame à raison de sa descendance. D'autres Saluces, se prétendant issus de même race, ont demandé que défenses fussent faites au marquis de Saluces de se qualifier seul représentant & descendant de la maison de Saluces. On a vu sur cette demande divers mémoires des parties, sur laquelle s'éleve enfin aujourd'hui un procès en regle au parlement. M. de Luc vient de fournir un mémoire très-modéré pour soutenir sa prétention, appuyée de pieces si probantes qu'il paroît devoir gagner incontestablement.

18 *Mai* 1775. A *la lettre du roi aux évêques*, qu'on a annoncée, est jointe une *Instruction pour les Curés*, que les premiers doivent leur transmettre, & que ceux-ci rendront à leurs ouailles au prône. Indépendamment des leçons générales qu'ils doivent donner sur le précepte de ne point prendre le bien d'autrui, & de restituer celui qu'on a pris, ils son chargés de leur apprendre la scélératesse des auteurs

de pareilles émeutes, qui ne s'y sont portés par aucun besoin réel, mais dans le seul projet de dévaster & d'affamer le royaume. Malheureusement on trouve dans cet écrit des assertions absolument fausses : savoir, *que les marchés ont toujours été garnis ; que la denrée n'a jamais été à un prix trop cher ; que personne ne doit être dans le cas de manquer de pain, par les précautions que le gouvernement a prises pour occuper les pauvres dans les paroisses en les faisant travailler, &c.* Cet imprimé est comme tous ceux qui sortent aujourd'hui du contrôle général, verbeux, sophistique, mal-adroit, annonçant de bonnes vues dans le ministre, & fournissant en même temps des armes à ceux qui veulent les combattre.

Le clergé d'ailleurs est fort scandalisé qu'on fasse ainsi empiéter S. M. sur ses droits, & qu'on lui attribue celui de donner en quelque sorte une lettre pastorale. Les évêques prétendent que M. Turgot, qu'ils regardent comme un athée, à raison de ses liaisons avec les philosophes du jour, tend insensiblement à faire le roi chef de l'église Gallicane, & conséquemment à détruire la religion. Mais ils n'osent réclamer dans ces circonstances critiques qu'on attribue en partie au clergé, & ils attendront sans doute le temps de leur assemblée, où ils réuniront ce chef de représentation à beaucoup d'autres.

18 *Mai* 1775. Il n'a encore été rien statué aujourd'hui à l'assemblée de pairs, tenue hier & continuée à ce matin, pour entendre la suite du rapport de la procédure concernant le ma-

réchal de Richelieu, &c. Ils doivent se rassembler la semaine prochaine.

18 *Mai* 1775. C'est M. de Cussé, archevêque d'Aix, qui est chargé du discours à prononcer au sacre. Ce prélat s'est enfermé pour son travail. Le cordon bleu est la récompense ordinaire de cette fonction.

18 *Mai.* Il paroît deux nouveaux mémoires de M. le comte de Guines. Le premier, quoique plus volumineux, est le moins satisfaisant. Le second, moins long, a pour titre : *Mémoire sur la nature & l'origine de l'affaire pour le comte de Guines, ambassadeur du roi, contre le nommé Tort, ci devant son secretaire.* L'objet de celui-ci est d'établir que l'affaire est purement ministérielle, & par quels événements, de degré en degré & à son insu, cette affaire ministérielle & jugée par le roi, est devenue un procès criminel, un procès à juger encore. On présume aisément que c'est à M. de la Vrilliere & à M. le duc d'Aiguillon que M. le comte de Guines attribue indirectement sa tournure nouvelle. Ce Mémoire est très-bien fait, il est fort adroit, & sans aucune méchanceté apparente compromet étrangement les deux ministres, & sur-tout le dernier, instigateur de l'autre. On parle déja d'un arrêt du conseil qui les venge & supprime cet écrit.

On trouve à la fin, parmi les pieces justificatives, la lettre du comte de Vergennes à monsieur le comte de Guines, en date du 9 mars dernier, où le ministre des affaires étrangeres lui marque le mécontentement du roi sur les nouvelles inculpations dont l'ambassadeur charge le duc d'Aiguillon, qui s'en est plaint à S. M.

& lui ordonne de garder le silence le plus absolu sur tous les griefs qu'il forme contre ledit duc ; & le mémoire présenté au roi, le 16 du même mois, par M. de Guines, où il offre à S. M. son ambassade, sa liberté & sa tête pour répondre des accusations qu'on intenteroit contre lui pour sa défense, offensante ou injurieuse, tenant ou ayant tenu à sa mission.

19 Mai 1775. Les adversaires du système de M. Turgot ont frappé une estampe satirique pour le tourner en ridicule. Le ministre y est représenté en cabriolet avec Mad. la duchesse d'Anville. L'abbé Baudeau, l'abbé Roubaud, le sieur Dupont, le sieur de Vaines & autres chefs des économistes, le tirent & le font rouler sur des tas de bled. La voiture renverse bientôt ; le contrôleur-général est culbuté, la dame aussi, ses jupes retroussées & présentant son derriere. Au dessus sont écrits ces mots : *Liberté, liberté, liberté toute entiere!*

La duchesse d'Anville est intime amie de monsieur Turgot. C'est une femme donnant dans la philosophie, & fort attachée au système & aux principes de la *science.*

19 Mai. Pour donner un échantillon de la dépense énorme du sacre, il suffira de dire que la reine devant assister à la cérémonie décidément, comme elle sera longue, on bâtit dans l'église un appartement complet pour S. M., si complet qu'il y aura jusqu'à une salle des gardes, & quant aux petites recherches on parle des lieux à l'angloise.

On a abattu à Soissons une porte de la ville, où le carrosse du roi n'auroit pu pénétrer à cause de sa hauteur de 18 pieds, & l'on a également reconstruit sur la route les divers ponts qui s'y trouvent, par où S. M. doit passer. Tout cela se rétablit par corvées. Les malheureux paysans qui y travaillent, dès qu'ils voient de loin un voyageur, s'agenouille, levent les yeux au ciel & les ramenent vers leur bouche, comme pour demander du pain.

20 *Mai* 1775. Le sieur Gaulard de Saudray, impliqué dans l'affaire du comte de Guines, & maltraité dans une note du mémoire du sieur Tort, intervient au procès, & a présenté requête pour être reçu plaignant en diffamation contre ledit Tort & Me. Falconnet, son avocat.

20 *Mai*. L'élection de bâtonnier a été faite au commencement de ce mois par l'ordre des avocats, & c'est Me. *Pothouin* qui succede à Me. Lambon. Celui-ci est en effet, comme il le desiroit, sorti de place avant de former le tableau. On y travaille, & il est de nouveau question de rayer les 28.

20 *Mai*. Le sieur Tort fait paroître un *Résumé, ou troisieme Mémoire contre le comte de Guines, &c.* Rien de nouveau que le paragraphe ayant pour titre : *du ton de mes écrits*. Me. Falconnet, sous le nom de son client, s'y disculpe du reproche de *l'audace outrageante* du ton de sa défense. Il cite pour son excuse le célebre *le Maître*, occupé dans sa retraite de Port-Royal à corriger ses plaidoyers & à y retrancher tout ce qui pourroit blesser la charité chrétienne. Il rapporte les fragments de l'un des plaidoyers de cet orateur très-véhément & qui peut servir de modele aux siens.

21 *Mai* 1775. Voici la marche décidée du roi

pour le sacre. S. M. part le 5 juin pour Compiegne. Elle y séjournera jusqu'au 8, qu'elle partira pour Fimes. Elle arrivera le 9 à Rheims. Le 10, les premieres vêpres : le 11, le sacre : le 12, la cérémonie de sa réception, comme grand-maître de l'ordre du St. Esprit : repos le 13 : le 14, la cavalcade à l'abbaye de St. Remy. Ce même jour S. M. touchera des écrouelles. Le 15 elle ira à la procession de la fête-dieu, & reviendra le 16 à Compiegne, jusques au 19, qu'elle retourne à Versailles.

21 *Mai* 1775. Quoique M. de Richelieu eût promis aux lecteurs de ne plus donner de mémoire, il a répandu depuis peu : *Réfutation des faits faussement répandus dans la requête contenant les prétendus moyens de nullité proposés par madame de St. Vincent.*

21 *Mai*. Le colisée, dont l'ouverture avoit été retardée jusqu'ici à raison du procès élevé entre les propriétaires & les créanciers, doit enfin s'ouvrir aujourd'hui.

21 *Mai*. M. le marquis de Louvois, accusé d'avoir levé sa canne contre un officier, frere d'un autre qui avoit servi dans son régiment, nommé Milleville, qui lui demandoit raison du déshonneur dont il avoit couvert ce dernier en le renvoyant, en lui donnant ensuite un certificat de bonne conduite & se rétractant après, a été condamné jeudi par le tribunal à un an & un jour de prison. Ce seigneur est un crâne, qui venoit de se marier tout récemment à une madame la baronne de ***, folle très-riche. Celle-ci, en revenant de l'église, lui dit qu'elle espéroit qu'il étoit revenu de toutes ses erreurs & qu'il seroit sage désormais,

» Oui, madame, lui a-t-il répondu, je vous
» assure que voilà la derniere sottise que je
» ferai. „

21 *Mai* 1775. On assure que la secretairerie de la marine de Madrid a été forcée par des inconnus, dans le temps que le roi d'Espagne étoit à Aranjuez. On a trouvé une premiere porte, dont on avoit sans doute de doubles clefs, ouverte; les deux autres enfoncées, tous les papiers bouleversés, aucun enlevé, rien de pris; ce qui fait présumer que la curiosité a été le motif de cette violence. On croit cependant qu'elle n'a été d'aucune utilité, parce que le ministre de cette partie, devant travailler avec le roi, pendant le séjour de S. M. catholique à son château de plaisance, avoir emporté avec lui les papiers les plus secrets, concernant l'armement de l'escadre. On n'a pas manqué d'imputer cet événement au ministre de S. M. Britannique à Madrid, comme le plus intéressé à découvrir le mystere de l'expédition.

22 *Mai* 1775. On a nouvelle de Ferney, que Mad. Denis, niece de M. de Voltaire, ayant eu une maladie longue, grave & dangereuse, est enfin dans une parfaite convalescence; que le philosophe de ce canton a voulu célébrer cet heureux événement par une fête, mais qu'en bon chrétien il avoit attendu qu'on eût remercié Dieu par une grand'messe, accompagnée de musique & de symphonie.

22 *Mai*. Les projets de M. Turgot sont absolument remis dans le porte-feuille, pour ce qui concerne la finance & les autres parties de l'administration qui ne sont pas relatives aux bleds. L'examen en est renvoyé au voyage de

Fontainebleau, pendant lequel on ne s'occupera que de cet objet. Quoiqu'on ne sache pas le fond de tous ces projets, il en transpire toujours quelque chose. Il passe pour constant, par exemple, qu'un d'eux, servant de base aux autres, roule sur la nécessité d'établir dans le département de chaque ministre un conseil permanent, qui puisse suivre les divers plans arrêtés, changeant autrement avec chaque ministre, & suppléer d'ailleurs à l'impéritie de ceux qui ne seroient pas au fait des parties confiées à leurs soins.

22 *Mai* 1775. On a oublié de rapporter un bon mot de Mad. de St. Vincent, très-remarquable & digne d'être conservé. A la confrontation, M. de Richelieu, s'obstinant à nier qu'il lui eût jamais fait de billet de cent mille écus, lui dit avec amertume : « Mais, Madame, regardez » donc votre figure. Cela se paieroit-il une » somme aussi exorbitante ? — Je n'ai pas cette » présomption, répliqua la présidente ; mais » vous, M. le maréchal, considérez la vôtre, » & voyez s'il faut moins que cela pour la faire » passer ! »

22 *Mai*. Le mariage de madame Clotilde est arrêté & fixé dans tous ses points, que voici : Le 8 août se fera la demande publique. Le 16, la signature du contrat de mariage. Le 21, le mariage, appartement, banquet, &c. Le 22, bal paré. Le 23, bal masqué. Le 24, repos. Le 25, fête donnée par l'ambassadeur de Sardaigne au Wauxhal du nouveau boulevard.

22 *Mai*. *La Poule au pot* est une brochure politique, où l'auteur se perd, comme beaucoup

d'autres, en projets chimériques pour rendre le peuple heureux. Elle ne contient rien qui mérite plus de détail.

22 *Mai* 1775. Le violon est aujourd'hui poussé à un point de perfection incroyable. C'est au concert spirituel, le plus beau théatre des grands talents, que les virtuoses dans tous les genres viennent se présenter & disputer la couronne. Le Sr. *Jarnovick* y brille depuis quelque temps & y emporte la palme. Le Sr. *la Motte*, premier violon de l'empereur, est venu concourir avec lui pendant la quinzaine de pâque, & ce dernier, qui met dans son exécution beaucoup de feu, de variété & de hardiesse, a balancé les suffrages des connoisseurs. Mais le dimanche de *quasimodo*, s'étant réunis dans le même concert, le beau fini, l'élégance & l'expression du premier, l'ont emporté.

Dans le même temps le Sr. le Brun, premier hautbois de S. A. S. l'électeur Palatin, a joué plusieurs *concerto* avec un succès prodigieux. Il a trouvé l'art d'adoucir & d'animer son instrument, de lui donner plus d'étendue, de variété, & de le rendre toujours aussi flatteur qu'admirable.

23 *Mai* 1775. Mad. Destouches, si bafouée dans la lettre à l'abbé Terrai, & précédemment accusée d'un commerce de galanterie avec lui, vient de mourir. On prétend que le chagrin n'a pas peu contribué à accélérer sa mort.

23 *Mai*. On n'a pas manqué de chansonner le maréchal duc de Biron sur son généralat, dans un couplet assez piquant, & qu'il s'est attiré par la puérile importance qu'il y met.

Air : *De Joconde.*

Biron, tes glorieux travaux,
 En dépit des cabales,
Te font paffer pour un héros
 Sous les piliers des halles :
De rue en rue, au petit trot,
 Tu chaffe la famine :
Général digne de Turgot,
Tu n'eft qu'un *Jean-farine.*

23 *Mai* 1775. M. de Louvois n'eft point à l'abbaye de St. Germain-des-Prez pour un an & un jour, comme on l'avoit annoncé; il n'y eft que provifoirement, & jufqu'à ce qu'on ait entendu au tribunal le major & le lieutenant-colonel de fon régiment, mandés pour dépofer.

24 *Mai* 1775. Un homme qui n'eft pas fans doute partifan du fyftême des économiftes, a profité de la circonftance pour plaifanter fur eux de la maniere fuivante.

L'*Epérience Economique.*

Un Limoufin, très-grand réformateur,
D'un beau haras fait adminiftrateur,
Imagina, pour enrichir le maître,
Un beau matin de retrancher le paître
Aux animaux confiés à fes foins.
Aux étrangers il ouvre la prairie,
Des rateliers il fait ôter le foin.
Un jour n'eft rien dans le cours de la vie.
Le lendemain, les chevaux affamés,

Tirent la langue & dressent les oreilles.
On court à l'homme. Il répond : A merveille !
Ils y seront bientôt accoutumés.
Laissez-moi faire. On prend donc patience.
Le lendemain, langueur & défaillance ;
Et l'économe, en les voyant périr,
Dit : ils alloient se faire à l'abstinence ;
Mais on leur a conseillé de mourir
Exprès pour nuire à mon expérience.

24 Mai 1775. La requête en cassation du jugement rendu par le nouveau tribunal dans l'affaire entre Goezmann & Beaumarchais, est présentée au conseil par ce dernier.

25 Mai 1775. Il est d'usage que le roi, à son sacre, accorde un certain nombre de graces pour des coupables, condamnés par les tribunaux, ou paie les dettes des prisonniers détenus pour pareil objet, &c. On nomme en conséquence des maîtres des requêtes pour en faire le rapport. Il y en a quatre chargés de ce travail : MM. Gueaux de Reverseaux, Joly de Fleury, de Brou & Bignon.

On ne comptoit au sacre de Louis XV que 500 placets présentés à cet effet : à celui-ci on en compte, 1,500.

25 Mai. On a entendu l'abbé Baudeau assurer devant des gens dignes de foi, qu'on étoit convaincu qu'il falloit attribuer les dernieres émeutes aux intrigues de M. de Sartines. Il a dit depuis que la chaîne étoit coupée, & qu'on ne pouvoit acquérir les preuves sur lesquelles on comptoit, vu la mort accélérée de certains quidams intermédiaires. On ne peut assez s'étonner d'une telle impudence.—

On sait aujourd'hui que M. Turgot ne s'est débarrassé de M. le Noir, qu'en disant à S. M. qu'il ne répondoit de rien si ce lieutenant de police n'étoit pas changé; & qu'au contraire, il répondoit de tout si l'on le changeoit.

25 *Mai* 1775. Le Sr. de la Harpe a la pension du roi, qu'avoit le Sr. de Belloy, de 1,200 livres. Elle lui a été donnée par la protection de la reine, qui l'a demandée en satisfaction du plaisir que S. M. a eue à la lecture de la tragédie de *Menzicoff*, de cet auteur. Il a traité vraisemblablement ce sujet Russe pour se rendre agréable à S. A. impériale le grand duc des Russies, dont il a l'honneur d'être correspondant, & que lui a procuré M. de Voltaire pour protecteur.

26 *Mai* 1775. Le résultat de la séance des pairs au palais, les mardi & mercredi 23 & 24, a été de déclarer nulle la procédure instruite extrajudiciairement à la Bastille, ainsi que l'ordonnance du Sr. lieutenant-criminel, qui en ordonnoit l'apport au Châtelet, pour servir de base à la sienne. On ne doute pas qu'à la prochaine séance, renvoyée à la semaine suivante, l'on n'annulle le surplus.

Cependant le maréchal de Richelieu a obtenu précédemment une chose qu'il avoit fort à cœur : c'étoit de n'être point renvoyé à l'audience, pour plaider sur ces préalables, comme on l'avoit agité; ce qui auroit donné matiere à des plaidoieries fâcheuses pour le duc, que les avocats à coup sûr n'auroient pas épargné.

26 *Mai* 1775. On parle beaucoup de remontrances de la cour des aides, concertées entre M. Turgot & M. de Malesherbes, & dont l'objet est de donner ouverture aux projets du premier, relativement à la finance & à son amélioration, mais sur-tout à la réforme des abus.

26 *Mai*. On assure que le bail des poudres est résilié, & que cette partie est mise en régie pour le roi. Cette infraction faite à une convention sacrée avec le monarque effraie les fermiers-généraux, qui craignent un pareil sort.

27 *Mai* 1775. On a dit que M. de Maurepas étoit à l'opéra la veille de l'émeute. On n'a pas manqué de consigner le fait dans une espece d'épigramme à la grecque, que voici :

Monsieur le comte, on vous demande ;
Si vous ne mettez le holà
Le peuple se révoltera.
Dites au peuple qu'il attende,
Il faut que j'aille à l'opéra.

27 *Mai*. On ne sauroit rendre l'affluence de monde qui va voir les ornements du sacre & sur-tout le carrosse. C'est d'une richesse, d'un fini, d'une beauté à étonner les plus connoisseurs.

27 *Mai*. On espere qu'enfin après le sacre on sera quitte de M. le duc de la Vrilliere, qui déplaît depuis long-temps au public & excite l'indignation des amis de la justice. On est toujours surpris que S. M. ayant réformé le ministere de Louis XV, eût épargné ce membre-ci, depuis

long-temps prévaricateur, & donnant toujours l'exemple scandaleux des mœurs les plus dissolues. On ajoute qu'aujourd'hui il n'a plus de tête & radote absolument.

27 *Mai* 1775. M. Turgot, instruit que M. de Sartines n'ignoroit pas le propos impudent de l'abbé Baudeau sur son compte, a cru devoir aller trouver ce ministre, lui déclarer combien il étoit irrité lui-même de l'audace criminelle de cet économiste, qui s'en repentoit amèrement ; qu'il étoit disposé à subir la peine qu'il voudroit lui infliger, & à lui faire toutes les réparations que sa place exigeoit. Le secretaire d'état de la marine a reçu le contrôleur général avec hauteur ; il lui a répondu qu'il se regardoit comme fort au-dessus des injures & des calomnies de cet abbé, qu'il les méprisoit, & l'abandonnoit à ses remords. Il semble que M. Turgot, sans se prévaloir de la générosité du ministre rival, auroit dû châtier son suppôt & n'en faire qu'un exemple plus éclatant. On désapprouve fort cette mollesse.

28 *Mai* 1775. Le chevalier d'Arcq est de retour à Paris depuis quelque temps. Il y a un arbitrage de trois avocats nommés pour présider à la direction de ses créanciers, & décider sans frais les contestations ; on épargne même ceux de papier, toutes les procédures ne pouvant être que sur papier mort, c'est-à-dire non timbré.

28 *Mai.* Madame la princesse de Conti a fini hier. Elle voyoit depuis long-temps approcher la mort avec une fermeté digne de son ame fiere, courageuse & au-dessus des préjugés. Elle chantoit peu d'heures auparavant la chanson sur

le maréchal de Biron, rapportée un peu plus haut.

28 *Mai* 1775. Quant aux dommages & intérêts, ainsi que quant à la prise à partie demandée par madame de St. Vincent, cet objet a été réservé, en annullant la procédure de la bastille, &c. dans l'assemblée des pairs du mardi.

28 *Mai* 1775. Le roi a fait vendredi la revue de ses gardes Françoises & Suisses. Comme c'est la premiere de sa majesté, cette cérémonie, toujours très-suivies, a attiré encore plus de monde. Elle n'a point été très satisfaisante pour le monarque, sur-tout s'il a comparé la conduite du peuple en ce moment à celle qu'il a tenue il y a un an. Peu d'acclamations, qu'on sentit n'être que l'effet des libéralités de la police, & n'exprimer en rien le vœu public. Aussi sa majesté a-t-elle cherché à se débarrasser promptement de la corvée, & n'a fait qu'un récensement rapide, sans ordonner aucune évolution. Monsieur le comte de Provence étoit en uniforme de son régiment de ce nom, & le comte d'Artois, à la tête de ses Suisses, a rempli les fonctions de sa place de colonel-général. Les princes du sang se sont absentés, à cause de l'état de la princesse de Conti, administrée ce jour-là. La reine est venue à la revue, mais sans y causer de sensations; elle n'a pas recueilli le moindre applaudissement.

28 *Mai.* Suivant les lettres de Brest, le jugement de monsieur de Kerguelen, prononcé par le conseil de guerre, a été renvoyé à la cour, & l'on en attend la confirmation pour le rendre public.

29 Mai 1775. On ne sauroit croire quelle multitude de requêtes civiles sont présentées à la grand'chambre, pour revenir contre les jugements du tribunal intermédiaire. Si cela continue, il ne subsistera plus incessamment rien de ce fantôme de parlement, & messieurs sans doute y concourent de leur mieux. On est fâché cependant que la requête du chapitre de Lyon, qui a succombé contre l'archevêque de cette ville, ait été admise aussi promptement, d'autant qu'ils ont été les agresseurs & ont traîné le prélat à ce tribunal. Il semble qu'il n'y auroit pas eu de mal à les faire attendre quelque temps, pour les punir de leur zele à concourir à l'œuvre de M. le chancelier. C'est une observation faite par les magistrats patriotes, & sur-tout par M. Clément de Feuillette.

29 Mai. On prétend que la suppression du mémoire de M. de Guines par un arrêt du conseil, est une manœuvre sourde des partisans du parlement, & des ennemis de M. le duc d'Aiguillon : que ceux-ci ont fait entendre à ce dernier, & sur-tout à M. de Maurepas, combien il seroit dangereux de laisser subsister un pareil écrit, qui inculpoit si fortement le ministre des affaires étrangeres, en ce que l'affaire devant ensuite venir nécessairement par appel au tribunal supérieur, il donneroit matiere au parlement, qui ne cherchoit qu'à trouver prise sur le duc d'Aiguillon, de le mettre en cause & de le traduire de nouveau devant la cour des pairs. On ajoute qu'ils ont donné tous deux dans ce piege; qu'alors est intervenu l'arrêt susdit, envoyé à l'ambassadeur par M. de Vergennes : que M. de Guines a écrit à ce sujet une lettre très-pressante au roi, où il a fait voir qu'on avoit surpris sa religion, & qu'en conséquence S. M. a déclaré qu'elle n'entendoit empêcher le comte de Guines de faire usage de son mémoire en tout ce qui pourroit tendre à sa justification ; ce qui l'établit irrévocablement partie intégrante du procès, & consomme le projet des ennemis du duc d'Aiguillon. Il faut être courtisan pour connoître tout le fin & toute la noirceur d'une pareille intrigue. La suite justifiera ou détruira cette anecdote.

29 *Mai* 1775. Le comte de Barbançon, fils du marquis, premier véneur de monsieur le duc d'Orléans, succede au marquis de Montauzier dans la place de colonel du régiment d'Orléans infanterie, obligé de se démettre pour être contrevenu au réglement du ministre de la guerre sur les congés.

29 *Mai*. Les députés des bancs des avocats n'ont pas osé prendre sur eux de prononcer la radiation des vingt-huit. Ils sont renvoyés au jugement de l'assemblée générale.

29 *Mai*. Monsieur de Boynes, par ses projets destructeurs, durant son ministere de la marine, avoit absolument dégradé le port de Rochefort, qui tomboit tout-à-fait dans l'anéantissement. M. de Sartines, marchant sur de nouveaux erremens, cherche à le relever, & à en former un département comme ci-devant. Pour le rendre à sa premiere splendeur, il faudroit y ramener l'approvisionnement des colonies, dont la ville de Bordeaux étoit chargée depuis plusieurs années. M. d'Aubenton, alors ordonna-

teur à Bordeaux, qui avoit sollicité le premier changement, aujourd'hui qu'il est intendant à Rochefort, ne peut guere réclamer contre son premier vœu ; mais on espere que l'utilité même de la chose parlera, & que tout rentrera dans son ancienne forme.

29 *Mai* 1775. Il ne restera de la famille royale à Versailles que mesdames tantes, pour tenir compagnie à madame la comtesse d'Artois pendant le sacre. On appelle aujourd'hui ces princesses *mesdames Royales*.

30 *Mai* 1775. M. l'abbé de Villeneuve, l'un des co-accusés de madame la présidente de Saint-Vincent, a présenté au parlement, les chambres assemblées, les princes & pairs y séant, une requête. Après avoir relaté les faits historiques qui le concernent dans le procès, & dont il a déja rendu compte dans ses petits mémoires précédents ; après avoir fait valoir son illustre origine d'aïeux, dont le sang regne encore sur presque tous les trônes de l'Europe, & même ses alliances avec celui des augustes maisons de Bourbon & d'Autriche, il conclut à ce que l'accusation intentée contre lui soit déclarée, ainsi que la procédure qui a suivi, cruelle, injurieuse, tortionnaire & vexatoire ; à ce que le maréchal de Richelieu soit condamné à 10,000 livres de dommages & intérêts ; à ce que les termes injurieux répandus dans les requêtes & mémoires dudit maréchal, soient supprimés, &c.

30 *Mai*. L'affaire de monsieur Mercier contre les comédiens François, prend une tournure absolument juridique. Il a présenté requête à la grand'chambre, où il demande : 1°. Que la

délibération de la troupe, du 6 mars dernier, soit biffée en la forme ordinaire, comme indécente & injurieuse ; que défenses soient faites aux comédiens de plus à l'avenir en prendre de pareilles, & que pour l'avoir fait, ils soient condamnés à des dommages intérêts envers lui, applicables de son consentement au pain des pauvres prisonniers de la conciergerie. 2°. Que l'article 55 du réglement du 23 décembre 1757, soit exécuté ; en conséquence que les comédiens soient tenus de jouer sa piece, reçue le 8 août 1773, suivant l'ordre dans lequel elle a été présentée. A l'égard de celle enrégistrée le 22 décembre 1773, & de celle adressée à la troupe le 4 mars dernier, comme ces deux dernieres ne sont reçues ni même jugées, & qu'il ne lui est plus possible de compter sur l'impartialité des comédiens, il demande que le jugement de ces pieces soit renvoyé à des gens de lettres, à l'académie Françoise, par exemple, si elle veut bien se charger de cette commission. 3°. Il conclut à être reçu opposant au réglement du 23 décembre 1757, en ce que ce réglement contient de contraire à l'honneur des lettres, & à l'intérêt des auteurs ; sauf à monsieur le procureur-général à prendre telles conclusions qu'il avisera bon être. C'est le premier avocat-général Seguier qui est chargé des pieces.

En conséquence de cette requête, Me. Henrion de Pansey, avocat du sieur Mercier, développant l'esquisse du mémoire qu'il a d'abord publié, en fait paroître un plus étendu de quarante-trois pages, ayant pour titre : *premier mémoire*, divisé en deux parties, 1°. La discussion du réglement du 23 décembre 1757 : 2. L'examen de la délibération prise contre le Sr. Mercier par les comédiens, le 6 mars dernier.

L'avocat annonce dans une note, qu'il se réserve à discuter dans un second mémoire ce que les comédiens appellent leurs réglements secrets, de montrer les abus qu'ils ont introduits au théatre, les excès intolérables auxquels ils se livrent journellement contre les écrivains dramatiques. Il est question d'un monsieur *Louvay de la Sauffaye*, auteur de la *Journée Lacédémonienne*, qui les ayant actionné en justice, a été arrêté par un arrêt d'évocation. Ils disent encore aujourd'hui à l'égard du nouveau procès : *nous avons assez de crédit pour faire évoquer l'affaire au conseil, & elle y restera dix ans accrochée.*

30 *Mai* 1775. On a beaucoup varié sur le principe & les auteurs des émeutes. On a successivement attribué ces dernieres au chancelier, à l'abbé Terrai, aux Anglois, aux jésuites, au clergé, aux gens de finance. Ceux qui ne cherchent point à rafiner en trouvent tout bonnement la cause dans le nouveau système du gouvernement, dans les derniers arrêts du conseil, où monsieur Turgot dit que le bled est cher, qu'il sera cher, & qu'il doit être cher. C'est pour résumer les divers raffinements des politiques, qu'un plaisant se moque ainsi d'eux dans les vers suivants :

Est-ce Maupeou, tant abhorré
Qui nous rend le bled cher en France ?
Ou bien est-ce l'abbé Terrai ?
Est-ce le clergé, la finance ?

Des jésuites est-ce vengeance ?
Ou de l'Anglois un tour fallot ?
Non, ce n'est point là le fin mot....
Mais voulez-vous qu'en confidence
Je vous le dise ?... C'est Turgot.

30 *Mai* 1775. M. le comte de Haage a de nouveau plaidé hier à la troisieme chambre des requêtes. Il a commencé par dire qu'il étoit instruit que le grand-conseil irrité des vérités qu'il avoit dites sur le simulacre de parlement qu'il avoit représenté, vouloit le décréter, lui, son procureur & son imprimeur; qu'il réclamoit la protection de la cour en conséquence, & se mettoit sous sa sauve-garde. Sur quoi le président de la chambre lui a dit qu'il n'eût rien à craindre, qu'aucun autre tribunal ne pouvoit attenter à sa liberté. Ensuite il a procédé à sa réplique, plus vigoureuse encore que son plaidoyer, tant contre les desservants, que contre Me. Target, avocat du prince de Nassau. Le premier, sur-tout, s'est trouvé tellement injurié, qu'il a supplié la cour d'imposer silence au comte de la Haage. Sur sa remontrance, à quoi la cour n'a point eu d'égard, l'orateur n'en a continué qu'avec plus de véhémence, & les patients ont dû endurer non-seulement la bordée de l'orateur, mais les risées du public & les souris de messieurs, tous jeunes gens, qui avoient peine à se contenir.

31 *Mai* 1775. On ne sauroit rendre le détail des manœuvres qu'emploie M. le maréchal duc de Richelieu pour triompher dans sa cause. Il va voir tous ses juges assidument, & dès qu'il en connoît quelqu'un susceptible de cor-

ruption, ou de flatterie, ou de quelqu'autre genre de tentation par lui ou par ses amis, mâles ou femelles, il ne manque pas de l'employer. C'est ainsi qu'il a éludé jusqu'à présent les différents points dont il redoutoit la décision contre lui, tel que la plaidoierie à l'audience. Enfin la partialité s'est manifestée au point que la décision de la nullité de la procédure de la bastille n'a passé que de 59 voix contre 54. En sorte que dans la cour des pairs & dans le parlement, où l'on réclame sans cesse contre les voies illégales, contre les détentions violentes, contre les lettres de cachet, il s'est trouvé cette multitude de votants, qui n'ont pas craint d'aller effrontément contre tous les principes. Il est bien à craindre que dans l'intervalle de huit jours le maréchal n'ait débauché quelqu'un des 59, & n'ait la pluralité.

Dans les princes, le prince de Conti est le seul qui ait jusqu'à présent témoigné du zele & de la chaleur pour la défense de l'innocence; & dans les pairs, M. le duc de la Rochefoucault a continué de se distinguer par une éloquence très-énergique, soutenue des plus excellents principes. Tous deux se sont élevés avec force contre les abus d'autorité qu'on trouvoit à chaque pas dans cette affaire, & surtout contre les lettres de cachet. M. le prince de Conti a déclaré qu'il se réservoit de mettre en délibération cette derniere matiere, de rappeller les ordonnances des rois, qui défendoient d'avoir égard aux lettres clauses, & de traiter des objets de remontrances à faire en ce cas.

31 *Mai* 1775. S. M. a fait hier la revue qua-

driennelle du Trou d'enfer. Mais il n'y avoit de fa maifon que les *rouges*, c'eft-à-dire les deux compagnies de moufquetaires, les gendarmes & les chevaux-légers. La revue des *bleus*, de la même maniere, n'aura lieu qu'après le facre.

31 *Mai* 1775. L'affluence de curieux qui fe difpofe à fe rendre au facre eft immenfe. Mais il y a apparence que beaucoup feront fruftrés en partie dans leurs projets, puifqu'il n'y a que 500 places à donner, les gens de la cour placés.

1 *Juin* 1775. Les remontrances de la cour des aides, dont on a parlé, portent fur deux objets principaux. Le plus effentiel étoit établi d'après une multitude de plaintes & de mémoires venus de toutes parts à cette compagnie, relativement aux abus qui s'étoient multipliés jufqu'à l'infini dans la perception des impôts pendant fon abfence. Monfieur de Malesherbes, le principal auteur de cet écrit, avoit touché ce point avec la plus grande vigueur & dans le plus grand détail, remontant jufqu'aux impôts même, dont il démontroit l'énormité intolérable.

Ces remontrances ont été portées au roi, il y a du temps. S. M. avoit répondu, fuivant l'ufage, qu'elle les feroit examiner dans fon confeil. Elles le méritoient d'autant plus, qu'elles font extrêmement longues, contenant pour fix heures de lecture. Elles ont paru fi vives & fi pittorefques, qu'on a repréfenté dans le confeil le danger de les laiffer pénétrer dans le public en un temps de trouble & de fermentation. En conféquence S. M. a mandé dimanche le premier président & deux présidents de cette compagnie, pour se trouver à Versailles le mardi avec leurs regîtres.

Le mardi 30, S. M. leur a dit qu'elle ne désapprouvoit pas le fond de leurs remontrances dont elle s'occupoit, n'ignorant pas les abus dont ils se plaignoient; qu'elle y mettroit ordre avec le temps. Mais que ces remontrances étant dans une maniere propre à aigrir les esprits, & d'ailleurs contenant beaucoup de faits particuliers & des dénonciations distinctes, elle jugeoit à propos d'en retenir la minute; que sur le surplus, elle enverroit le lendemain *monsieur* à la cour des aides pour y notifier ses intentions.

2 *Juin* 1775. L'article 27 de l'ordonnance de discipline concernant la cour des aides, enrégistrée au lit de justice, porte:

« Dans les cas où les officiers de notre cour
» des aides, ce que nous ne présumons pas,
» suspendroient l'administration de la justice,
» ou donneroient leurs démissions par une dé-
» libération combinée, & refuseroient de re-
» prendre leurs fonctions au préjudice de nos
» ordres, nous déclarons que la forfaiture sera
» par eux encourue, laquelle sera jugée par *no-*
» *tre conseil*, en notre présence, conformément
» aux loix & ordonnances du royaume. »

Cette cour a été scandalisée de se voir soumise au jugement du conseil du roi. Elle en a fait un objet de ses remontrances; & c'est à cet égard que *monsieur* a apporté mercredi une déclaration qu'il a fait enrégistrer dans un lit de justice tenu à cette cour, où S. M. ayant égard aux remontrances de cettedite cour, ordonne que sa forfaiture sera jugée, comme celle du parlement, en cour pléniere.

Quelqu'illégale que soit cette autre formule, messieurs l'ont adoptée, du moins semblent contents d'être assimilés au parlement, qui n'a pourtant pas souscrit à la reconnoissance d'un pareil tribunal. Ils assurent que la séance s'est passée avec beaucoup d'honnêteté, & *monsieur* les a enchantés par un compliment, où il leur a témoigné sa douleur de n'avoir pas été l'auteur de leur rétablissement, étant appellé ailleurs pour obéir au roi. Ce prince étoit ce jour-là au grand-conseil.

2 *Juin* 1775. M. le comte de la Haage, malgré toutes ses fadeurs au parlement & toutes ses déclamations contre le nouveau tribunal, a perdu avant-hier son procès, mais n'a point été molesté autant que les conclusions des parties adverses le requéroient.

2 *Juin*. Monsieur Capperonnier, membre de l'académie des belles-lettres, garde des livres imprimés de la bibliotheque du roi, professeur royal pour le grec, vient de mourir d'une goutte remontée. C'étoit un des plus savants hommes de l'Europe, grand bibliographe. C'est une vraie perte pour la littérature, d'autant qu'il étoit encore jeune.

2 *Juin*. Par une inconséquence qu'on ne peut concevoir, mercredi, les pairs assemblés au parlement, on a déclaré valable la procédure du châtelet dont on avoit annullé la base. Jeudi on a joint au fond la requête de madame de St. Vincent en élargissement provisoire.

Remis à délibérer sur les autres requêtes des co-accusés au mardi 27 juin.

On a remarqué que le prince de Conti avoit molli, & l'on attribue cette défection au duc de Fronsac, qui depuis quelque temps s'est attaché à S. A. & lui fait une cour assidue.

3 *Juin* 1775. On annonce un nouveau conte de monsieur de Voltaire, intitulé : *le Dimanche, ou les Filles de Minée*. On sent combien ce cadre doit prêter entre les mains d'un écrivain pareil, & l'on assure que c'est un ouvrage charmant. Comme il est d'une certaine étendue, qu'il n'est encore que manuscrit, il est toujours rare.

3 *Juin*. La cérémonie du sacre approchant, c'est aujourd'hui l'objet des entretiens du public. Pour mieux l'instruire on a fait imprimer, *L'ordre de la marche & des cérémonies* qui y seront observées. Dans ce fatras très-long d'étiquettes puériles, voici ce qu'on en peut extraire.

La cérémonie étant censée commencer au départ de Versailles, S. M. en partira en grand appareil avec la reine, les princes ses freres, les princes du sang, les grands officiers de la couronne, les seigneurs & dames de la cour, & les ministres.

S. M. sera reçue dans toutes les villes où elle passera, au son des cloches, au bruit de l'artillerie, *aux acclamations des peuples*, & sera complimentée par les magistrats. (Les acclamations futures des peuples ont paru fort singulieres dans cette relation, comme si elles étoient de commande, ainsi que le reste.)

Monsieur le duc de Bourbon, gouverneur de

Champagne, présentera à S. M. les clefs de la ville à son arrivée.

S. M. après tout le cérémonial de son entrée & de sa marche, se mettra à genoux à la porte de l'église métropolitaine, & y baisera le livre de l'évangile. Elle offrira à Dieu un ciboire d'or, dont elle fera présent à l'église de Rheims, & qu'elle posera sur l'autel.

Il n'y a de toute la magistrature que *les conseillers d'état* & *maîtres des requêtes* invités au sacre qui s'y trouveront, & six secretaires du roi, députés de leur compagnie.

Au sacre, *monsieur*, frere du roi, représentera le duc de Bourgogne; M. le comte d'Artois, le duc de Normandie; le duc d'Orléans, le duc d'Aquitaine; le duc de Chartres, le comte de Toulouse; le prince de Condé, le comte de Flandres; & le prince de Bourbon, le comte de Champagne.

Les pairs ecclésiastiques ont tous les honneurs. Ils sont assis à la droite de l'autel: ce sont deux d'entr'eux qui vont chercher le roi, & qui, après avoir vainement demandé le roi deux fois à sa porte, disent pour la troisieme: *Nous demandons Louis XVI, que Dieu nous a donné pour Roi*: ils le conduiront à l'église.

L'archevêque de Rheims commence par faire une requête pour toutes les églises de France, sujettes au roi, & ce n'est qu'après ce premier serment que le monarque en fait un autre, qu'on appelle *le serment du royaume*, & qu'il prête le troisieme, comme chef, & souverain grand-maître de l'ordre du Saint-Esprit.

4 *Juin* 1775. La piece la plus curieuse de toutes celles qui ont été offertes au public, devant servir à la cérémonie du sacre, c'est sans contredit la couronne, qu'on voyoit chez le sieur Aubert. Elle est enrichie de diamants, évalués à 18 millions. Parmi eux se distinguent le *Régent* & le *Sancy*, renommés entre les plus belles pierres du monde connu.

4 *Juin.* Le procès de monsieur le comte de Guines a effectivement été jugé hier au châtelet d'une façon très-baroque. En voici la sentence :

Sentences criminelles du Châtelet, rendues les 30 mai & 2 juin 1775, dans l'affaire de monsieur le comte de Guines.

30 *Mai* 1775. " En voyant le procès, a été arrêté qu'il est donné acte audit Gerbier des déclarations portées, tant auxdits mémoires imprimés, qu'audit interrogatoire dudit comte de Guines. En conséquence, & attendu que ledit réquisitoire du procureur du roi n'énonce aucun objet déterminé de plaintes, ledit décret d'assigné pour être ouï, & tout ce qui s'en est ensuivi, est déclaré nul, & qu'il n'y a lieu à décerner ledit décret sur ledit réquisitoire.

2 *Juin* 1775. ,, Il est dit par délibération du conseil, ouï sur ce le procureur du roi, en ce qui touche les plaintes & accusations concernant le jeu des fonds publics d'Angleterre, que pour avoir, par ledit Tort, rendu contre ledit comte de Guines une plainte calomnieuse, par laquelle il lui a imputé de lui avoir ordonné de jouer pour le compte dudit comte de Guines dans lesdits fonds publics, ledit Tort est condamné à faire

réparation d'honneur audit comte de Guines, en présence de douze personnes, au choix dudit comte de Guines, dont sera dressé acte, sinon notre présente sentence vaudra ledit acte; ledit Tort condamné en outre en 300 livres de dommages-intérêts envers ledit comte de Guines, applicables, de son consentement, au pain des prisonniers du grand châtelet. Que lesdits Delpech & Roger seront mis hors de cour, l'écrou dudit Roger sera rayé & biffé; & que lesdits comte de Guines & de Lobi de Monval sont & demeureront déchargés des plaintes & accusations dudit Tort. En ce qui concerne ledit Tort, de l'imputation à lui faite par ledit comte de Guines du vol de papiers & de deniers comptants, qu'il est donné acte audit Tort de la déclaration faite au procès par ledit comte de Guines; que c'est dans un premier mouvement, après l'évasion dudit Tort, qu'il s'est imaginé qu'il lui avoit souftrait des deniers & des papiers, que ledit comte de Guines a depuis retrouvés. Quant à l'imputation faite audit Delpech par ledit comte de Guines, dans le récit de sa plainte, d'avoir négocié deux lettres de change faussement acceptées du nom de Boyer, que ledit Delpech est déchargé de ladite imputation, & que les termes injurieux insérés à ce sujet dans les requêtes & mémoires du comte de Guines sont & demeureront supprimés. A l'égard des accusations dudit comte de Guines, savoir contre lesdits Tort & Roger, au sujet de la communication d'un état concernant la marine; contre ledit Tort, au sujet de la communication des dépêches, & contre lesdits Tort & Delpech, au sujet de la contrebande, les parties sont mises hors de cour. Que lesdits Gaulard, des Audrays, Gomel & Boyer, sont reçus parties intervenantes. Faisant droit sur leur intervention, ensemble sur leurs requêtes & demandes, & sur celles desdits comte de Guines & de Monval, à fin de suppression de termes injurieux ; que les mémoires de Tort, signés *Falconnet*, sont & demeureront supprimés, & que les termes injurieux desdits mémoires seront rayés & biffés par le greffier de la chambre, ce dont sera dressé procès-verbal ; qu'il est fait défense audit Falconnet de faire de semblables mémoires à l'avenir, sous telles peines qu'il appartiendra. Que sur le surplus des plaintes & accusations, fins & demandes desdites parties, elles sont mises hors de cour & de procès : que ledit Tort est condamné envers ledit comte de Guines aux 5 sixiemes des dépens, l'autre 6e compensé. Tous dépens, au surplus, compensés entre les autres parties ; & qu'il est permis audit comte de Guines de faire imprimer & afficher la présente sentence jusqu'à concurrence de 300 exemplaires, aux dépens dudit Tort, par-tout où besoin sera. »

Rien de plus singulier que cette sentence, dont les deux parties doivent appeller. On ne voit pas que M. le comte de Guines puisse dans cet état retourner encore à son ambassade.

4 *Juin* 1775. M. l'archevêque de Paris fait publier un mandement qui ordonne des prieres publiques à l'occasion du sacre du roi. Il est tout-à-fait dans le sens du clergé, qui rapporte l'autorité des princes toute à dieu, c'est-à-dire à lui. C'est une vraie capucinade politique.

4 *Juin* 1775. *Réflexions sur les mémoires, par*

Me. de la Croix. Bavardage d'avocat, où l'auteur veut prouver l'utilité & la nécessité des mémoires. Comme il en fait beaucoup, il n'est pas étonnant qu'il ait entrepris cette tâche. Mais rien de nouveau dans les raisons qu'il apporte, & dans la maniere de les présenter. Une seule anecdote qui concerne un grand seigneur, voulant revenir contre un engagement pris avec son créancier : celui-ci étoit déja décrété sur le témoignage de quatre imposteurs ; il implore le secours de l'avocat, il met sous ses yeux les billets & les lettres du débiteur, qui l'avoit félicité le premier sur sa bonne foi, & l'avoit prié *d'accepter quelques présents offerts par la reconnoissance*. Il fait tout imprimer, lettres, billets; il envoie au grand seigneur le mémoire foudroyant prêt à paroître. Celui-ci court au devant de son déshonneur, paie & remercie Me. de la Croix.

4 Juin 1775. Le sieur Robelin, reçu avocat, a voulu forcer les avocats de Poitiers à l'inscrire sur leur tableau. Ceux-ci ont consulté à Paris, pour savoir si le sieur Robelin avoit droit de les actionner? Ce qui a donné lieu à un mémoire imprimé, intitulé : *Consultation sur la discipline des avocats*. On y décide d'après les principes développés dans la consultation, que le plaignant est non-recevable dans sa demande.

Comme la profession d'avocat a la confiance pour base & pour ressort : comme tout est confiance, & de la part du public envers l'avocat, & de la part de l'avocat envers ses confreres : comme cette confiance, dont chacun d'eux est honoré, exige d'eux tous des sentiments qui y répondent, c'est-à-dire, de la délicatesse & de la générosité, il a fallu parmi eux une police analogue à cette constitution ; & elle ne pouvoit l'être qu'autant qu'elle seroit simple dans sa marche, sévere dans ses décisions, & exercée par le corps même sur ses membres. Ce n'est point une jurisdiction, c'est une censure. Comme censure, elle n'est pas astreinte aux formes de la loi : comme censure, elle veille sur les mœurs relatives à cet état particulier, tandis que la loi veille pour assurer le repos de toute la société : comme censure, elle ne peut point être soumise à une inspection étrangere ; les jugements qu'elle porte sont libres, comme le sentiment qui les dirige. On peut dire qu'ils ressemblent à ceux que l'honneur prononce dans le monde.

Sans doute le genre de pouvoir qui résulte de-là, semble un pouvoir redoutable ; mais qui pourroit s'en plaindre ? Ce seroient les avocats seuls. Déja assujettis, en qualité de citoyens, aux loix générales, ils le sont à ces usages si rigoureux qui leur sont propres. Cependant, loin de murmurer contre ce joug qui pese sur eux, on les voit tous se féliciter de le porter, tant parce qu'il fait leur sûreté commune, que parce que sur-tout l'intérêt public, auquel ils sont voués, y est attaché essentiellement. C'est le public qui recueille les fruits d'une administration, dont les avocats supportent avec joie toute l'austérité.

Tel est le résumé des principes qui forment la base du ministere des avocats, dont le dépôt s'est jusqu'ici conservé dans le cœur des avocats, exposé pour la premiere fois dans ce mémoire aux yeux des magistrats & du public, le 15 avril, & soutenue d'une consultation en date du 15 mai, souscrite par 14 des plus anciens & des plus célebres coryphées de l'ordre.

4 *Juin* 1775. M. le marquis de Brunoy, toujours fou de plus en plus, se disposoit à aller en pélerinage à pied pour visiter les lieux saints. Il avoit arrhé une certaine quantité de compagnons, pour lesquels il devoit y avoir des voitures, auxquels il faisoit une pension à la fin de ce voyage, qui devoit être de plusieurs années. On assure qu'un ordre du roi le retient en France, & l'empêche d'exécuter cette pieuse extravagance. Pour s'en dédommager, il comptoit faire à Brunoy la procession ordinaire de la fête-dieu. *Monsieur*, à qui la terre appartient aujourd'hui, s'y oppose. Le voilà réduit dans une inaction désolante pour son zele.

On assure que ce marquis, qui avoit 24 millions de biens, en a déja mangé huit, dont la la plus grande partie depuis qu'il a gagné son procès. Comme il est accablé de créanciers, pour éviter la multitude des frais & les lenteurs des procédures, on a commis ses causes à la deuxieme chambre des enquêtes.

Quoiqu'il n'ait plus ni la terre ni le château de Brunoy, comme il se plaît en ce lieu, il y a acheté une maison, & y vivra en particulier. Il n'a plus les prieres nominiales comme seigneur, mais on le recommande toujours, après *Monsieur*, au prône, comme bienfaiteur de l'église.

4 *Juin*. Le bruit se répand que M. de Kerguelin est condamné par le conseil de guerre de Brest, à six ans & un jour de prison, & déclaré incapable de servir le roi sur ses vaisseaux, comme capitaine & comme second.

5 *Juin* 1775. Par le jugement du conseil de

guerre tenu à Brest le 15 mai 1775, auquel présidoit M. d'Aché, vice-amiral, & approuvé par la cour, M. de Kerguelen, capitaine de vaisseau, est cassé & renvoyé de la marine; jugé incapable de jamais servir le roi, ne pouvant conserver aucun attribut ni prérogative de ce corps; obligé de faire des excuses à M. du Chaizon, enseigne de vaisseau, & renfermé pour 6 ans au château de Saumur.

M. du Chaizon condamné à un mois d'amiral, interdit jusques à ce qu'il plaise au roi de le rétablir.

Forestier, écrivain, renvoyé, banni à l'éloignement de 10 lieues de tous les ports, déclaré incapable de jamais servir le roi dans aucun bureau de la marine.

M. de Lignerolle admonesté par le conseil, vu sa qualité de lieutenant en pied, & tous les autres qui composent l'état-major du vaisseau *le Rolland*, commandé par M. de Kerguelen, réprimandés, pour à l'avenir ne pas signer inconsidérément un procès-verbal, sans en prendre connoissance, & avant d'avoir vérifié si les faits qui sont portés sont dans l'exacte vérité.

6 Juin 1775. Réponse sérieuse à M. L. **, par l'auteur du Paradoxe. C'est une réplique atterrante, dont il est impossible que Me. Linguet se releve. L'abbé Morellet s'y défend surtout de l'imputation d'avoir saisi le moment de la chûte de cet avocat pour l'écraser, puisque ce concours d'événements même prouve invinciblement que l'ouvrage étoit fait long-temps avant. Du reste, une logique pressante, soutenue & assaisonnée de sarcasmes adroits, distingue cet écrit, presqu'aussi amusant que le premier, quoique purement polémique & de discussion.

6 *Juin* 1775. M. Mercier s'étant depuis peu présenté à la porte de la comédie Françoise pour jouir de ses entrées, qui sont accordées, suivant l'usage, à l'auteur quelconque dont on a reçu une piece, a été arrêté. Il a demandé si on ne le connoissoit pas ? On lui a répondu que c'étoit la raison même du refus. Il a insisté : on a fait venir le sergent, qui lui a déclaré la résolution de la comédie, & conseillé de ne pas s'obstiner. De son côté, M. Mercier a fait venir un commissaire & autres gens de justice, pour constater le déni de son droit & en faire un nouveau chef de plainte contre les histrions.

M. Albert, le nouveau lieutenant-général de police, a depuis mandé cet auteur, l'a chapitré à l'occasion de cette nouvelle querelle avec les comédiens, lui a conseillé d'arranger une affaire que la cour voyoit de mauvais œil. Il lui a répondu qu'il étoit en justice réglée, & qu'il ne dépendoit plus de sa censure en cette partie.

6 *Juin.* L'arrêt du conseil qui supprime le mémoire du comte de Guines, étant devenu une piece très-essentielle par la disgrace du duc d'Aiguillon qu'elle occasione, & peut-être celle du comte de Maurepas, on va la rapporter en entier, n'étant pas d'ailleurs publique & ayant été retirée.

« Arrêt du conseil d'état du roi, qui supprime un imprimé intitulé : *Mémoire sur la nature, l'origine & les progrès de l'affaire pour le comte de Guines, ambassadeur du* ni, *contre le nommé Tort, ci devant son secretaire.*

Du 16 mai 1775.

Extrait des regiſtres du conſeil d'état.

« Le roi s'étant fait repréſenter un imprimé ayant pour titre *Mémoire*, &c. n'a pu voir ſans mécontentement que le comte de Guines, donnant un ſens forcé à la permiſſion que S. M. lui avoit accordée d'emprunter de ſa correſpondance particuliere avec le duc d'Aiguillon, les moyens néceſſaires pour ſa défenſe contre le nommé Tort, avoit oſé ſe permettre de déférer à l'opinion publique un miniſtre du feu roi, dont S. M. a reconnu elle-même que la conduite avoit été conforme à la volonté du feu roi, & à ſes ordres, donnés de l'avis de ſon conſeil. Le roi ayant conſidéré en outre que les faits ſur leſquels le comte de Guines veut inculper ce miniſtre, ſont étrangers à l'objet de ſon procès contre le nommé Tort, ſur le jugement duquel ils ne peuvent avoir aucune influence, le maintien de l'autorité royale exige de S. M. qu'elle anéantiſſe un ouvrage peu conforme au caractere de celui pour qui il a été compoſé, & qu'elle réprime une licence contraire aux principes de l'ordre public & à l'ordre judiciaire. A quoi voulant pourvoir : oui le rapport :

» Le roi, étant en ſon conſeil, a ordonné & ordonne que l'imprimé ayant pour titre, *Mémoire*, &c. ſera & demeurera ſupprimé, comme contraire au reſpect dû à l'autorité de S. M. Fait défenſes au comte de Guines, & à tous autres, de le distribuer & de l'employer, sous peine de désobéissance. Enjoint à tous ceux qui en auront des exemplaires de les rapporter sous huitaine au greffe du conseil ; le tout sous les peines au cas appartenantes. Ordonne que le présent arrêt sera imprimé & publié par-tout où il appartiendra, &c. [*Signé*] GRAVIER DE VERGENNES.

» A Versailles, de l'imprimerie du roi, département des affaires étrangeres, 1775. »

6 *Juin* 1775. Monsieur de Montval, lieutenant-colonel du régiment de Navarre, avoit présenté peu de jours avant le jugement une requête au sujet des deux derniers mémoires de Tort, & ce militaire, outragé cruellement dans ces écrits, demandoit que Tort fût puni de ses calomnies. Il paroît qu'il n'a pas eu satisfaction complete sur ce point.

7 *Juin* 1775. L'affaire de monsieur de Louvois au tribunal des maréchaux de France a été jugée définitivement. Il est condamné à un mois & jour de prison à l'abbaye, & l'adversaire élargi.

7 *Juin*. Les princes en deuil le quitteront pour le jour du sacre. Le prince de Conti & le comte de la Marche n'iront point à Rheims n'ayant à y représenter aucun pair. Le prince de Soubise fera les fonctions de grand-maître de la maison du roi, à la place du prince de Condé, représentant le comte de Flandres.

7 *Juin*. Sa majesté a décidé la contestation élevée entre le coadjuteur de Rheims & l'évêque de Soissons, en faveur du premier, qui doit sacrer en l'absence ou au défaut de M. de la Roche-Aymon.

8 *Juin* 1775. L'abbé Bassinet, archidiacre de

Nantes; & célebre par un panégyrique de St. Louis, prononcé devant l'académie Françoise, qui scandalisa fort les dévots, est nommé lecteur de M. le comte d'Artois.

8 Juin 1775. Dialogue entre un philosophe & un homme de bien. Petit écrit en vers, où l'on tourne en ridicule les *économistes* & leur doctrine. On prend occasion de leur querelle avec Me. Linguet & sur-tout de la *Théorie du Paradoxe* de l'abbé Morellet, pour entrer en matiere. C'étoit peut-être la seule maniere d'intéresser encore de public, en prenant la défense de cet avocat, & de ressasser mille arguments déja employés en sa faveur. Le genre de l'ouvrage ne comporte aucun raisonnement sérieux ni suivi : il exige de la gaieté, de la finesse, des sarcasmes. On y trouve de tout cela, & l'on ne peut défendre plus agréablement une mauvaise cause. D'ailleurs la secte que le poëte attaque, prête infiniment au ridicule, & il faut convenir qu'il en a tiré un excellent parti. Aussi ces messieurs sont-ils furieux. Ils font rechercher & proscrire cette facétie avec beaucoup de sévérité ; ce qui la rend très-chere & très rare, surtout sous un lieutenant de police absolument voué à cette cabale. Les connoisseurs attribuent ce dialogue au Sr. Palissot. Il y a beaucoup de force, d'aisance dans la versification, & l'on est surpris de l'art avec lequel l'écrivain a rendu poétique une conversation qui n'en paroissoit pas susceptible. Elle peut aller de pair avec tout ce que M. de Voltaire a fait de mieux en ce genre.

8 Juin. M. le duc d'Aiguillon avoit fait les plus grands préparatifs pour aller à Rheims,

Rheims, & y briller comme capitaine-lieutenant commandant la compagnie des chevaux-légers. Il avoit déja invité tous les officiers de ce corps à venir loger chez lui, mais ses projets se sont trouvés renversés par son défaut de politique, ou plutôt par sa trop grande politique. L'arrêt du conseil que, conjointement avec M. le comte de Maurepas, il avoit fait rendre en sa faveur dans le procès du comte de Guines est devenu une piece de conviction contre lui. La reine, qui prend le plus grand ascendant sur l'esprit du roi, & qui protege l'ambassadeur, bien instruite par ce dernier, a fait connoître à S. M. comment on avoit surpris sa religion. Elle lui a dévoilé le génie atroce du duc d'Aguillon, toujours disposé à perdre ses ennemis. Elle l'a éclairée sur la conduite de ce ministre contre MM. de la Chalotais, contre la Bretagne entiere, contre le duc de Choiseul, qu'il poursuivoit encore dans sa créature, M. de Guines; elle l'a déterminée à faire écrire une lettre au châtelet, pour déclarer à ce tribunal que S. M. n'improuvoit nullement que le comte de Guines produisît le mémoire supprimé, en tout ce qui seroit nécessaire pour sa justification.

Le roi ne pouvoit avoir pour agréable un homme qui le mettoit dans le cas de se contredire ainsi; il vouloit le disgracier sur le champ, & c'est avec peine que, par égard pour M. de Maurepas, il a souffert que son neveu passât la revue au Trou d'enfer, le mardi 30 mai. Mais S. M. lui a fait mauvaise mine, ne lui a rien dit, & la reine a reçu avec une indifférence méprisante les honneurs qu'il lui a vendus à la tête de sa troupe. Enfin, après la cérémonie, M. de Maurepas lui a dit que le roi lui donnoit huit jours pour quitter la cour & Paris, & se retirer dans ses terres.

L'intimité que ce seigneur a conservée avec Mad. Dubarri, dont il passoit pour l'amant caché, sous le feu roi, & dont il semble aujourd'hui s'afficher l'amant en titre, n'a pas peu contribué à cette disgrace. On assure que S. M. lui en ayant fait des reproches, il lui a répondu qu'indépendamment de la reconnoissance qu'il devoit personnellement à cette dame, sa conduite étoit fondée sur les ordres du feu roi, qui la lui avoit recommandée en mourant.

9 Juin 1775. Monsieur le duc de Choiseul est arrivé pour le sacre. Il est allé à Versailles faire sa cour. On lui a trouvé l'air extrêmement radieux, ce nez au vent qui caractérise son génie audacieux, & qu'il n'avoit pas à son premier retour. Il y a des paris qu'il rentrera incessamment au conseil. La reine continue à le protéger hautement, & l'Espagne desireroit bien ardemment de s'y voir un pareil partisan, pour contrarier le système du ministre actuel des affaires étrangeres, dont la sagesse flegmatique déconcerte tous les efforts de la cour de Madrid pour déterminer celle de France à une guerre avec les Anglois.

9 Juin. Les tomes 4 & 5 du *Journal historique de la révolution opérée dans la constitution de la monarchie Françoise*, par M. de Maupeou, chancelier de France, commencent à paroître ici. Ils embrassent une troisieme époque, depuis le retour des princes à la cour, jusques à la mort de

Louis XV. Mais comme les auteurs, enhardis sans doute par ce dernier événement, & par la disgrace des ministres du feu roi, s'y sont permis plus d'anecdotes fortes & cruelles contre quantité de gens en place, ils sont proscrits avec encore plus de sévérité que les premiers, & sont excessivement rares.

9. *Juin* 1775. Les créanciers de M. de Brunoy ont présenté requête au parlement, pour aviser aux moyens d'assurer leurs créances, dont les intérêts s'acquittent mal, & dont les capitaux semblent en danger par les dépenses extravagantes du débiteur : la cour a rendu arrêt le premier de ce mois, qui ordonne que le marquis ne pourra contracter, faire ni signer aucun engagement, de quelque nature & qualité qu'il puisse être, sans l'avis & autorisation de conseils, & a nommé à cet effet MM. Babille, Douay & Racine, anciens avocats en la cour, le tout à peine de nullité. L'arrêt a été signifié à tous les notaires de paris, &c. Il est éclairci qu'il a dépensé, mangé ou donné 12 millions, depuis le gain de son procès où il étoit question de l'interdire.

9 *Juin*. Rien n'est si singulier à voir que la route de Rheims depuis quelques jours : elle est battue comme la rue St. Honoré. Il y a 20,000 chevaux de poste continuellement en course. Cependant, comme si l'on craignoit qu'il n'y eût pas encore assez de monde, M. le prince de Beauveau a envoyé ces jours passés aux dames de Paris des billets d'invitation pour se trouver au sacre, avec assurance de billets pour voir la cérémonie. D'un autre côté, pour éviter la confusion, depuis dimanche 4 la ville est fermée,

& l'on n'y entre que par permiſſion. Ce jour-là, M. l'archevêque de Rheims a dit une grande meſſe qu'on appelle *la répétition du ſacre*, pour s'exercer.

10 *Juin* 1775. Les amis de M. *Necker* diſent qu'on ne ſauroit s'imaginer quels chagrins cuiſants lui cauſe ſon livre ſur la *légiſlation & le commerce des grains*. Ils prétendent que le miniſtre des finances, furieux de n'avoir pu, à cauſe de ſon caractere, empêcher cet auteur de répandre ſon ouvrage, travaille auprès de la république de Geneve, dont il eſt miniſtre en France, pour lui faire ôter cette dignité. Quelque lieu qu'ait la république de s'en louer, on ſent qu'elle ſera obligée de le ſacrifier, ſi l'orage élevé contre lui ne ſe diſſipe pas. Il paroît que c'eſt la ſeule maniere dont les économiſtes aient répondu à ſon traité.

11 *Juin* 1775. On vient de donner imprimé un *Détail des richeſſes tirées du tréſor de l'abbaye de St. Denis, pour ſervir au ſacre de Louis XVI*. Elles conſiſtent en la *couronne* de l'empereur Charlemagne, le *ſceptre*, *la main de juſtice*, *l'épée* de Charlemagne, *l'agraffe* pour attacher le manteau royal, les *éperons*, & le *livre* contenant les prieres uſitées à cette cérémonie.

Trois religieux, ſavoir le prieur, le plus ancien des deux gardes du tréſor & un député nommé par le chapitre, accompagnent ce dépôt précieux à Rheims, & le ramenent à St. Denis.

On donne en outre le détail des richeſſes tirées du garde-meuble de la couronne, qui ſont une chapelle d'or donnée à la couronne par le cardinal de Richelieu en 1636 ; un ameublement fait par les ordres de François I, & appellé meuble du sacre, attendu qu'il ne sert qu'au sacre des rois & au couronnement des reines. Il est tout de broderie & en tableaux, exécutés d'après les desseins de Raphaël d'Urbin.

On finit par la description de la couronne de diamants, qui est posée sur la tête du roi par l'archevêque de Rheims, & que S. M. porte tout le jour du sacre, & par les pieces d'or & de vermeil, faites par le sieur Auguste, orfevre du roi. La couronne de diamants est du Sr. Aubert, jouaillier du roi.

22 *Juin* 1775. On peut se rappeller une facétie qui a couru cet hiver, intitulée : *Les Curiosités de la Foire*, où les filles les plus célebres de Paris étoient désignées allégoriquement sous des noms d'animaux rares. Elles en furent cruellement offensées, mais ne purent se venger de l'auteur anonyme, & qu'on soupçonnoit être le comte de Lauraguais. Le Sr. Landrin, poëte voué au théatre d'Audinot, a imaginé de composer une petite piece sur ce sujet & sous le même titre. Elle a été jouée, il y a huit jours, avec beaucoup de succès, quoiqu'elle ne vaille pas grand'chose. Mais les allusions piquantes sur des courtisannes connues, avoient réveillé la malignité du public. La demoiselle du Thé, l'une d'elles, présente à la premiere représentation, en a été si touchée, s'y est reconnue si sensiblement, qu'elle est tombée en syncope. Une telle anecdote a fait bruit. Les partisans de cette impure ont crié au scandale. Les autres filles ont fait ligue avec elle pour exiger la proscrip-

tion de cette comédie abominable : elles ont émeuté les petits seigneurs qui lui font la cour, & ils ont été trouver l'histrion. Monsieur le duc de Durfort, l'ancien amant de la demoiselle du Thé, portant la parole, a exigé d'Audinot de lui déclarer le nom du jeune poëte. Heureusement il eut le courage de s'y refuser. Alors on lui a déclaré qu'il faisoit bien ; qu'on auroit donné cent coups de canne à cet impudent ; mais qu'il eût à cesser, lui directeur, les représentations de cette infamie, ou qu'on mettroit son théatre en canelle, & qu'on le feroit périr sous le bâton. Le baladin n'a pas cru prudent de se compromettre avec ces étourdis ; & malgré l'approbation de la police & les desirs du public, la comédie ne se joue plus, & les filles triomphent.

12 Juin 1775. Il paroît décidé que monsieur le duc d'Aiguillon a eu ordre de se rendre en Poitou, à sa terre d'Aiguillon. Son attachement à madame Dubarri n'a point cessé pour cela : c'est lui qui l'a installée dans sa terre de Sainvrain. Il l'a été voir avant son départ, & la duchesse sa femme doit y passer une partie de l'été, pendant que son époux sera supposé faire mettre en état son château pour la recevoir. On ne doute plus aujourd'hui que l'aversion de la reine pour cette dame n'ait beaucoup contribué à la disgrace de cet ex-ministre. Elle est telle qu'on assure que la comtesse a changé de nom, & qu'il n'y a plus de Dubarri en France.

13 *Juin*. Il paroît une *Critique de l'oraison funebre de Louis XV par monsieur l'évêque de Senez, prononcée dans l'église de Saint-Denis*, le

2 *juillet*. Cet ouvrage, éclos certainement de la plume de quelque rigoureux janséniste, est remarquable par une anecdote. L'auteur y prétend que le fameux sermon de la cene, prononcé à Versailles le jeudi-saint l'an passé, par le même prédicateur, avoit été concerté par ce prélat, alors abbé, entre lui & l'archevêque de Paris, pour frapper le roi & le mettre dans la dépendance du clergé.

14 *Juin* 1775. Suivant les nouvelles de Rheims, il ne s'est pas trouvé dans cette ville autant de monde qu'on en espéroit, & M. de Beauveau n'avoit pas eu tort d'inviter les dames de Paris à y venir, & de leur promettre des billets, ayant été obligé de donner les derniers aux gens de bonne volonté qui se sont présentés. L'affluence des étrangers a été très-médiocre. Les auberges n'étoient pas toutes remplies, & il est à craindre que la quantité de provisions faites par les habitants ne tourne à leur préjudice, & ne cause de la perte au lieu du profit qu'ils en espéroient.

16 *Juin* 1775. Deux Anglois se sont tués derniérement dans ce pays-ci, & semblent être venus s'y fortifier dans cette manie, que les François ont puisée chez eux, & dont ils leur donnent aujourd'hui l'exemple. Mais un événement de cette *espece* plus intéressant, & qui fait l'entretien de Paris, c'est l'audace héroïque d'une jeune courtisanne très-connue, nommée Mlle. de *Germancé*. Dans un accès de désespoir jaloux, en se voyant abandonnée du sieur de Flamanville, officier aux gardes, dont elle étoit éperdument éprise, à qui depuis long-temps elle prodiguoit ses caresses, elle n'a pu résister à sa douleur ; elle n'a trouvé parmi la

jeunesse florissante qui l'entouroit & lui faisoit la cour, aucun mortel capable de le remplacer dans son cœur, ou de la consoler de cette perte. Elle a froidement résolu de se soustraire à tous les agréments de la vie dont elle jouissoit, & elle a pris la semaine derniere une quantité d'opium propre à l'endormir pour jamais. Avant de faire cette opération, elle a écrit une lettre très-pathétique au perfide, où elle lui annonce cette fatale nouvelle, en lui déclarant qu'il doit se regarder comme l'auteur de sa mort; qu'elle n'existera peut-être plus lorsqu'il recevra son billet; que cependant si sa perte peut réveiller dans lui quelque sentiment de pitié, elle exige qu'il se rende chez elle & recueille ses derniers soupirs. Ce militaire a regardé cette épître comme une plaisanterie : il n'a pas voulu aller chez son amante, mais il a envoyé un de ses amis, qui l'a trouvée trop véritablement entre les mains de la médecine, occupée à la rappeller à la vie. Après 14 heures de tentatives, on a arrêté l'effet du poison. Elle a reconnu son extravagance, & elle a paru hier au vauxhall de Torré, plus charmante, plus enjouée qu'auparavant. On s'imagine la sensation qu'a dû produire son histoire. Ce qu'il y a de fâcheux, c'est qu'elle apprend à toutes ces camarades que la mort n'est rien; que le genre qu'elle a choisi est très-agréable; qu'au moment où l'on s'endort, on éprouve les sensations les plus délicieuses. Cette morale, répandue parmi les courtisannes & les petits-maîtres débauchés de Paris, peut produire mille accidents semblables.

16 *Juin* 1775. Les précautions qu'on avoit cru prendre à Rheims, pour y empêcher le tu-

multe & la confusion, en ne permettant pas aux voitures d'enrrer dans cette ville après le dimanche de la pentecôte, sans une espèce de passe-port, ont été inutiles, vu le peu d'affluence, & les portes ont été ouvertes comme à l'ordinaire.

16 Juin 1775. On a dit que S. M. avoit nommé les personnes qui auroient soin des premiers ans du futur enfant de madame la comtesse d'Artois. Quand il a été question d'arrêter au contrôle général l'état des dépenses de cette nouvelle maison, le sieur Bourboulon, chargé de la vérification, l'avoit porté à 350,000 livres. Le sieur Drouais de Santerre, qui le remplace, a trouvé cette dépense exorbitante. Il a recherché les anciens états semblables, & a trouvé que la maison du duc de Bourgogne, l'héritier présomptif de la couronne & l'aîné de Louis XV, n'avoit causé à cet âge qu'une dépense de 130,000 livres. Il a fait ses représentations au contrôleur-général, & l'état dressé par le sieur Bourboulon a été réformé sur ce pied.

Ce Bourboulon est trésorier de madame la comtesse d'Artois, & avoit voulu faire sa cour en donnant un grand état de maison au futur enfant de la princesse. Il a acheté en outre une charge d'intendant des menus, & M. Turgot a trouvé que ces diverses places étoient peu compatibles avec les fonctions de ce commis au trésor royal, ce qui l'a engagé à lui dire de se retirer.

19 Juin 1775. M. l'archevêque de Rheims a déployé à l'occasion du sacre une magnificence sans exemple. Il a eu chez lui toute la cour, à l'exception de la famille royale. Son ambition semble enfin rassasiée, & il a donné un mandement, où il paraphrase le *Nunc dimittis*, &c. En disant qu'il a baptisé le roi, qu'il lui a fait faire sa premiere commuuion, qu'il l'a marié, qu'il le sacre, & qu'il n'a plus rien à desirer. Son neveu, l'un des ôtages, est fait cordon bleu. S. M. en a nommé sept.

16 *Juin* 1775. La reine dont le crédit sur l'esprit du roi augmente chaque jour, & qui en même temps, veut présider à la fois aux affaires & aux plaisirs, ayant eu occasion de voir le sieur Torré, relativement à un barometre que cet artiste lui a présenté, a été touché de l'injustice qu'il souffre. C'est lui qui est l'inventeur en France du *vauxhall*, & il a représenté à sa majesté le tort qu'on lui faisoit pour favoriser le colisée : elle y a eu égard, & lui a fait donner une permission signée du roi pour ouvrir quand il voudra.

16 *Juin*. 1775. M. Albert a écrit, il y a peu de jours, une lettre aux censeurs royaux, où il leur marque que monsieur le garde-des-sceaux, instruit que différents manuscrits refusés reparoissoient pourtant ensuite imprimés, vouloit remédier à cet abus, & desiroit qu'en conséquence lesdits manuscrits refusés ne fussent plus rendus aux auteurs, mais remis à monsieur le lieutenant de police, avec une notice motivée du censeur, le nom & l'adresse de l'auteur, &c. Dans l'assemblée tenue à cet effet, on a représenté à M. Albert, que retenir ainsi un manuscrit d'un ouvrage, c'étoit attaquer la propriété; que d'ailleurs il pouvoit résulter des abus considérables de cette premiere injustice, & le lieutenant de police est convenu de recevoir

un mémoire sur ces inconvénients, & de le remettre à M. de Miroménil.

17 *Juin* 1775. Au lit de justice du 7 septembre 1770, M. de Maupeou faisoit dire au roi: *Nous ne tenons notre couronne que de Dieu. Le droit de faire des loix nous appartient à nous seul, sans dépendance & sans partage.* Ce sont ces étranges assertions qu'un auteur réfute dans une petite brochure intitulée: *L'Ami des loix.* Elle ne sauroit paroître plus à propos, au moment du sacre de sa majesté, pour combattre les formules d'adulation qui y sont adoptées, & qui pourroient le maintenir dans cette erreur, si le bon sens ne devoit l'en détromper, si l'histoire même ne lui apprenoit que lui & ses prédécesseurs n'ont jamais tenu leur couronne que de la nation: que le droit de faire des loix n'appartient point au monarque seul, non plus qu'il n'a appartenu à ses prédécesseurs seuls, sans dépendance & sans partage. Comme il ne faut pas des raisonnements bien longs pour soutenir des propositions aussi vraies quant au droit, l'écrivain se contente de rappeller à cet égard des vérités élémentaires. Quant au fait, il s'étend davantage pour rapporter plusieurs traits historiques propres à l'établir. C'est au pape Etienne III qu'il fait honneur de l'absurde maxime énoncée au sacre de Pepin, dont ce dernier n'étoit pas lui-même bien convaincu, puisqu'il demanda le consentement des grands à St. Denis pour le partage de ses états entre ses fils Charles & Carloman.

16 *Juin* 1775. Tous ceux qui arrivent de Rheims s'accordent à rapporter mille traits de bonté du roi. Lorsque les officiers municipaux

de la ville de Rheims, en prenant les ordres de S. M. pour son entrée, lui ont demandé si elle vouloit qu'on tapissât? Elle a répondu que non; qu'elle vouloit voir son peuple & en être vue.

Un jour qu'il faisoit vilain, & que S. M. ne pouvoit se montrer à la promenade, elle fit plusieurs tours sous une galerie couverte, construite pour passage du palais épiscopal à l'église, & donna ordre qu'on n'empêchât personne d'y entrer. Un homme du peuple s'étant approché de trop près, un garde-du-corps l'écartoit brusquement: le roi lui dit de le laisser venir, & lui donna sa main à baiser comme pour le dédommager de cette rebuffade.

Enfin le beau moment a été celui du sacre, où l'on fait entrer le peuple pour lui montrer son roi. L'enthousiasme de ce spectacle puéril à des yeux philosophiques, s'est tellement communiqué par les acclamations répétées de *vive le roi*, que le plus grand nombre des spectateurs pleuroit, à commencer par sa majesté, par la reine, &c.

17 *Juin* 1775. Les courtisans, très-attentifs à tout ce qui se passe à l'égard des personnages sur lesquels porte la curiosité générale, n'ont pas manqué de suivre toutes les démarches du duc de Choiseul. Ils rapportent que ce ministre a été mal reçu du roi deux fois à Compiegne & à Rheims: mais qu'enfin s'étant présenté dans cette derniere ville chez la reine, au moment où son auguste époux étoit avec elle, il étoit entré, & avoit eu une conférence intime d'une demi-heure avec le roi. On lui a rendu ses grandes & ses petites entrées, &

tout semble s'acheminer pour le faire rentrer au conseil.

18 *Juin* 1775. *L'esprit du pape Clément XIV, mis au jour par R. P. B* ***, *confesseur de ce souverain pontife, & dépositaire de tous ses secrets, traduit de l'Italien, par l'abbé C* ***. Ouvrage proscrit avec sévérité par le nouveau lieutenant de police. C'est une fiction, sous laquelle l'auteur s'éleve avec plus de force sur les abus & les erreurs qui se sont glissés successivement dans l'église Romaine, qu'il parcourt dans toute leur étendue. Le chapitre concernant les jésuites annonce un de leurs adversaires les plus ardents. Il s'y trouve des anecdotes scandaleuses sur le duc d'Aiguillon, sur l'ancien évêque de Rennes, Desnos, & autres qui introduiroient à croire que cet écrit sort d'une plume Bretonne. Peu de choses neuves ; une grande causticité le caractérise principalement.

18 *Juin.* Quoique la faveur renaissante du duc de Choiseul parût devoir faire incliner celle de monsieur de Maurepas, on sait pourtant qu'elle est très-grande à l'extérieur, puisque sa majesté depuis son départ de Versailles a donné ordre au sieur d'Oigny, intendant général des postes, d'établir, régulièrement, un courier de Pontchartrain, où M. de Maurepas a passé la plus grande partie du temps pendant l'absence de S. M. à Rheims, & qu'elle en a reçu des nouvelles tous les jours. Mais on sent bien que cela ne pourra durer, & que le duc ne pourra gagner de l'ascendant qu'en faisant déchoir le comte son rival.

19 *Juin* 1775. *Le petit écrit* de M. de Voltaire

sur l'arrêt du conseil, du 13 septembre, qui permet le libre commerce des bleds dans le royaume, est vraisemblablement le même que celui sur la même matiere, annoncé depuis long-temps sous le nom de *lettre* ; car il est daté du 2 janvier, signé F. D. V. S. D. F. & T. G. O. D. R. ; c'est-à-dire, *François de Voltaire, seigneur de Ferney & Tourney, gentilhomme ordinaire du roi*. Il a pour objet de réfuter ce que Me. Linguet avoit écrit contre ce système, qu'il désigne comme un homme de beaucoup d'esprit, qui paroît avoir des intentions pures, mais qui se laisse peut-être trop entraîner aux paradoxes, & qui prétend, dans un ouvrage qui a du cours, que la liberté du commerce des grains est pernicieuse ; & que la contrainte d'aller acheter son bled aux marchés est absolument nécessaire : propositions que combat l'auteur avec sa légéreté ordinaire, en substituant au raisonnement la philosophie, le sentiment & le sarcasme. Son pamphlet n'a que 7 pages.

19 *Juin* 1775. On attribue *l'Ami des loix* à Me. Martin de Marivaux, cet avocat qui s'est signalé au châtelet par un vigoureux discours de rentrée. Son petit ouvrage est précieux, par la briéveté dans laquelle il concentre tout ce qu'on a dit sur l'importante matiere qu'il traite.

20 *Juin* 1775. L'envoyé de Tripoli ayant eu son audience de S. M. peu avant son sacre, elle l'a invité de s'y trouver. Il s'y est rendu & a été placé parmi les ministres étrangers, à son rang. Au moment d'enthousiasme dont on a parlé, où tous les yeux se sont remplis de larmes, on étoit fort attentif à considérer ce

Barbare, & l'on a eu la satisfaction de le voir saisi des mêmes transports & pleurer aussi.

Cette cérémonie en général n'a pas été aussi longue qu'elle devoit l'être. On a retranché beaucoup de prieres pour ne pas fatiguer sa majesté à cause du chaud, & pour épargner l'archevêque de Rheims. Mais ce qui a indigné les patriotes, ç'a été la suppression de cette partie du cérémonial, où l'on semble demander le consentement du peuple pour l'élection du roi. Quelque vaine que soit cette formule, dérisoire aujourd'hui, on trouve très-mauvais que le clergé, pour qui semble sur-tout fait ce pieux spectacle, se soit avisé de retrancher de son chef l'autre partie, & de ne conserver que ce qui le concerne spécialement.

20 *Juin* 1775. L'affaire du Sr. de St. Prest contre le pere de l'oratoire, dont on a rendu compte en rapportant un extrait du mémoire curieux du dernier, n'a pas tourné aussi favorablement qu'on l'espéroit pour celui-ci. Il a perdu, par une partialité manifeste du châtelet, & sur-tout du jeune avocat du roi, qui au lieu de balancer les intérêts & les défenses des deux parties, s'est annoncé dès le début, pour vendu absolument au maître des requêtes. On ne doute pas que l'abbé Terrai, que ce procès pourroit impliquer gravement, n'ait fait couler beaucoup d'argent pour éviter d'être mis en cause. Le perdant a appellé, & l'on verra si le parlement traitera l'affaire de la même maniere.

21 *Juin* 1775. Beaucoup d'intérêts divers croissent & combattent le retour de monsieur le duc de Choiseul dans le ministere. M. de Vergennes,

que ce dernier redoutoit parce qu'il connoiſſoit la ſupériorité de ſes talents, ne pourroit le voir rentrer avec plaiſir au conſeil. M. le comte de Muy, dévot auſtere, ami de l'ordre, de la diſcipline & de la juſtice, ſeroit très-fâché du retour de ce duc, léger, facile ſuperficiel & partial. Le contrôleur-général ſent que tous ſes projets d'économie iroient en fumée avec lui. Tous en général redoutent l'ambition de ce ſeigneur, qui tendroit néceſſairement à les dominer & à les exclure. Le roi n'en goûte point le génie tranchant, magnifique & altier. Mais la reine, dont l'aſcendant ſur l'eſprit de ſa majeſté croît chaque jour, eſt un puiſſant interceſſeur. Mais les intrigues de la cour de Vienne, & ſur-tout celles de Madrid, donnent le plus grand eſpoir à ſes partiſans & à ſes créatures.

21 *Juin* 1775. Malgré la multitude de gazettes dont on regorge, on en propoſe une nouvelle dans ce pays-ci, ſous le titre de *Gazette des arts & métiers*. Elle doit commencer au mois de juillet, & pourroit avoir en effet ſon utilité, ſi elle étoit bien faite, & rempliſſoit bien ſon objet.

22 *Juin* 1775. Entre les graces que le roi a accordées à ſon ſacre, on parle beaucoup de M. de Vileraze de Caſtelnau, auteur du meurtre commis en la perſonne de monſieur Franc, agent des états de Languedoc, le 30 mai 1772, condamné à la roue par arrêt du parlement de Touloufe. Mais on y a mis la reſtriction remarquable, qu'il ne pourroit approcher de Beziers, théatre du crime, de vingt lieues. Ce capitaine de cavalerie ſe propoſe, dit-on, de

changer de nom, de ne jamais rentrer dans le royaume, & d'aller servir chez l'étranger. Il fera d'autant plus prudemment que le défunt a des garçons déja grands, & qui pourroient vouloir venger leur pere.

23 *Juin*. 1775. On a diftribué des médailles d'or & d'argent pour le facre de S. M. Il eft étonnant qu'on n'y ait pas mis plus de goût & plus d'invention. On critique beaucoup l'exergue même, quoiqu'il ait dû être fourni par l'académie des belles-lettres & infcriptions, dont la principale inftitution eft pour ces fortes de cérémonies.

23 *Juin*. L'affemblée du clergé, retardée par le facre du roi, doit enfin avoir lieu le 3 juillet.

24 *Juin* 1775. Madame la comteffe Dubarri eft entiérement inftallée à fa terre de St. Vrain. Elle a écrit à tous les feigneurs de fon voifinage, pour leur faire part de fon arrivée. Elle les prévient en même temps qu'elle aura tous les jours une table de vingt-cinq couverts, & qu'ils lui feront le plus grand plaifir d'y venir. On ne fait point encore quelle fenfation a produit une telle invitation; mais il y a apparence que fes couverts feront remplis.

24 *Juin*. Il eft d'ufage que le roi faffe une entrée après fon facre. On croit que celle de Louis XVI n'aura lieu qu'au mois d'août. Il a prévenu d'avance la ville, pour lui défendre toute fête à cette occafion. Il l'a inftruite en même temps que celles qui devoient avoir lieu à Marly pour le mariage de madame Clotilde, ne fe célébreroient pas attendu les circonftances; qu'on emploieroit cet argent à indemni-

ser les pauvres malheureux, victimes des pillages occasionés par les émeutes.

14 *Juin* 1775. On a remis hier à l'opéra, l'*Union de l'amour & des arts*. La reine, qu'on voudroit bien raccommoder avec notre musique, a été décidée à honorer ce spectacle de sa présence. Elle y est venue avec monsieur & madame, & s'est placée dans la loge de M. le comte d'Artois. S. M. a été reçue avec les acclamations qu'elle recueille toujours. On a saisi l'à-propos d'un passage applicable à son auguste personne; mais comme il n'avoit pas le mérite de la nouveauté, il n'a pas produit la vive sensation que fit celui d'*Iphigénie*.

Au reste, le spectacle étoit très-beau. Les directeurs ont fait 2,000 écus. Les ballets sur-tout ont paru délicieux. On est fâché de n'y plus admirer la Dlle. d'Ervieux, qui, devenue très-opulente, s'est retirée du spectacle, & se propose de vivre en bonne bourgeoise.

25 *Juin* 1775. Il passe pour constant que le projet de la liberté des arts & métiers va s'effectuer; que M. le contrôleur-général a déja écrit aux communautés pour qu'elles aient à ne point inquiéter ce que l'on appelle les *chambrelans*, & à arrêter toute l'activité des procédures qui seroient commencées en ce genre.

25 *Juin* 1775. Si l'acharnement des plaideurs en général est révoltant, comment voir de sang froid un pere & un fils se traduisant en justice, & s'accablant dans leurs mémoires des imputations les plus graves ? C'est ce qu'on trouve dans deux Factums réciproques ; l'un pour *M. de Varenne de Beost*, ancien secre-

taire en chef des états de Bourgogne, receveur-général des finances de Bretagne, correspondant de l'académie royale des sciences, ancien honoraire de celle de Dijon, membre de la société littéraire de Clermont ; & l'autre pour *Jacques Varenne*, receveur-général des finances de Bretagne. Le premier, très-volumineux, est occasioné par une interdiction prononcée contre le fils, & provoquée par le pere sur des motifs connus de dissipation. Ce fils, enfermé à St. Lazare, a trouvé moyen de s'en échapper, & du sein de sa retraite, âgé de plus 50 ans, il récrimine sur ce qu'on lui impute, & charge à son tour son pere des griefs les plus graves.

26 *Juin* 1775. Quoique les fêtes de la cour de France pour le mariage de madame Clotilde doivent ne pas avoir lieu, M. l'ambassadeur de Sardaigne ne se fait pas moins une obligation d'en donner une. On travaille en conséquence au vauxhall des boulevards neufs, qui étoit resté interrompu, & qu'il a choisi pour le lieu de la scene.

26 *Juin*. On a parlé du spectacle arrêté du Sr. Audinot, intitulé, *les curiosités de la foire*, à cause de certaines courtisannes qu'on y avoit trop bien dépeintes. Cette piece est affichée de nouveau sous le même titre, mais sans doute avec les corrections qu'auront desiré ces demoiselles.

26 *Juin*. On ne peut qu'applaudir aux premiers essais de zele du nouveau lieutenant-général de police. On voit afficher à tous les coins de rue : *Traitement populaire du mal vénérien pour les adultes & les enfants, administré*

gratuitement dans Paris, par ordre du gouvernement. Il faut espérer que le succès suivra ce projet, & qu'une maladie honteuse ne tarira plus les sources de la vie chez la partie la plus essentielle de la nation.

27 *Juin* 1775. L'affaire des parlements étant regardée comme finie, les écrits patriotiques étoient taris depuis quelque temps. Cependant il en paroît un nouveau aujourd'hui, bien essentiel. Il est intitulé : *Réflexions d'un citoyen sur la protestation du parlement de Toulouse, du 31 août 2771, aux J.... F.... du tripot de Toulouse.* Malgré la dureté de l'apostrophe, tout est noble, tendre, éloquent dans ce pamphlet. Il est à souhaiter qu'il eût été répandu beaucoup plutôt, c'est-à-dire dans le temps où se décomposoient les parlements de province, & où certain nombre de membres d'entr'eux étoient assez lâches pour démentir leurs protestations, & reprendre une robe qu'ils venoient de vouer à l'infamie, tant qu'elle ne seroit pas purifiée des souillures dont M. le chancelier la flétrissoit.

L'objet de l'orateur, après avoir fait connoître à ces apostats de la magistrature leur tort irréparable, leur honte indélébile; après avoir détruit l'illusion des faux prétextes dont ils voudroient couvrir ou excuser leur défection, est de leur insinuer que le seul parti qui leur reste à prendre actuellement, la seule maniere de réparer l'indignité de leur premiere conduite, c'est de se faire justice eux-mêmes, de ne pas perpétuer un schisme inévitable dans le sein de leur compagnie, de quitter des places qu'ils ne peuvent plus remplir, & par cette humiliation volontaire d'effrayer les magistrats qui seroient un jour tentés de les imiter.

27 *Juin* 1775. Les comédiens Italiens annoncent pour jeudi la premiere représentation d'une piece nouvelle, intitulée : *La Fête du Village.* Elle est en deux actes & mêlée d'ariettes.

28 *Juin* M. Marmontel a cru devoir consigner dans une lettre imprimée la relation, non du sacre & couronnement de S. M. mais du moment le plus auguste de cet événement. Il cherche à le peindre avec beaucoup d'onction. Dans cette épître, datée de Rheims le 11 juin, rien de nouveau; & l'on a déja rendu compte des anecdotes qu'il rapporte. Son style même est très-médiocre & fort recherché pour quelqu'un qui sent beaucoup.

28 *Juin* 1775. Différents arrêts ont précédé la séance des pairs au palais, qui devoit avoir lieu hier 27 pour l'affaire du maréchal duc de Richelieu, & dans laquelle il devoit être statué sur les demandes en élargissement provisoire des coaccusés de madame la présidente de St. Vincent.

Un Sr. Canron, ci-devant secretaire de M. le maréchal duc de Richelieu, a paru sur les rangs, & présente une requête assez gauche, assez mal tournée à l'effet ci-dessus. Son décret est assis sur un propos tenu par lui, inculpant fortement Mad. de St. Vincent. On l'accuse d'avoir dit *que Mad. de St. Vincent lui avoit proposé des choses qui ne pouvoient que le conduire à la corde.*

Le second écrit est un précis pour le sieur Benaven, contre M. le maréchal duc de Richelieu. Il suffit d'annoncer qu'il est de Me. François de Neufchâteau, pour exciter la curiosité du lecteur. Ce jeune jurisconsulte porte dans tous ses écrits en ce genre des graces & une énergie qui rendent intéressantes les matieres les plus arides.

Enfin les pairs assemblés hier, le Sr. Vedel-Montel, l'abbé de Villeneuve-Flayose, Benaven & la veuve le Roi sont provisoirement élargis, tous en état de décret d'ajournement personnel, sauf l'abbé, qui n'est qu'en état d'assigné pour être oui.

Canron reste en prison, avec la présidente.

28 *Juin* 1775. Le sort des membres des conseils supérieurs & autres, qui se sont voués à l'exécration publique, est enfin décidé. Les présidents ont 2,000 livres de pension : les conseillers 1,200 livres, &c. On dit pourtant qu'on n'accorde rien à ceux qui pourront reprendre leur ancien état.

28 *Juin*. Le nouveau projet de M. Turgot concernant la liberté des arts & métiers & du commerce, ne peut qu'éprouver nécessairement beaucoup de discussions avant de se réaliser. Les négociants les plus distingués de Paris, connus sous le nom des six corps des marchands, ont donné un mémoire à ce ministre, pour lui faire connoître l'injustice particuliere de son opération à leur égard, & les inconvénients généraux de son plan. On veut que ce ministre leur ait répondu qu'il ne pouvoit se charger de faire le rapport de leur mémoire au conseil, parce qu'il seroit juge & partie, étant très-attaché au système qu'il vouloit introduire ; mais qu'en même temps son esprit de modération & d'équité l'engageoit à supplier le roi de nommer un comité de conseillers d'état, pour examiner leurs repré-

sentations & lui en rendre compte. On conçoit aisément que toutes ces difficultés ne peuvent que retarder l'exécution de ses nouvelles idées.

29 *Juin* 1775. *La Fête du Village*, quant aux paroles, est du Sr. d'Orbigny, auteur peu connu; & quant à la musique, du Sr. Desormeri, qu'on prétend avoir composé la musique de l'acte *d'Hylas & Eglé*, il y a peu de temps, sous le nom du Sr. le Gros, & s'est fait connoître pour avoir remporté deux fois le prix des motets au concert spirituel. Du reste, la piece se donne aujourd'hui, où sont indiquées des illuminations & le *Te Deum* en l'honneur du sacre & couronnement de Louis XVI, parce qu'elle est allégorique à cet événement.

29 *Juin*. M. le duc de Charttes est parti cette nuit pour s'embarquer sur l'escadre d'évolution. Ce prince vouloit attendre l'accouchement de son auguste épouse, qui devoit avoir lieu d'un jour à l'autre : mais vu l'extrême sensibilité de la duchesse, le conseil de santé a décidé qu'il seroit beaucoup plus convenable que la séparation se fît avant qu'après.

29 *Juin*. Quoique le sacre soit passé depuis long-temps, M. le duc de la Vrilliere, qu'on espéroit voir déguerpir, tient bon & ne s'en va pas. Il est vrai qu'il est à la cour sans nulle considération. Il a la rage de se produire par-tout chez le roi, & S. M. affecte de ne lui jamais parler, de ne pas même le regarder. Les courtisans ont en outre observé que, depuis le retour de Rheims, M. le comte de Maurepas n'avoit pas paru en cercle parmi eux; ce qui ne prouve rien cependant, puisqu'on sait que le roi a une

communication secrete avec lui, dont il se sert souvent pour le consulter.

30 *Juin* 1775. Dans la 17eme. objection du maréchal de Richelieu opposée à *Benaven*, & que discute son avocat, Me. François de Neufchâteau, on lit :

« Il en est de même du procès intenté à M. de
» Richelieu par le *Sr. Tegaldo*, banquier Génois.
» Je ne l'ai cité qu'avec les mêmes précautions,
» & je déclare qu'il m'est absolument indifférent
» que M. le maréchal de Richelieu ait été en
» même temps général & négociant à Gênes.
» Après avoir été aussi bien traité du dieu de
» la guerre, il étoit le maître d'aspirer aux
» honneurs utiles du dieu du commerce, &
» le favori de Mars pouvoit être aussi l'émule
» de Mercure. »

Cette derniere phrase a vivement touché le maréchal, qui s'est trouvé insulté, & le mardi 27 a rendu plainte au tribunal contre cette diffamation. Dans le paragraphe 16 il est dit : [jeu de mots] qui ne déplait pas moins à M. le maréchal.

« M. le maréchal de Richelieu dit dans sa
» derniere requête, qu'il tient les faits de
» l'allégation de ses *griffes d'argent* pour injurieux
» & calomnieux : il en rend plainte contre
» moi.
» Je réponds qu'à la vérité il a été question
» tion des griffes de M. le maréchal dans ma
» derniere requête, mais avec la précaution
» expresse de n'attribuer des griffes à M. le
» maréchal, que d'après le bruit public, dont
» je ne me suis pas rendu responsable. M. le
» maréchal de Richelieu requiert la jonction
» de

» de M. le procureur-général. Mais si le minis-
» tere public doit être invoqué avec quelque
» confiance, de bonne foi est-ce pour aider à
» M. le maréchal à se dépouiller des griffes
» que la renommée lui prête ? Ne doit-ce pas
» être, au contraire, pour arracher de ses mains
» les victimes qu'il fait languir dans l'oppression
» & dans les fers ? »

30 *Juin* 1775. *La Fête du Village*, exécutée hier aux Italiens, n'a d'autre ressemblance avec celle de Rheims qu'en ce que ces vassaux aiment fort leur nouveau seigneur, se disposent à le recevoir de la maniere la plus affectueuse, qu'ils en chantent les louanges dans leur langage trivial, & le bénissent unanimement. Rien de plus plat que cette piece, où l'auteur a mis de la bêtise, croyant y répandre de la naïveté. Heureusement des choses agréables dans la musique soutiennent les paroles, on ne peut plus mauvaises. Par un ridicule unique, ce bon seigneur pour qui se fait & se dit tout, ne paroît point, & la pastorale se termine sans qu'on le voie.

Le petit Veronese, fils d'un acteur Italien, désigné sous le nom du docteur, dont il fait toujours le rôle, a formé un spectacle plus curieux que la nouveauté dramatique. Cet enfant, âgé de six à sept ans, a dansé avec une vigueur & des graces merveilleuses pour son âge. Son assurance & sa gentillesse ont enchanté tous les spectateurs.

30 *Juin*. On assure que la reine, depuis le retour de Rheims, a fait une nouvelle tentative auprès du roi en faveur du duc de Choiseul ; mais que S. M. excédée de tant de

Tome VIII. E

sollicitations, lui a déclaré séchement que c'étoit rendre un très-mauvais service à cet ex-ministre, & qu'elle seroit obligée de l'expulser au loin, si l'on s'obstinoit à lui en parler encore, d'autant qu'elle ne pouvoit que le regarder comme l'instigateur secret de cette persécution. Il paroît que ses partisans désesperent absolument.

1 *Juillet* 1775. Dans les *Réflexions d'un citoyen*, &c. on trouve quelques faits historiques, précieux à conserver pour l'histoire de la révolution des parlements. On observe d'abord que la protestation du parlement de Toulouse du 31 août, étoit signée du premier président *Niquet*, quoiqu'il travaillât secrétement depuis six mois à recruter dans sa compagnie le nombre des traîtres que lui demandoit le chancelier; quoiqu'il eût enhardi le sénéchal de Toulouse à refuser l'enrégistrement de l'arrêt du parlement concernant l'établissement des conseils supérieurs; quoiqu'il eût pratiqué sous main un certain nombre d'avocats pour les attirer au barreau, le jour même de l'installation du nouveau tribunal, & quoiqu'il fût mieux instruit que personne de la prochaine arrivée des porteurs d'ordre, & qu'il eût déja dressé la liste de proscription où étoient désignés les magistrats qu'on vouloit traiter avec plus de rigueur.

On ajoute qu'à l'égard des avocats, il réussit au-delà de ses espérances; que MM. le Monnier & le Roux se distinguerent sur-tout par leur zele & leur attachement pour le tribunal de nouvelle création; que le premier de ces orateurs vouloit même haranguer le tripot en pleine audience, mais que M. Niquet l'en empêcha par un reste de pudeur.

On y apprend encore que M. Niquet ayant mal-à-propos compris dans la liste certains magistrats dont il s'étoit fait fort sans les consulter, en fut hautement désavoué lors de la révolution; qu'ils voulurent être exilés & le furent, entr'autres M. le Normant d'Ayssenne, dont l'anecdote est trop intéressante pour ne pas l'insérer ici. Il attendoit paisiblement chez lui sa lettre de cachet, lorsque deux de ses confreres s'y rendirent, députés sans doute par M. Niquet, pour le presser de rester dans le nouveau tribunal : il ne céda pas à leurs instances, mais il mit tant de douceur, d'honnêteté & de modération dans ses refus, que les recruteurs crurent qu'il ne demandoit qu'un prétexte pour rester, & que les exilés une fois partis, il ne s'agiroit plus que de lui faire donner un ordre de se trouver au palais. Cependant averti par cette députation qu'on songeoit encore à lui, il sollicitoit de nouveau sa lettre de cachet auprès du comte de Périgord, lorsqu'à la place il reçut ordre de se trouver au palais en robe. Il obéit : il entra dans la salle d'audience, où le nouveau parlement étoit assemblé. L'aspect de cette poignée de fauxfreres, le souvenir des magistrats qu'il avoit vus deux jours auparavant, & qu'il n'y voyoit plus, le saisirent si vivement, qu'il se trouva mal & tomba sur un des bancs du barreau. On court à lui, on lui donne du secours, on le porte ensuite à la chambre dorée. Tous ces messieurs s'empresserent de lui déclarer combien ils seroient charmés de l'avoir parmi eux, qu'ils comptent sur lui. Ils ne reçoivent pour toute réponse, que ces mots : *Je veux m'en aller. Que voulez-vous de moi ? Pourquoi m'a-t-on fait venir ici ?* Le jésuite Bardy, alors simple conseiller, depuis président à mortier, lui dit, en lui montrant le crucifix : *Mon cher d'Ayssenne, c'est aux pieds de ce divin maître que j'ai pris la résolution de servir dans le nouveau parlement.* —— *Et moi*, répond M. d'Ayssenne, *c'est à ses pieds que je prends une résolution toute contraire. Laissez-moi : je veux m'en aller.* Quand on vit qu'il n'y avoit rien à gagner, deux heures après sa sortie du palais on le satisfit avec une lettre de cachet, qui lui indiquoit le lieu de son exil.

Ces messieurs rentrés étoient d'autant plus coupables, plus parjures à leur serment consigné dans les protestations, qu'un exemplaire d'icelles collationné avoit été remis par le greffier en chef à chaque membre, suivant un arrêté pris le même jour 31 août 1771 ; & que sur 120 magistrats qui assisterent à la délibération, il n'y en eut, dit-on, que trois ou quatre qui avoient refusé d'adhérer aux protestations.

Enfin, la consternation où ils se sont vus plongés à la premiere nouvelle de l'exil du chancelier, & plus encore à celle du rétablissement du parlement de Paris, de Rouen, &c. est ici révélée comme un fait notoire. Ils ont alors fait éclater leur rage avec indécence ; ils ont fatigué le ministere de leurs efforts & de leurs manœuvres contre les anciens magistrats ; ils ont envoyés des représentations pour s'y opposer ; ils ont demandé à ne servir que par semestre, d'avoir leurs causes commises à un tribunal étranger, de n'être jamais recherchés sur leurs protestations; ils ont envoyé mémoires sur mémoires, pour jeter de l'embarras dans les opérations, & pour en retarder du moins l'effet; & par un esprit de vertige bien marqué, ils annonçoient une incompatibilité décidée entr'eux & leurs anciens confreres, tandis que le sieur Niquet trompoit le ministere en promettant une paix facile.

On leur reproche jusqu'aux démarches qu'ils ont faites dans les premiers moments de la révolution en faveur du rappel des exilés : démarches d'hypocrisie, puisqu'ils étoient bien sûrs de ne pas réussir, ou parce que ne sachant pas encore si le nouveau système tiendroit longtemps, ils vouloient se ménager une ressource auprès d'eux ; ce qui se prouve par leur conduite postérieure. En effet, lorsqu'un nouvel ordre de choses leur a paru solidement établi, non-seulement ils n'ont rien fait pour leurs confreres, non-seulement ils n'ont pas demandé leur retour, mais ils n'ont rien craint tant que la fin de leur disgrace. Leur mécontentement a éclaté toutes les fois que les autres ont obtenu quelque adoucissement. Ils ont noté les citoyens qui ont témoigné de l'attachement pour l'ancienne magistrature. La ville de Toulouse remplie d'espions n'a pû se livrer aux sentiments que cette catastrophe a fait naître dans le cœur de ses habitants. Ils ont insulté, calomnié leurs anciens confreres : ils n'ont cessé d'écrire que tout alloit bien sans eux, & qu'on pouvoit se passer de leurs services. Ils n'ont fait aucunes représentations sur l'arrêt du conseil du 13 avril 1772, qui les livroit à la discrétion des créanciers du corps : arrêt que M. de Maupeou lui-même a trouvé si atroce, qu'il n'a osé en poursuivre l'exécution.

Ont fait encore les obstacles qu'ils ont mis au retour de certains exilés, qu'ils ont rendu inutiles par leurs manœuvres les démarches faites à cet égard par des personnes étrangeres à la magistrature ; que trois fois depuis l'exil du chancelier, quelques-uns plus politiques, ou plus éclairés que les autres, ont proposé de redemander les anciens magistrats, & trois fois ils ont échoué : qu'enfin, lorsqu'on sollicitoit leur réunion, ils ont poussé l'infamie jusqu'à dire que puisqu'on desiroit leur consentement, c'étoit parce qu'on le jugeoit nécessaire, & qu'il ne falloit pas le donner en conséquence.

1 *Juillet* 1775. M. le comte d'Aranda étoit monté sur un cheval superbe à la revue du 29; tout le monde lui en faisoit compliment, lorsqu'il est tombé & s'est trouvé sous les pieds du coursier. On a été fort effrayé. Heureusement il s'est relevé, & quoique très-pâle, il est remonté en selle, & a soutenu toute la revue à merveille.

2 *Juillet* 1775. On a oublié de rapporter une anecdote assez plaisante concernant la premiere représentation de *la Fête du Village* aux Italiens. On a observé que la piece commençoit, continuoit & finissoit sans qu'on vît le héros pour qui tout étoit fait. A la fin on a demandé l'auteur, & des plaisants ont ajouté *& le seigneur*.

2 *Juillet*. On peut se rappeller les quolibets qui ont été dits lors de la derniere promotion

des sept nouveaux maréchaux de France, tous roulant sur l'impéritie de ces militaires. Un plaisant a voulu en ramasser en quelque sorte la quintessence dans un quatrain. On sait que les vers se retiennent plus aisément, & donnent plus de grace & plus de force à un bon mot. Le voici :

Réjouissez-vous, ô François !
Ne craignez de long-temps les horreurs de la guerre :
Les prudents maréchaux que Louis vient de faire,
Promettent à vos vœux une profonde paix.

C'est ainsi encore qu'on a développé dans une épigramme très-piquante les divers sarcasmes lancés dans les sociétés contre M. le duc de Duras, fait presqu'en même temps maréchal de France & membre de l'académie Françoise :

Duras invoquoit à la fois
Le dieu des vers & le dieu de la guerre :
Il réclamoit le prix de ses vaillants exploits
Et de son savoir littéraire :
Tous deux par un suffrage égal
On satisfait sa noble envie ;
Phébus lui dit : Je te fais maréchal ;
Mars lui donna place à l'académie.

3 *Juillet* 1775. Le livre intitulé : *l'Ami des Loix*, dont on a rendu compte il y a déjà quelque temps, a été condamné par le parlement au feu, ainsi qu'un autre, intitulé : *Le Cathéchisme de la Nation.*

3 *Juillet.* Les gentilshommes de la cham-

bre ont pris fait & cause pour les comédiens : le procès que leur avoit intenté le sieur Mercier est évoqué au conseil.

4 *Juillet* 1775. En 1773 le sieur Maziere, fermier général, reçut des lettres par lesquelles il fut sommé de porter 360 louis au cours, au profit d'une compagnie, à peine d'être assassiné. Le 19 octobre le sieur Garnier, officier d'office du comte de l'Aubespine, allant à 5 heures du matin pour joindre le carrosse de Chartres, eut un besoin & descendit pour le satisfaire dans le fossé du cours. Des espions en vedette l'arrêtent ; on le regarde comme un des coquins de cette prétendue compagie, qui venoit reconnoître le dépôt & l'enlever. On lui fait son procès au châtelet ; & ne se trouvant point de preuves, les juges, malgré leur partialité, ne purent qu'ordonner qu'il en seroit plus amplement informé pendant un an. L'accusé refusa de signer la sentence, parce qu'il n'étoit pas expressément innocenté. Et le procureur du roi en interjeta appel à *minimâ*. Le nouveau Tribunal siégeant alors, le 21 mars 1774, réduisit le plus amplement informé à six mois, ordonnant que Garnier seroit tenu de garder prison. Il étoit question de prononcer au bout de six mois, lorsque le tribunal a été renversé. Le prisonnier invoque aujourd'hui le parlement, pour obtenir les dommages-intérêts qu'il est en droit de réclamer contre le sieur Maziere.

C'est à cette occasion qu'il paroît un mémoire de Me. Dodin, où cet avocat peint énergiquement toutes les horreurs qu'a subies son client, gémissant sous le poids de l'opulence & du crédit. Il s'élève contre les vexations extrajudiciaires exercées d'abord contre lui par les suppôts de police & par le commissaire Serrault ; contre les autres qu'il a subies au châtelet par la partialité du lieutenant-criminel du Lys & du procureur du roi Moreau; enfin, au palais, par le jugement du tripot Maupeou.

Il détaille dans un avertissement les différents pourparlers qu'il a eus avec le Sr. Maziere, & sur-tout la déclaration de ce dernier, qu'il avoit une lettre de cachet toute prête pour faire mettre à la bastille ce malheureux, lorsqu'il seroit prononcé un hors de cour. Il en résulte que le Sr. Maziere craignant la publicité d'un *factum* qui dévoiloit ses manœuvres frauduleuses pour le perdre, a voulu employer l'autorité pour en empêcher l'impression, mais qu'il n'a pu réussir heureusement.

Suit une consultation du 31 mai, signée *Bosquillon*. Ce jurisconsulte est absolument dans les mêmes principes que son confrere, & au défaut des remords volontaires du traitant, voudroit provoquer contre lui la vindicte de la justice.

4 *Juillet* 1775. Mad. la duchesse de Chartres est accouchée hier d'un prince, nommé le duc *de Montpensier*. On juge quelle joie en a ressentie la maison d'Orléans. On a expédié un courier à M. le duc de Chartres.

4 *Juillet*. La liberté du commerce de l'Inde a été l'objet d'un mémoire des directeurs du commerce de la province de Guyenne, & sur lequel est intervenu un avis des députés du commerce, comme aussi sur un mémoire de la communauté de la ville de l'Orient contre cette

liberté. Le maire de l'Orient vient d'y faire une réplique, qui démontre que le commerce de l'inde ne doit poit s'assimiler aux autres; que les principes en sont différents; qu'on ne peut pas mettre en parallele les opérations suivies & combinées d'une compagnie qui avoit le privilege exclusif pour ledit commerce, à celui de divers armateurs, ne pouvant avoir entr'eux aucun accord sur leurs expéditions; que l'expérience confirme tous les jours l'erreur où l'on est tombé en détruisant la compagnie; que ce commerce enfin ne peut réussir que par un ensemble d'opérations. Malgré la force des raisonnemens & des faits allégués par l'auteur, le génie du ministere est constamment opposé à cette liberté, qu'il réclame inutilement.

4 *Juillet* 1775. La gazette politique intitulée: *Courier d'Avignon*, qui, lors de l'invasion de la France, avoit été transportée à Monaco sous le nom de *Courier de Monaco*, retourne à son ancien domicile, au grand regret de ce petit souverain. C'est le Sr. le Blanc, secretaire des commandemens du prince de Conti, qui en a la direction. Elle doit commencer avec ce mois.

5 *Juillet* 1755. Les princes & pairs ont été assemblés hier au palais pour continuer l'examen du procès du maréchal de Richelieu. Il est question aujourd'hui de la requête de la présidente de St. Vincent en subornation de témoins. La séance a été continuée à aujourd'hui.

5 *Juillet*. La brochure intitulée: *l'Ami des Loix*, a été flétrie par un arrêt du 30 juin, les chambres assemblées. L'auteur n'avoit pas craint d'en envoyer un paquet d'exemplaires à la buvette, dont chacun des membres du par-

lement devoit avoir le sien. Cette audace a surtout provoqué la vindicte de la cour. Me. Seguier a fait un long réquisitoire, où, sans extraire aucune des propositions de ce livre, il le juge digne des flammes. Comme on en a déja fait un résumé, il est inutile de rien détailler à cet égard.

Quant à la seconde brochure, son vrai titre est : *Cathéchisme du Citoyen*, ou *Eléments du droit public François, par demandes & par réponses*. Elle est plus étendue, & a 112 pages. L'avocat-général prétend que le système de ces deux imprimés est parfaitement semblable; que leurs principes sont les mêmes; que l'un & l'autre tendent au même but; c'est-à-dire, que ces deux ouvrages sont tirés du *Contrat social*, d'une multitude de remontrances des parlements, & n'énoncent que des propositions fondées sur le bon sens, sur la nature & sur les premieres notions de l'origine des sociétés. Mais il ajoute que ces problêmes politiques devroient toujours demeurer sous le voile.

Quoi qu'il en soit, le parlement a qualifié ces deux écrits de séditieux, attentatoires à la souveraineté du roi & contraires aux loix fondamentales du royaume.

6 *Juillet* 1775. Monsieur de Voltaire n'avoit fait qu'effleurer très-légérement la matiere dans son petit *Écrit* sur l'arrêt du conseil du 13 septembre dernier, concernant la liberté du commerce des grains. Il est revenu sur cette loi dans un nouveau pamphlet, qui a pour titre : *Diatribe à l'auteur des Ephémérides*, 10 mai 1775. Il commence par y déployer un très-

grand savoir, en remontant à l'origine de l'agriculture, comme le fondement de tout, même de la religion, au point que les travaux de la campagne étoient autrefois sacrés, & que Bacchus avoit ses prêtresses faisant vœu de chasteté. Il vient à la France, qui fut long-temps barbare & malheureuse, où les agriculteurs étoient esclaves, &, ce qui est horrible, esclaves des moines. Les terres y étoient encore en friche à l'avénement de Henri IV. Louis XIII fut à plaindre de n'avoir pas suivi les errements de ce bon roi, & son peuple davantage. Il justifie Colbert sur le reproche d'avoir sacrifié l'agriculture au luxe, & la France ne fut qu'après sa mort misérable & ridicule. Il annonce les espérances de réforme, fondées sur le commencement du regne de Louis XVI. Il prouve que le roi, en prenant moins sera plus riche. Il traite enfin l'article des bleds; il s'éleve contre la crainte, & décrit rapidement les pillages exercés au commencement de mai dernier.

Quoique ce nouvel écrit soit plus développé que le premier, on le trouve très court sur une aussi importante doctrine. Si les raisonnemens n'y sont pas mieux établis que dans les autres ouvrages philosophiques de ce grand homme, il persuade par un certain enthousiasme qu'il communique toujours au lecteur, & les économistes doivent se féliciter d'avoir acquis en lui un apôtre qui contribuera mieux qu'eux tous à la propagation de la science, par cet art enchanteur d'attacher sur toutes les matieres & de se faire lire des gens les plus frivoles. La brochure en question est savante, historique, agréable, & toujours aiguisée d'une pointe de sarcasme qui réveille, pique & soutient la curiosité. On conçoit que M. Turgot est le héros auquel se rapporte tout l'ouvrage.

7 *Juillet* 1775. Monsieur l'abbé Baudeau a enfin produit une réponse plus digne de monsieur Necker que le pamphlet indécent du marquis de Condorcet : elle est d'abord d'un volume proportionné à l'énormité du premier, & d'ailleurs la discussion en est plus honnête & plus modérée ; elle a pour titre : *Eclaircissements demandés à M. N**. sur les principes économiques & sur les projets de législation, au nom des propriétaires fonciers & des cultivateurs François.* Quelque bien raisonné, quelque bien écrit que soit cet ouvrage, il est d'un scientifique mortellement ennuyeux ; tant il est difficile de porter dans de semblables discussions de l'intérêt & de l'agrément assez pour attacher le lecteur neutre & qui ne se passionne pas pour l'un ou l'autre parti.

7 *Juillet.* C'est lundi que les députés du clergé se sont assemblés chez monsieur le cardinal de la Roche-Aymon pour la premiere fois ; car ce prélat a encore l'honneur de présider cette assemblée. On y a examiné les procurations, & l'on s'est mis en regle sur la forme. C'est aujourd'hui que se dit la messe rouge du St. Esprit. Monsieur l'évêque de Senez doit faire le discours.

7 *Juillet.* Les douze livres *du code de l'empereur Justinien, traduits en François, avec des notes historiques & critiques, par une société de jurisconsultes : ouvrage proposé par souscription. Prospectus de* 11 *pages.* Au moyen

de ce titre on s'y permet une satire des plus fortes contre les jugeurs du dernier regne, qui dérive du chapitre XL de Justinien, d'après la traduction qu'en donne l'auteur. Ce pamphlet sort d'une presse de Toulouse, & n'est qu'une facétie imaginée pour encadrer les injures qu'on vouloit dire à ces inamovibles, sous une nouvelle tournure.

8 Juillet 1775. C'est sous le nom de M. de la Visclede, secrétaire perpétuel de l'académie de Marseille, que monsieur de Voltaire donne son conte intitulé : *le Dimanche*, ou *les Filles de Minée*. Il est adressé à une madame Arnanche. Rien de plus gai, de plus agréable, de plus philosophique que cet ouvrage charmant : il roule sur l'origine du repos hebdomadaire consacré au service des dieux dont le poëte attribue l'institution à Bacchus. Les filles de Minée, peu religieuses sur-tout envers l'inventeur de la vendange, travaillent & causent entr'elles, au lieu d'aller à l'église. L'une raconte l'histoire des amours de Mars & de Vénus; la seconde, celle des amours de Vénus & d'Adonis ; la troisieme, entichée du péché de l'incrédulité, se moque de toutes ces fables & de beaucoup d'autres. Le dieu les surprend tenant des discours impies & profanant le saint jour; il les punit & les change en chauve-souris. On sent aisément l'allégorie continue, où, sous des railleries contre les fêtes, la religion, les mysteres, les dogmes & la théogonie des païens, il se moque de notre théologie. Du reste, quoique le fond ne soit pas neuf, il est raconté avec des graces, il est embelli d'un coloris frais & varié, qui font toujours soupçonner aux connoisseurs qu'il a des morceaux ainsi de réserve composés dans ses plus beaux jours, & qu'il ne répand qu'aujourd'hui : ce sont des fleurs de son jeune âge, dont il couronne ses cheveux blancs.

9 *Juillet* 1775. Un avocat du roi du châtelet (le sieur de la Garde) ayant dans un plaidoyer fait une sortie injurieuse contre les procureurs, avec lesquels il a indistinctement confondu les avocats, l'ordre s'est assemblé, & le bâtonnier a été chargé de se retirer pardevers le premier président, pour lui porter les plaintes de l'ordre & demander satisfaction au parlement ; ce qui a eu lieu ces jours - ci. Le Sr de la Garde a été mandé au tribunal supérieur, a reçu une réprimande convenable pour l'indiscrétion de son propos, & injonction d'être désormais plus circonspect.

9 *Juillet*. On annonce quatre volumes de supplément du dictionnaire encyclopédique, imprimés à Geneve, avec un volume de planches ; ce qui fait voir combien la premiere édition étoit défectueuse.

10 *Juillet* 1775. On dit que M. le duc de la Vrilliere aura pour sa retraite 60,000 livres de pension. Ce ministre, qui a servi pendant 55 ans, n'est point riche. Il étoit sous-tiré continuellement par madame de Langeac, sous-tiré aussi par d'autres femmes & filles, &c.

10 *Juillet*. On compte qu'il sera question des économats à l'assemblée du clergé, & qu'on mettra de l'ordre dans cette partie, sujette à bien des abus, ainsi que de plusieurs autres réformes très-utiles, mais que redoute le clergé.

10 *Juillet*. On a dit que le sieur Benayen

a été élargi par le parlement, & mis simplement en état de décret d'ajournement personnel; mais il n'est sorti de la conciergerie que pour être conduit au Fort-l'Evêque, par un ordre du roi, comme prisonnier d'état. C'est ce qu'avoit prévu cet accusé dans son mémoire intitulé *Précis*, où il se plaint qu'en l'arrêtant on a fait au hasard une liasse de ses papiers relatifs à l'affaire du maréchal de Richelieu & autres, sans aucune description, sans aucun inventaire; que rien ne constate le nombre, rien n'énonce l'objet des pieces renfermées dans ce paquet; qu'on a eu par ce moyen la facilité de soustraire ou de substituer ce qu'on a voulu. On prétend en effet y avoir trouvé des correspondances criminelles, & l'on s'en est prévalu pour le noircir dans l'esprit du gouvernement. Il ajoute que dans le principe le maréchal de Richelieu lui avoit offert de lui procurer son élargissement, s'il vouloit déposer contre madame de St. Vincent; mais qu'ayant rejeté avec horreur cette proposition, on l'avoit menacé d'un ordre du roi, qui le retiendroit toute sa vie en prison.

11 *Juillet* 1775. La *Sibylle Gauloise, ou la France, telle qu'elle fut, telle qu'elle est, & telle, à peu près, qu'elle pourra être. Ouvrage traduit du Celte, & suivi d'un commentaire, par monsieur de la Dixmerie.* C'est l'histoire de ce royaume, mise en énigmes, dont l'auteur donne ensuite le mot & l'explication, ce qui forme enfin un gros volume. C'est une bonne maniere d'en rappeller les principaux traits à ceux qui ne les auroient pas présents. Mais on voit que le but de l'écrivain a été d'amener

une fade adulation du regne actuel ; adulation gauche, en ce qu'il y en a presque autant pour le regne passé. Ce n'est pas qu'on ne voie qu'il voudroit être par fois critique, mais il n'ose pas ; il ne s'arrête que sur les minuties, & n'a garde de frapper sur les grands objets qui devroient mériter son indignation.

11 *Juillet* 1775. Ce n'est, dit-on, que dimanche que M. de Malesherbes entrera dans ses fonctions de secretaire d'état & qu'il prêtera serment. On assure qu'il a beaucoup de peine à accepter cette place, gémissant d'avance sur les horreurs dont il va prendre le long détail, & qu'il ne pourra pas réparer en entier.

On croit que c'est par amitié pour M. Turgot qu'il s'est enfin déterminé à venir à la cour, pour donner plus de prépondérance aux objets patriotiques du premier, qui jusqu'à présent ont essuyé beaucoup de contradictions.

Quoique le département de monsieur de la Vrilliere, tel qu'il est composé, semble petit pour le génie du nouveau ministre, on croit cependant que le clergé dans ce moment est un objet très-important, & qu'à cet égard M. le contrôleur-général a été fort aise de se donner un second qui puisse maîtriser l'assemblée actuelle, & la forcer de donner enfin la déclaration de ses biens, comme l'avoit exigé M. de Machault, en 1749.

11 *Juillet* 1775. Les comédiens François se disposoient enfin à donner une piece nouvelle, intitulée : *Les Arsacides*, de M. de Beausole ; mais mademoiselle Raucoux a déclaré qu'elle ne pouvoit jouer de plusieurs mois, ce qui retarde

Une anecdote singuliere sur cette piece, c'est qu'elle est en 6 actes; que les comédiens l'ont reçue sans le savoir & sans le remarquer; que frappés ensuite de cette singularité, ils ont offert à l'auteur la rétribution d'une piece qui auroit un succès complet, s'il vouloit les dispenser de la jouer pour le moment; mais que le poëte, qui depuis 55 ans travaille pour cette réussite & est affamé de gloire, a refusé.

13 *Juillet* 1775. Un troisieme auteur intervient sur la scene contre la troupe des comédiens François, c'est le Sr. *Louvay de la Saussaye*, qui répand un mémoire à consulter & consultation. Comme il est rédigé par Me. François de Neufchâteau, il est fort recherché & mérite plus de détails. La consultation est datée du 5 de ce mois, & souscrite par Me. Mallet, jurisconsulte grave & profond.

13 *Juillet*. Le Sr. Bourgeois de Châteaublanc a encore amélioré son phare ou fanal économique dont on a parlé depuis long-temps. Il est aujourd'hui placé sur le Mont-Valérien, dans le jardin des freres hermites. Cette machine, dans son état actuel, est admirable pour la sûreté de la navigation sur les côtes. Sa solidité la met à l'abri de toutes les intempéries de l'air & des saisons. L'exécution en est très-aisée, & son service non moins facile. Le jeu de ses feux est merveilleux & leur distribution est tellement dirigée qu'en dix secondes on peut les faire paroître & disparoître, même en les diversifiant autant de fois qu'on voudra & dans tous les moments exigés. Enfin la dépense de sa fabrique est très-modique, ainsi que celle des matieres combustibles nécessaires à

son entretien, relativement à sa masse & à son utilité.

13 *Juillet* 1775. M. le comte d'Eu vient de mourir d'une fluxion de poitrine.

14 *Juillet* 1775. Dans son mémoire à consulter, M. Louvay de la Saussaye rend un compte intéressant de toutes les difficultés des comédiens avant de jouer sa piece. Il l'avoit présentée dès 1763. Ne pouvant parvenir à la faire jouer, il la fit imprimer en 1768, & il ne put obtenir d'être joué qu'en 1773. Il faut lire dans cet écrit le détail des contradictions, des tracasseries, des avanies qu'il essuya des histrions durant ce long intervalle. Non-seulement on mit à la représentation des décorations, des habillements, un costume réprouvés par le poëte; mais on charpenta, on mutila, on travestit son ouvrage, sans son aveu, contre son gré, & malgré ses représentations & réclamations. Tout cela, suivant lui, fut cause du peu de succès de la piece. Elle n'eut que cinq représentations, & l'on décida qu'elle appartenoit à la comédie, étant tombée dans les regles, c'est-à-dire que les représentations avoient eu plusieurs fois de suite un produit inférieur à celui qu'elles devoient rendre, pour que la piece continue d'appartenir à l'auteur. Celui-ci prétendit le contraire, réclama la propriété de son ouvrage. Il seroit trop long de le suivre dans cette discussion, où la mauvaise foi de la troupe est dévoilée au grand jour. Il fit assigner les comédiens au châtelet, le 27 mai 1773, & le 2 août ils lui firent signifier un arrêt du conseil, rendu du propre mouvement de S. M., qui évoque l'affaire au conseil.

C'est dans ces circonstances que le sieur Louvay consulte & demande s'il est fondé à se pourvoir, comment il doit forcer les comédiens à lui restituer sa dépouille.

Il y joint pour pieces justificatives : 1°. le texte des loix, actes & réglements, dont se prévaut la troupe, & dont il tire même des inductions contre eux : 2°. des extraits de sa piece, insérés dans les ouvrages périodiques, dépositions impartiales qui viennent à l'appui de son mémoire à consulter : 3°. le compte arbitraire des comédiens, mis en parallele avec un projet de compte dressé par l'auteur : suivant le premier, sans avoir rien touché, il redoit 101 livres, 18 sous : suivant le sien, il lui revient 719 livres 10 sous.

Ce mémoire, outre la conviction qu'il porte dans l'esprit des lecteurs, est extrêmement amusant par la multitude d'anecdotes théatrales dont il est enrichi, & mérite d'être conservé comme morceau littéraire. D'ailleurs, la cause intéresse tous les poëtes dramatiques, puisqu'il s'agit de les affranchir des entraves les plus odieuses.

14 *Juillet* 1775. Quoique M. le comte d'Eu, mécontent de ne pas trouver chez le duc de Penthievre les secours dont il avoit besoin, eût vendu pour douze millions de ses domaines au roi, ce prince laisse au second encore pour 24 millions de biens substitués, rapportant 600,000 livres de rentes, sans compter d'autres prétentions & reprises de l'héritier.

14 *Juillet*. Quoiqu'il fut annoncé qu'il n'y auroit pas de fête au mariage de madame Clotilde, on a fait entendre sans doute à sa majesté

qu'elle ne pouvoit se dispenser de remplir l'étiquette telle qu'on l'a annoncée il y a du temps. Elle aura lieu. On parle même d'un spectacle de la tragédie du *Connétable de Bourbon*, par M. Guibert, connu de beaucoup d'amateurs, mais non encore jouée nulle part.

15 Juillet 1775. Le sacre royal, ou les droits de la nation Françoise reconnus & confirmés par cette cérémonie. Tel est le titre d'une brochure nouvelle, que l'auteur a profité des circonstances pour répandre. Il ne paroît encore que la premiere partie. On y démontre que la puissance absolue n'est qu'une tyrannie, & qu'elle est opposée au gouvernement légitime; que les trois especes de gouvernement légitime connues ne peuvent être que l'effet d'un pacte; que la société, ses loix, son centre d'autorité, n'existent qu'en vertu du pacte social, & que ces vérités sont conformes à la doctrine de l'église catholique.

L'auteur se propose de démontrer dans la seconde, que le droit d'être placé au centre de la société ne peut appartenir qu'à ceux à qui la société l'attribue par son choix; qu'ainsi la disposition des trônes, & la succession qui y appelle dans les monarchies connues sous le nom d'héréditaires, ne peuvent être autre chose qu'une suite du pacte social qui en fixe les regles.

A la tête est une estampe, où l'on voit le roi aux pieds de l'archevêque de Rheims, assisté de ses deux acolites. Il est dans l'attitude du serment. Au bas on lit: *Populo Christiano promitto.* La couronne est sur l'autel, avec cette autre devise; *Non sine mensurâ.* La

Religion d'un côté, & la France de l'autre, indiquent au monarque ses devoirs en lui montrant la couronne. Dans un coin, à droite en haut, est le pere éternel enveloppé de nuages, d'où sort cette autre légende : *Vox populi, Vox Dei*, au dessous on voit le peuple, les mains étendues ; au dessus est le cri : *Vive le roi*.

La moitié de cet ouvrage, fort scientifique, est en notes tirées de l'écriture sainte, des peres de l'église, des historiens anciens & modernes, des écrivains politiques, &c. qui appuient toutes les assertions avancées dans le courant du livre très-ennuyeux, quoique court, par la sécheresse de l'écrivain.

16 *Juillet* 1775. La cour des aides ayant arrêté d'aller complimenter M. de Malesherbes & de lui témoigner en même temps les regrets de la compagnie de le perdre, c'est le président de Montreuil qui a porté la parole & lui a fait un discours touchant.

Quoique ce magistrat ait décidément la place de secretaire d'état de M. le duc de la Vrilliere, celui-ci a beaucoup de peine à quitter, & l'on assure qu'il conservera la partie du clergé durant la présente assemblée, où il assistera toujours comme commissaire du roi. Il a fait la demande du don gratuit de 16 millions.

16 *Juillet*. Mademoiselle la Guerre est une chanteuse de l'opéra, qui ayant été choisie pour doubler quelques premiers rôles, s'en est bien acquittée, a développé du jeu & de la voix : ses talents ont amorcé les amateurs ; & quoiqu'elle ne soit ni jolie ni bien faite, M. le duc de Bouillon s'est fait honneur d'être dans ses

fers. On assure qu'il a dépensé 800,000 livres à son service. S. M. instruite de ce luxe de putanisme, lui en a témoigné son mécontentement; & ce qui doit mettre le comble à la douleur de ce seigneur, c'est que l'actrice l'a quitté avec la plus parfaite ingratitude.

17 *Juillet* 1775. Quoique *l'Union de l'Amour & des Arts* aille très-bien à l'opéra, on se dispose à y donner incessamment un intermede nouveau du chevalier Gluck, intitulé le *Siege de Cythere*.

17 *Juillet*. Les divers corps composant la chambre des comptes, ne pouvant agiter en tumulte leurs prétentions respectives, ont nommé de chaque côté des commissaires pour traiter à l'amiable, discuter & terminer, s'il est possible, leurs longues querelles, qui durent depuis plusieurs siecles.

27 *Juillet* 1775. Les pairs, dans leur derniere séance au parlement, ayant joint au fond la plainte en subornation de témoins de Mad. la présidente de St. Vincent, on travaille aux interrogatoires. M. de Montgodefroy a été nommé pour interroger cette derniere. On a cru que sa gravité lui en imposeroit & l'empêcheroit de se permettre toutes les indécences & folies qu'elle faisoit vis-à-vis les juges du châtelet.

On assure aujourd'hui que la famille de cette accusée intervient, & sans entrer dans la justification des crimes qu'on lui impute, & qu'on laisse à la justice le soin de venger, si elle est coupable, on attaque le maréchal, on lui demande raison de son audace; pourquoi il a soustrait cette dame à l'inspection de sa famille, de son pere, de son mari, il a fait lever la lettre de cachet qui la retenoit en couvent, & par cette liberté funeste lui a fourni l'occasion de commettre toutes les horreurs qu'il lui reproche, & de déshonorer un nom bien supérieur à celui des Vignerot ? On attend avec impatience à voir ce que la cour des pairs statuera sur cette intervention. La séance ne doit avoir lieu qu'au commencement du mois prochain.

17 *Juillet* 1775. L'on a vu que l'académie des jeux floraux de Toulouse avoit proposé pour sujet du prix de cette année, *le rétablissement du parlement*. C'est M. le chevalier de Laurez qui a mérité la palme.

18 *Juillet* 1775. On vient d'imprimer les *remontrances de la cour des aides*, arrêtées le 10 avril 1775. On y a joint la réponse du roi & le discours du garde-des-sceaux du 18 mai, la déclaration du 30 dudit enrégistrée, du commandement du roi, portée par monsieur, &c.; le 31, l'arrêté pris par cette cour le 2 juin au sujet de ladite déclaration, celui pris par le parlement, les princes & pairs y séant, le 27 juin, & enfin celui pris en la cour des aides le 28 juin.

18 *Juillet*. M. François de Neufchâteau s'étant présenté pour plaider une cause au palais, l'avocat adverse n'a point voulu plaider contre lui : l'ordre lui a fait un grief d'avoir composé une ode contre le parlement & une en faveur du nouveau tribunal.

19 *Juillet* 1775. La cour des aides, suivant l'usage, a supprimé ses remontrances imprimées clandestinement & qui se vendent avec plus de mystere. C'est un des ouvrages de ce genre

le mieux fait possible. On n'y trouve point de ces déclamations vagues, de cette éloquence oiseuse dont il sont trop souvent surchargés: des principes irrésistibles, des conséquences lumineuses, un style sain, austere & nerveux le caractérisent. Il est plein de vérités frappantes, & dures à entendre à l'oreille des rois, mais nécessaires à leur dire: les vices de l'administration avec ce qui concerne cette partie, y sont développés d'une maniere tellement sensible, que la cour n'y a point trouvé de réponse. Jamais le parlement n'a rien produit d'aussi excellent.

Le choix que le roi a fait de M. de Malesherbes, auteur de ces remontrances & président de la cour qui les a adressées à S. M., pour l'approcher de sa personne & l'admettre dans son conseil, fait honneur à la droiture de son cœur, & confirme son aversion pour la flatterie.

19 *Juillet* 1775. On assure que le roi ne s'est pas contenté de témoigner au duc de Bouillon son indignation de ses dépenses effroyables pour mademoiselle la Guerre, mais qu'il lui a enjoint de se tenir à Navarre. Quoi qu'il en soit, ce seigneur motive ses follies, moins sur son amour pour cette actrice, que sur la haine contre monsieur le comte de la Tour-d'Auvergne, auquel il voit que ses biens reviendront un jour malgré lui, ne pouvant fonder aucun espoir sur sa postérité.

20 *Juillet* 1775. On a scellé hier mercredi aux sceaux les provisions de la charge de secretaire d'état pour monsieur de Malesherbes; ainsi l'on ne doute pas qu'il n'entre incessamment en

fonctions. M. de Barentin a été installé le même jour dans la charge de premier président de la cour des aides.

20 *Juillet* 1775. La puissance ecclésiastique concourant avec la puissance séculiere pour découvrir les auteurs, imprimeurs, distributeurs des deux livres proscrits par le parlement, il a été affiché depuis quelques jours un monitoire du 22, proscrivant la révélation exigée dans les formules prescrites, & sous les peines de droit, &c.

21 *Juillet* 1775. Il est arrivé de l'étranger une *Analyse de l'histoire philosophique & politique des établissements & du commerce des Européens dans les deux Indes*. Mais comme il s'y trouvoit des choses trop injurieuses à l'abbé Raynal, on les a adoucies & on a réimprimé ainsi cet ouvrage à Paris. On y releve beaucoup d'erreurs & d'inconséquences, dont le rédacteur pourra profiter dans une nouvelle édition. Cette critique juste à bien des égards, est amere quelquefois, & sur-tout quand il est question de dogmes. L'anonyme, plein de zele pour la religion chrétienne, n'en a pas la charité.

21 *Juillet*. On donne pour motif du mécontentement, ou plutôt du courroux de S. M. contre le duc de Bouillon, un propos des plus indécents. On dit que quelqu'un lui témoignant sa surprise de la passion effrénée qu'il avoit pour Mlle. la Guerre, il avoit répondu qu'il aimoit mieux la f.... que la r.... Des courtisans officieux n'ont pas manqué de rendre cette phrase à la r.... le plus honnêtement qu'ils ont pu, & S. M. piquée en a porté des plaintes au roi.

22 *Juillet* 1775. Monsieur l'abbé Saury, mis à la bastille pour avoir fait imprimer des *Réflexions d'un citoyen sur le commerce des grains*, en est sorti depuis peu ; l'imprimeur Clousier & le libraire Ruault avoient participé au châtiment par une amende & l'interdiction de leur commerce. Sans doute qu'ils ont été relevés aussi de cette derniere. Ce pamphlet, anti-économiste & muni d'une approbation, contient deux parties : dans la premiere l'écrivain réfute le système des économistes, en fait voir le faux, l'illusion & les conséquences vraiment funestes. Dans la seconde, il expose un plan de commerce par rapport aux grains. Des notes & des passages trop forts, supprimés par le censeur, & que l'auteur avoit restitués, ont, dit-on, été cause de sa détention. Le pamphlet est sage en lui-même, écrit simplement, même avec négligence, & ne peut occasioner aucun prestige par le style.

22 *Juillet*. Les députés des avocats travaillent toujours constamment à former cet éternel tableau, qui devoit l'être au mois de mai dernier. Ils ont arrêté une délibération singuliere au premier coup d'œil, mais dont on sent bientôt l'esprit en la méditant. Pour l'entendre, il faut savoir qu'on ne peut y être inscrit qu'après avoir servi quatre ans le barreau. Ils sont donc convenus que ceux qui, attachés au palais en 1770, s'étoient abstenus de toutes fonctions depuis la révolution, seroient censés avoir rempli le temps de leur *stage* ; que ceux qui, au contraire, auroient travaillé pour le nouveau tribunal, seroient obligés de recom-

mencer leur temps ainsi perdu pendant le sommeil des loix.

23 *Juillet* 1775. On parloit depuis long-temps d'un poëme charmant du *gentil Bernard*, ainsi qualifié par M. de Voltaire. Ce poëme est *l'Art d'Aimer*. L'auteur s'étoit constamment refusé à l'impression : depuis que l'espece d'enfance où il est le met hors d'état d'avoir aucune volonté à cet égard ; & de veiller à la garde de ses productions, on lui a fait un larcin de cet ouvrage, & il paroît imprimé. Il est divisé en trois chants : *Choisir l'objet*, *l'enflammer*, *en jouir*. Voilà ce qui en forme les trois parties. Quoique ce poëme fut traité de la maniere la plus voluptueuse, on est surpris qu'il ne fasse pas plus de sensation. On y a joint un autre poëme du même, en quatre chants, connu anciennement sous le nom de *Théodore & Pauline*, appellé aujourd'hui *Phrosine & Mélidore*, qui n'est point indigne de servir de pendant au premier. Dans le reste des poésies fugitives de M. Bernard, on en trouve de plus foibles, comme cela doit être. En général, il y a beaucoup de la touche de Tibulle, de Catulle & d'Ovide. Il est ingénieux comme celui-ci, tendre & naïf comme les deux autres.

24 *Juillet* 1775. Un jeune homme, nommé *Duché*, fils du poëte de ce nom, étant il y a peu de temps au grand couvert, a été remarqué par la reine, le crayon à la main. S. M. scandalisée lui a fait dire qu'on ne se permettoit point semblable opération en pareil lieu. Sans se déconcerter, cet étourdi, éleve de M. Vien, a répondu qu'il dessinoit le portrait de la reine, qu'il étoit permis de saisir les graces par-tout

où l'on les trouvoit. Ce propos rapporté à S. M. lui a fait plaisir : elle a renvoyé vers le jeune homme, pour qu'il eût à venir chez elle le lendemain, & lui apporter son dessin ; ce qu'il a fait. La reine s'est trouvée bien, & lui a fait donner une gratification, en l'assurant de sa protection. Cet événement fait plaisir aux gens à talents, en ce qu'il leur annonce le goût & la magnificence de cette princesse pour les arts & les artistes.

24 *Juillet* 1775. La tragédie des *Arsacides* de M. de Beausole, en six actes, est enfin affichée, & doit être jouée incessamment. Cette annonce de six actes émerveille tout le monde.

24 *Juillet*. M. Natoire, directeur de l'académie de France à Rome, étant obligé de se retirer à cause de son grand âge, c'est M. Vien qui lui succede.

25 *Juillet*. Le Sr. Baculard d'Arnaud ne s'amuse pas toujours à composer des drames & des histoires lamentables, il veut imiter aussi les enfants de famille, & faire ce qu'on appelle des *affaires*. C'est ce qui l'a conduit à un procès criminel, semblable à celui du comte de Morangiès. Il s'agit de lettres de change qu'il a souscrites, avec un de ses amis, & dont il prétend n'avoir pas reçu la valeur. Ils viennent de succomber au châtelet, qui a ordonné la remise des titres qui vont avoir activité. Ils sont aujourd'hui au parlement, où il paroît des mémoires qui ne leur sont pas honorables, & dévoilent beaucoup de fraudes & de friponneries de leur part, si les faits articulés sont vrais.

26 *Juillet* 1775. On parle de deux nouveaux volumes, servant de suite au premier, ayant

pour titre : *le Sacre Royal*. Et ce n'est pas encore tout, on assure qu'il y en a un quatrieme, pour compléter l'ennui du lecteur, déja trop dégoûté du premier.

26 Juillet 1775. Il est grandement question de traiter durant la présente assemblée du clergé de la validité des mariages des protestants, & de faire une nouvelle loi à cet égard. Il est même dans le ministere des gens qui voudroient pousser les choses plus loin, & leur accorder une entiere liberté de conscience. M. l'archevêque de Toulouse, qui n'est pas entiché des préjugés de son corps, qui est fort tolérant, travaille à ce projet, ainsi qu'à beaucoup d'autres. Mais ont sait qu'il y a de fortes oppositions, & l'on doute fort qu'aucun point même d'adoucissement à cet égard ait lieu.

27 Juillet 1775. Les *Arsacides*, cette tragédie en six actes, jouée hier, n'a point eu de succès. Le public même roidi contre l'innovation étoit persuadé d'avance que l'ouvrage seroit long & ennuyeux, & il ne s'est pas trompé. Il a de bonne heure témoigné sa mauvaise volonté, & a empêché par des huées continuelles d'entendre la piece, dont l'intrigue compliquée ne se démêle pas encore bien, malgré les six actes. Deux scenes à la Corneille dans le trois & le quatre auroient cependant fait la fortune de l'auteur, s'il eût resserré les deux derniers actes en un, conservant le dénouement, qui forme spectacle & excite la curiosité.

Il y a beaucoup de travail dans cette tragédie, dont l'intérêt ne porte sur rien ; ce qui est un plus grand défaut dans une piece plus étendue que dans les autres.

27 *Juillet* 1775. M. Martin de Marivaux est un jeune avocat bouillant & plein de zele pour ses clients. Le 22 de ce mois, comme il étoit question à la tournelle d'une affaire qu'il avoit défendue, & où M. d'Aguesseau, l'avocat-général, avoit donné des conclusions contre lui, il a relevé vertement ce magistrat, l'a taxé de réticences coupables & d'admission de faits faux; il a péroré si vigoureusement, que la cour a rendu justice à ses parties, qui ont gagné leur procès. Cette audace généreuse a déplu à M. d'Aguesseau, qui n'a osé cependant faire sur le champ un réquisitoire contre l'orateur, mais s'en est venu plaindre au parquet. Par arrangement avec les avocats, ceux-ci sont convenus que Me. Martin iroit faire des excuses au magistrat. Il s'est rendu effectivement en fiacre à sa porte: il y a descendu, il a demandé si M. d'Aguesseau y étoit : on lui a répondu qu'oui. Alors il a détaché son rabat, il s'est dépouillé de sa robe, il les a mis en un monceau dans la cour avec son bonnet quarré, & par dessus un exemplaire de son mémoire, puis est remonté dans sa voiture, annonçant par cette conduite hiéroglyphique qu'il préféroit de renoncer à son état au déshonneur de faire des excuses qu'il ne devoit par faire.

28 *Juillet* 1775. On assure que M. de Malesherbes a supplié le roi de trouver bon qu'il ne se chargeât des lettres de cachet qu'à condition qu'il n'en donneroit aucune que les motifs de leur demande n'eussent été portés, agités, discutés & jugés valables en plein conseil; ce qui lui a, dit-on, été accordé.

Il a demandé en outre, que personne autre

dans son département ne pût en délivrer, pas même le lieutenant-général de police, sauf à permettre à celui-ci, dans les cas extrêmement urgents, de faire arrêter l'accusé sur un ordre signé de sa main, mais à la charge qu'il seroit interrogé dans les 24 heures, & qu'il en rendroit compte sur le champ.

28 *Juillet* 1775. On parloit peu du comte d'Eu de son vivant : on l'avoit représenté comme un prince sauvage, dur & dénué d'humanité. On fait aujourd'hui son éloge de la façon la moins équivoque. Tous ses vassaux le pleurent, & plus de 1,500 d'entr'eux gémissent d'être privés des secours qu'il leur donnoit. Il a cependant laissé des legs à tous les gens de sa maison, depuis le premier jusqu'au dernier.

28 *Juillet*. On parle beaucoup d'un arrêté de la cour des aides, où, conformément à l'esprit de ses remontrances dont ont a parlé, tous les chefs & autres magistrats sont convenus de ne point avoir égard à l'article de l'ordonnance de discipline qui donne un pouvoir trop illimité au premier président & au procureur-général pour arrêter & gêner les assemblées des chambres.

29 *Juillet* 1775. Me. François de Neufchâteau a été mandé par l'ordre des avocats. Il s'y est rendu, a reçu une semonce sur plusieurs chefs, tels que ses liaisons avec Me. Linguet, son habitation chez un avocat au conseil, dont il sembloit être le clerc, son goût pour la poésie, &c. Après quoi on lui a promis de l'insérer sur le tableau, s'il ne faisoit rien d'indigne de la noble profession qu'il adoptoit.

29 *Juillet* 1775. On se confirme de jour en jour

dans l'espoir où l'on est que les protestants vont recevoir les avantages de la société en France : avantages dont ils sollicitoient depuis long-temps la jouissance mal entendue. On assure que déja deux officiers, quoique protestants ont été reçus chevalier de St. Louis, sans qu'on leur ait demandé aucun certificat de catholicité.

29 *Juillet* 1775. C'est mardi prochain 1 août, qu'on doit donner pour la premiere fois à l'opéra *le Siege de Cythere*, ballet en trois actes.

30 *Juillet* 1775. On commence depuis quelques jours à travailler à réparer le château de Meudon, que la reine aime beaucoup, & l'on regarde comme décidé que leurs majestés y habiteront pendant qu'on refondra le château de Versailles sur le nouveau plan ; ce qui ne peut s'effectuer qu'au bout de plusieurs années.

Ce qui déplaît sur-tout au roi dans l'ancien château, c'est qu'il n'y ait aucune communication particuliere & secrete de son appartement à celui de la reine, & qu'il ne puisse aller voir cette auguste compagne sans rendre tout le public témoin de sa démarche. On y a cependant suppléé provisoirement depuis peu par un couloir obscur très-étroit, & qui n'est éclairé en tout temps que d'un reverbere.

30 *Juillet*. Le duc de Glocester est passé ces jours derniers non loin de Paris, pour traverser la France, & se rendre en Italie. Le roi, instruit de cette arrivée, a envoyé à sa rencontre le sieur Richard, cotrôleur des postes, avec une lettre, où il invitoit S. A. royale à se rendre à sa cour, & à y séjourner. Mais elle s'est excusée, & a continué sa route.

30 *Juillet* 1775. Le clergé est fort alarmé

de voir M. de Malesherbes succéder à M. le duc de la Vrilliere au département qui concerne cet ordre : les liaisons intimes de ce nouveau ministre avec M. Turgot font craindre au corps épiscopal que ce dernier ne se soit étayé de l'autre au conseil, pour faire passer divers projets tendants au détriment du clergé, & de la religion conséquemment.

31 *Juillet* 1775. Il paroît un *bref de notre saint pere le pape Pie VI*, qui autorise le grand aumônier à dispenser les troupes de l'observance du maigre, dans les cas & pour le temps qui y sont énoncés, c'est-à-dire, soit dans le cas d'expéditions de guerre, au dedans ou au dehors du royaume & dans les camps, soit même pour le temps de paix dans les circonstances des marches pour se rendre d'un endroit dudit royaume à un autre ; n'entendant néanmoins que cette faculté puisse s'étendre jusques sur les soldats en garnison, dans les places ou dans les quartiers, & qui y seroient de résidence habituelle & continue, &c.

31 *Juillet*. On sait que la musique de l'opéra en trois actes du *Siege de Cythere*, est du chevalier Gluck ; mais c'est le Sr. de Berton qui a fait celle des ballets.

31 *Juillet*. On sait les tracasseries qu'a eues le sieur Greuze avec l'académie de peinture, ce qui l'a empêché depuis plusieurs années d'exposer au sallon : il vient de déclarer à l'académie qu'il ne vouloit point en être ; sur quoi M. Pierre lui a dit que S. M. le lui ordonneroit.

1 *Août* 1775. Le sieur Beaumarchais vient de faire imprimer son *Barbier de Seville*, comédie en quatre actes, représentée & tombée sur le

théatre de la comédie Françoise le 23 février 1774. Telle est la modeste annonce qu'il fait de son ouvrage. La préface répond à cette ouverture; il se met à genoux aux pieds du lecteur, & lui demande pardon d'oser lui offrir encore une piece sifflée. Mais toute cette humilité prétendue n'est qu'un persiflage, qui répond parfaitement à l'insolence avec laquelle il a soutenu la premiere chûte : on ne peut nier qu'il n'y ait beaucoup d'esprit dans cette diatribe contre le public dénigrant, fort longue, fort verbeuse, fort impertinente, où il bavarde sur mille choses étrangeres à sa comédie, où il affecte une gaieté, une folie même, sous laquelle il cherche à déguiser sa fureur de n'avoir pas réussi ; car, malgré tout ce qu'il dit de la vigueur avec laquelle son *Barbier* a repris pied, & s'est soutenu pendant 17 représentations, il ne peut se dissimuler les petits moyens dont il s'est servi pour cette résurrection ; il sait qu'on ne revient point de l'anathême une fois prononcé en connoissance de cause par le goût & l'impartialité. Au reste, cette préface est écrite dans le style de ses mémoires, c'est-à-dire, burlesque, néologue & remplie de disparates & d'incohérences.

1 *Août* 1775. Me. Martin de Marivaux, soutenant avec courage sa démarche vigoureuse contre M. d'Aguesseau, & ne voulant se prêter à aucune excuse humiliante, a écrit à l'ordre des avocats qu'ils pouvoient ne plus s'occuper de lui, qu'il renonçoit au barreau & n'étoit plus leur justiciable.

2 *Août* 1775. *Cythere assiégée*; car c'est-là le vrai titre de l'opéra, n'est autre chose, quant au fond, que l'opéra comique de ce nom du

sieur Favart, joué pour la premiere fois en 1754. Le chevalier Gluck a trouvé ce sujet digne de sa musique, & suivant la répétition très-nombreuse exécutée avant-hier, il a rempli très agréablement cette tâche. Le mérite rare de ce drame lyrique, c'est qu'il n'ennuie point, & est fort gai.

3 *Août* 1775. Le sieur Guimard est une espece de concierge, chargé du détail des petits appartements à Versailles, qui à raison de sa place étoit dans la confiance la plus intime du feu roi, & est aimé de celui-ci. Sa majesté ne trouve point mauvais qu'usant de la franchise qu'il avoit acquise sous son aïeul, il s'en serve vis-à-vis d'elle. Ces jours derniers il vit le roi occupé à lire un manuscrit intitulé *le Roi de ses peuples* : « SIRE, vous aurez beau faire, lui dit-il brusquement, vous n'en serez jamais aimé, tant que le pain sera cher. »

4. *Août* 1775. Les adversaires de M. de Voltaire ont jugé à propos de le singer & de se travestir, comme lui, sous des noms étrangers : ils viennent de faire imprimer des *Mélanges Littéraires & philosophiques*, qu'ils attribuent à monsieur Ferry. Ils le supposent un gentilhomme Italien, âgé de 19 ans seulement : ils l'ont choisi dans cette nation, & de cet âge innocent pour en faire avec plus de vraisemblance un bon & excellent catholique. Il y a trois pieces dans ce recueil.

4 *Août*. Malgré le mécontentement du public, les comédiens ont joué une seconde fois les *Arsacides*, toujours en six actes, & ont prétendu que c'étoit la réponse aux divers mémoires faits contr'eux. Ils vouloient donner

cette tragédie une troisieme fois, mais ils le font arrêtés.

4 *Août* 1775. Avant-hier les princes & pairs se sont rendus au parlement pour y suivre l'affaire du maréchal de Richelieu. Il y a eu quelques enregistrements d'édits préalables ; ensuite il a été principalement question d'un *mémoire à consulter* pour les parents de madame de Saint-Vincent, suivi d'une consultation du 23 juin 1775, signé *Piet Duplessis*. Monsieur le maréchal a présenté requête pour demander provisoirement la suppression de ce mémoire, comme injurieux, calomnieux, &c. Les conclusions du ministere public lui étoient favorables, mais dans le cours des opinions très-longues, l'avis dominant a été de joindre cette requête au fond. L'assemblée est renvoyée à la fin du mois.

4 *Août*. Le sieur Nicolet, dont le spectacle commençoit à tomber en discrédit par le concours qui se portoit chez Audinot, a cherché quelque nouvelle ressource ; il a fait venir des Espagnols qui font des tours de force extraordinaires, & lui ont ramené le public : c'est une fureur d'y aller, sur-tout la nuit.

4 *Août*. *Cythere assiégée* n'a pas eu mardi le succès qu'avoit lieu de se promettre l'auteur de la musique : malgré la présence de la reine ce ballet a été mal reçu ; mais comme il y a une forte cabale contre le chevalier Gluck de la part des musiciens François, il ne faut pas s'en rapporter à ce début, & l'ouvrage pourroit reprendre avec fureur.

4 *Août*. On est dans l'impatience de l'accouchement de madame la comtesse d'Artois.

qui, suivant le calcul de certaines gens, devroit avoir passé le neuvieme mois. Cependant on sait que le roi a parié avec le maréchal duc de Duras, que cette princesse n'accoucheroit pas avant le premier août, & S. M. a gagné son pari.

4 *Août* 1775. Le 11 du mois dernier le Sr. Bernieres a fait sur la riviere l'essai d'une chaloupe insubmergible, vis-à-vis les invalides, en présence de plusieurs ambassadeurs & d'une nombreuse assemblée. Elle n'est guere plus grande qu'un bateau à passer l'eau, garnie dans son milieu d'un mât, & de deux ponts, à la poupe & à la proue : elle étoit remplie de six bateliers, avoit en outre deux rameurs & un pilote. On a augmenté cette charge par de l'eau qui alloit jusqu'aux bords, ensuite on a fait balotter la nacelle de façon que l'eau y entroit. Les six bateliers se sont jetés à la riviere, ont pris des cordes attachées à la chaloupe, la tirant en tout sens & se laissant entraîner par l'effort des rameurs. Enfin on a renversé la nacelle & couché le tout dans l'eau, puis la laissant échapper, elle s'est relevée d'elle-même, au grand étonnement de tous les spectateurs.

6 *Août* 1775. M. le comte d'Artois n'est pas le moins impatient de la cour de voir accoucher son auguste épouse. Ce prince aimable & franc a déclaré que si elle ne mettoit au monde qu'une fille, elle ne se releveroit pas sans être grosse une seconde fois, tant il a d'ardeur pour donner des appuis au trône. On sait que dès son enfance il disoit tout haut qu'il seroit roi. Aujourd'hui que ses freres n'ont pas encore

d'enfants, il espere que la couronne tombera sur sa postérité.

6 *Août* 1775. Les parents de madame de Saint-Vincent, dans leur mémoire, déclarent qu'ils n'interviennent point pour soutenir la cause de cette dame, mais pour demander justice de leur propre injure, prouvée par les faits ; ce qui donne lieu à un historique ; où toute la turpitude du maréchal est dévoilée. Ils lui reprochent d'avoir ravi une femme à l'autorité de son époux, une fille à celle de son pere ; d'avoir trompé le ministere pour la rendre libre, de l'avoir promenée de Milhaud à Tarbes, de Tarbes à Poitiers, de Poitiers à Paris. On entre ensuite dans le détail des vexations horribles qu'a éprouvées sous sa tyrannie cette victime de ses séductions.

D'après l'exposition de ces chefs d'accusation, le conseil estime que la voie la plus réguliere qu'ils puissent prendre, quant à présent, est celle de la dénonciation à M. le procureur-général, sous la réserve de se pourvoir après le jugement du procès.

1°. Les très-humbles représentations qu'ils desireroient porter au pied du trône, ne peuvent se concilier aujourd'hui avec la procédure criminelle dont la cour des pairs est saisie. Elle doit juger, non-seulement les accusations des faux intentées par le maréchal, mais encore celles formées contre lui en dommages-intérêts des vexations & voies de fait qui sont déclarées nulles & incompétentes, mais dont la peine n'est pas encore prononcée, la subornation des témoins & les prises à partie.

2°. Ils sont d'autant mieux fondés à demander vengeance du rapt, appellé *in parentes*, que la loi leur en fait un devoir étroit.

Ce mémoire, signé seulement du vicomte de Castellane & du marquis de Simiane, annonce que les autres parents, domiciliés en province, doivent se joindre à eux. Il est très-fort, quant aux faits, & même contient quelques raisonnements péremptoires ; mais il n'est pas éloquent comme l'exigeroit le sujet, & l'on est fâché que ces illustres personnages n'aient pas choisi quelque orateur fameux propre à faire valoir une cause aussi importante.

7 *Août* 1775. L'abbé Terrai, durant son ministere, avoit traité au nom du roi avec monsieur le comte d'Eu de différentes terres, maisons, &c. appartenantes à ce prince moyennant une certaine somme à lui donner & le paiement de ses dettes. Comme la convention n'est point exécutée de la part de sa majesté, que le tout est presque en son entier, l'on croit que le marché n'aura pas lieu, & que M. le duc de Penthievre recueillera complétement la succession, en acquittant les charges, comme légataire universel.

7 *Août*. Le colisée a eu lieu par extraordinaire, avec un feu du Sr. Ruggieri. Il y a eu des choses neuves, qui ont surpris agréablement. M. le comte d'Artois a honoré pour la premiere fois ce spectacle de sa présence.

7 *Août*. Les comédiens, pour se débarrasser des *Arsacides*, qui après avoir été joués deux fois devoient l'être encore une troisieme, ont pris le parti de donner 1,200 livres à l'auteur, qui, avec cette rétribution, les a dispensés de continuer les représentations de sa piece, où

ils étoient exposés à la dérision & aux huées du public. On attribue ce procédé honnête des histrions à la leçon que leur a faite le nouveau secrétaire d'état ayant le département de Paris : ils ont été lui faire, selon l'usage, leur salamalec, lui demander sa protection : « Je vous
» l'accorde, leur a répondu M. de Malesher-
» bes, à une condition cependant ; c'est que
» vous respecterez plus que vous ne faites les
» gens de lettres, dignes des hommages de
» tous les êtres pensants, & sur-tout des vôtres. »
Réception qui fait infiniment d'honneur au magistrat, homme de lettres lui-même, & qui n'est point mû, comme son prédécesseur borné, par toutes sortes de petits moyens bas, vils & odieux.

7 *Août* 1775. Madame le comtesse d'Artois est accouchée hier après-midi d'un prince, qui a été nommé duc *d'Angoulême*.

8 *Août* 1775. M. Mercier a profité de l'expulsion du duc de la Vrilliere pour réclamer au conseil la justice qui lui est due. Il a présenté une *requête au roi* contre MM. les premiers gentilshommes de la chambre de S. M. demandeurs, où il établit pour question : *La législation & la police des spectacles appartiennent-elles exclusivement à messieurs les premiers gentilshommes de la chambre du roi ?* Dans ce mémoire, très-bien fait, après l'exposé de sa premiere contestation avec la troupe des comédiens François, déja fait dans ses précédents *Factums*, il détaille la scene insultante, où ces histrions exécuterent leur vengeance avec le plus grande scandale, en lui ôtant violemment

& injurieusement les entrées à ce spectacle dont il jouissoit.

Il attaque ensuite l'arrêt du conseil, à lui signifié le 14 juin, qui évoque l'affaire au conseil sur une requête des premiers gentilshommes de la chambre, ses nouveaux adversaires. Il fait voir qu'on n'y trouve que des personnalités, des inculpations, des prétentions inouies & des conclusions inconséquentes avec le reste.

Après avoir renversé les prétentions de ces quatre ducs & pairs, de s'attribuer exclusivement la législation & la police des spectacles, il leur oppose une fin de non-recevoir insurmontable, en leur prouvant qu'ils n'ont aucun intérêt dans ce démêlé. Quant aux motifs qu'ils tireroient : 1°. de la qualité de comédiens du roi; 2°. de *la licence de la contestation*; [ce sont les termes de la requête]; 3°. de la nécessité de la terminer promptement, on détruit encore tous ces prétextes spécieux, & l'on en fait voir l'illusion, la nullité, &c.

Enfin le Sr. Mercier conclut à être reçu opposant à l'arrêt du 24 juin 1775, à ce qu'il soit ordonné qu'il continuera de procéder au parlement de Paris sur les différends & contestations pendants entre lui & la troupe des comédiens François; & que les inculpations & expressions peu mesurées répandues dans ladite requête, feront & demeureront supprimées; & que les sieurs premiers gentilshommes soient condamnés en tels dépens, dommages & intérêts qu'il plaira à S. M. arbitrer, & à tous les dépens.

Cette requête, signée *Henrion*, contient

sur-tout un détail très-curieux sur les fonctions des premiers gentilshommes de la chambre, sur leur origine & sur tout ce qui concerne leur charge. Elle est au rapport de M. de Malesherbes, ce qui n'est pas d'un bon augure pour les histrions.

8 *Août* 1778. On ne sauroit exprimer la joie de M. le comte d'Artois. La naissance du prince lui a fait redoubler de caresses auprès de l'accouchée, & le délire étoit tel, que l'accoucheur a été obligé de prévenir S. A. R. qu'elle couroit risque de faire grand mal à l'auguste mere. Cependant, le bruit qui court que *Madame* est grosse, en lui laissant tous les plaisirs de la paternité, pourroit lui ôter les prétentions plus vastes qu'avoit ce prince, & ne lui laisser qu'un foible espoir de voir quelque jour sa race sur le trône.

9 *Août* 1778. Les comédiens annoncent la premiere représentation pour samedi du *Mariage Clandestin*, comédie nouvelle en trois actes & en vers.

9 *Août*. Malgré le rapprochement des princes du sang à la cour, il paroît que ces protestants ne sont pas vus de bon œil par la famille royale; qu'il reste du moins un levain de jalousie qui se manifeste dès que l'occasion s'en présente. On vient de s'en appercevoir à l'égard du gouvernement de Languedoc, vacant par la mort du comte d'Eu. On savoit que le maréchal duc de Biron avoit l'expectative du premier vacant par le feu roi, qui lui avoit accordé jusques-là 40,000 livres de pension. Le service extraordinaire qu'il fait actuellement ne laissoit aucun doute que Louis XVI.

n'exécutât les promesses de Louis XV. Cependant M. le duc d'Orléans, honteux que le duc de Chartres fût aujourd'hui le seul prince du sang sans gouvernement, l'a sollicité pour son fils; & pour que la promesse du feu roi ne mît aucun obstacle à sa demande, il a offert de remettre à S. M. celui de dauphiné dont il est pourvu. *Monsieur*, instruit de cette démarche, est venu à la traverse, & faisant semblant d'ignorer la prétention du duc d'Orléans, a supplié le roi, s'il n'accordoit pas au maréchal de Biron le gouvernement du Languedoc, de vouloir bien l'en pourvoir. On présume par ce qui s'est passé ensuite, qu'il ne comptoit pas obtenir cette grace, & qu'il ne l'avoit demandée que pour en exclure plus sûrement le duc de Chartres. En effet, dès que le maréchal de Biron a été pourvu du gouvernement en question, il lui a écrit une lettre, que montre à tout le monde ce dernier, où il le félicite de cet événement, en avouant avoir été sur ses brisées, mais uniquement dans le cas où S. M. n'auroit pas jugé à propos de conférer à lui maréchal une dignité dont il est très-digne & qu'il se réjouit bien sincérement avec lui de lui voir accordée.

10 *Août* 1775. On ne peut se dissimuler que *Cythere assiégée* n'a pas le succès qu'on avoit lieu de se promettre d'un sujet aussi bien choisi, & d'un musicien aussi consommé que M. le chevalier Gluck. Le poëte sembloit ne devoir pas être inférieur à celui-ci, & le sieur Favart avoit été jugé très-propre à le seconder: mais il ne s'est pas donné la peine de travailler de nouveau son plan, comme l'exigeoit le théatre

où il vouloit transporter son ouvrage, excellent pour l'opéra comique; & les directeurs, dans l'exécution, n'ont pas choisi des acteurs tels qu'il en auroit fallu. Enfin la nécessité où s'est trouvé M. Gluck de partir pour Vienne, plutôt qu'il ne s'y attendoit, ne lui a pas donné le temps de faire la musique du dernier acte; ce qui l'a obligé d'engager le St. Berton à le suppléer : d'où il résulte nécessairement une disparate sensible dans les deux compositions.

10 *Août* 1775. On a dénoncé à l'assemblée du clergé le fameux livre de l'abbé Raynal, intitulé : *Histoire Philosophique & Politique de l'établissement des Européens dans les deux Indes* ; ce qui inquiete beaucoup l'auteur, qui sans y avoir mis son nom, s'est trop pressé de l'avouer, ou du moins ne l'a pas désavouée assez publiquement.

12 *Août* 1775. On sait que M. le duc de Chartres est parti de Rochefort en uniforme de garde-marine. En deux jours de temps il a joint l'escadre d'évolutions, & il a continué à prendre ses grades dans ce service. Il étoit déja avancé à son arrivée à la Corogne, & il doit avoir avant la fin de la campagne, tous ceux dont il est susceptible en ce moment.

Malgré tous ces préparatifs, S. A. doit désespérer de plus en plus d'avoir la place d'amiral. On croit même que M. le duc de Penthievre ne la conservera pas encore long temps : l'avantage que le roi vient de lui faire par la rétrocession des biens disponibles qu'il avoit acquis du comte d'Eu, & que S. M. lui rend, n'ayant point satisfait aux engagements qu'avoit pris l'abbé Terrai, est regardé comme une faveur préparative à ce désagrément : la nécessité de donner aux freres du roi des dignités lucratives qui les mettent en état de soutenir leur maison nombreuse, sera le moyen qu'on fera valoir pour déterminer le prince à un pareil sacrifice.

12 *Août* 1775. S. M. a décidé que telles que fussent les réparations qu'on feroit au château de Versailles, elle ne le quitteroit point, & s'y retrancheroit en quelque petit coin : ce sont ses expressions. Quant au surplus du projet, il n'y a rien d'arrêté définitivement.

12 *Août*. Les partisans de M. le comte de Guines sont fort alarmés que le Sr. Tort ait obtenu la permission d'appeller de la sentence du châtelet, en quoi il avoit été fort gêné jusqu'à présent. On savoit même que son avocat Falconnet avoit reçu défenses de rien écrire sur cette matiere & pour ce client. La reine, qui a beaucoup influé dans le jugement, excitée par la cabale des Choiseul, auroit voulu qu'il n'eût plus été question de cette affaire ; mais l'équité du roi a prévalu, & le public va de nouveau voir l'ambassadeur exposé aux sarcasmes de son adversaire.

12 *Août*. Le roi, jusqu'ici, semble n'avoir aucune passion, aucune affection, aucun goût particulier ; mais il fait volontiers le bien lorsque l'occasion s'en présente. C'est ainsi qu'ayant été derniérement obligé de se réfugier à la chasse dans une chaumiere, avec les princes ses freres ; ceux-ci, ou plutôt le comte d'Artois, en s'amusant, a questionné une jeune fille de la maison si elle n'avoit point d'amoureux ? Elle a par sa

rougeur trahi le secret de son ame : le prince a dit qu'il vouloit la marier ; & sur la connoissance qu'elle avoit deux autres sœurs qui sont survenues, monsieur & enfin le roi ont promis de pourvoir les autres. Le premier mariage est déja fait.

13 *Août* 1775. M. le marquis de Saluces Provana & toute sa branche reparoissent dans l'arene du palais, pour combattre MM. le marquis & comte de Lar, qui se sont qualifiés de seuls descendants d'Auguste de Saluces, dernier souverain du marquisat de Saluces. Il y a déja eu dans cette importante affaire quantité de mémoires respectifs, qui ont amplement exposé l'état de la question, restée jusqu'à présent indécise, & sur laquelle le parlement va prononcer.

13 *Août*. La reine est venue avant-hier à l'opéra & y a amené madame *Clotilde*, qu'on a voulu produire aux hommages de la nation avant qu'elle partît pour se rendre à sa destination. Comme les détracteurs du chevalier Gluck ont prétendu que son ballet de *Cythere assiégée* n'avoit pas pris & étoit rejeté du public, ils avoient répandu le bruit que la reine avoit demandé l'*Union de l'Amour & des Arts*, mais S. M. n'a pas voulu donner cette mortification à son maître, & c'est *Cythere assiégée* qu'on a jouée.

Il est certain que le fond de cet opéra est agréable, moral & philosophique : c'est le triomphe de la beauté sur la force. On conçoit combien ce sujet prêtoit au poëte & étoit susceptible de spectacle, de graces & d'effets lyriques. Malheureusement le Sr. Favart n'en a pas tiré tout le parti possible, & ceci prouve encore mieux combien il a besoin du secours de l'abbé de Voisenon dans les choses de goût & de délicatesse. On voit que celui-ci l'a totalement abandonné à ses propres forces, & qu'il s'est trouvé hors d'état de remplir la tâche; en sorte qu'au lieu de la gaieté noble que l'auteur devoit inspirer, il s'est attiré différents quolibets que les plaisants ne manquent jamais lorsqu'ils en trouvent l'occasion. Au second acte les nymphes de Cythere sont sur les remparts, lorsque l'ennemi veut y pénétrer, & pour toutes défenses n'opposent que des fleurs, qu'elles éparpillent des mains : on a dit que c'étoient des *fleurs blanches*.

Les guerriers, pour mieux monter à l'assaut, apportoient des échelles le premier jour : on demanda à quoi bon ? On répondit que c'étoit pour afficher un nouvel opéra.

Quant à la musique, on n'est pas d'accord à cet égard : les partisans de l'école Françoise continuent à trouver celle du chevalier détestable, & ses partisans la jugent délicieuse. En attendant il a toujours touché des directeurs sa rétribution de 2,000 écus.

14 *Août* 1775. Un poëte forcené, nommé Gilbert, vient de faire imprimer une satire intitulée : *Le dix-huitieme siecle*. Elle est adressée à monsieur Freron : elle est dans le goût de *mon dernier mot*, & très-propre à lui attirer beaucoup d'ennemis. La méchanceté lui donne de la vogue, car, quoiqu'elle ait été très-mutilée à la censure, elle contient encore beaucoup de mordant.

15 *Août* 1775. Depuis long-temps on parloit d'un

Commentaire

Commentaire de la Beaumelle *sur la Henriade.*

Il paroît enfin en deux gros volumes, sous les auspices du Sr. Freron qui en est l'éditeur. On voit au frontispice le buste de M. de Voltaire, & plus bas de droite & de gauche ceux de l'auteur du *Commentaire* & de l'éditeur. Celui-ci a mis un avertissement & un précis de la vie de la Beaumelle, auquel il prétend qu'on n'a pas rendu assez de justice dans le *Nécrologe* de 1773.

Ce commentaire est fort long & contient souvent des critiques justes, soit sur le fond, soit sur la forme: ce qu'on n'aime pas, c'est que le sieur la Beaumelle en indiquant la maniere de réformer, de développer, d'étendre certains endroits, se soit permis de faire lui-même des tirades de vers qui ne gagnent point au parallele.

Quoi qu'il en soit, un pareil ouvrage ne peut qu'allumer de plus en plus la bile du philosophe de Ferney, & ne pouvant plus rien sur la cendre inanimée du mort, il se dispose, dit-on, à faire un procès à Freron, pour avoir sous ce titre de *Commentaire* imprimé tout son poëme épique & autres morceaux; ce qu'on prétend n'être pas permis en librairie, parce qu'on pourroit ainsi déguiser tous les larcins possibles.

15 *Août* 1775. *Le Mariage Clandestin*, comédie en trois actes & en vers, jouée le samedi 12 pour la premiere & derniere fois, étoit annoncée sur l'affiche, comme imitée de l'Anglois. Elle est du sieur le Monnier, secretaire du comte de Maillebois, & qui passe pour être le prête-nom de son maître. On ne peut guere attribuer qu'à un aveuglement paternel le

tout le parti possible, & ceci prouve encore mieux combien il a besoin du secours de l'abbé de Voisenon dans les choses de goût & de délicatesse. On voit que celui-ci l'a totalement abandonné à ses propres forces, & qu'il s'est trouvé hors d'état de remplir la tâche ; en sorte qu'au lieu de la gaieté noble que l'auteur devoit inspirer, il s'est attiré différents quolibets que les plaisants ne manquent jamais lorsqu'ils en trouvent l'occasion. Au second acte les nymphes de Cythere sont sur les remparts, lorsque l'ennemi veut y pénétrer, & pour toutes défenses n'opposent que des fleurs, qu'elles éparpillent des mains : on a dit que c'étoient des *fleurs blanches*.

Les guerriers, pour mieux monter à l'assaut, apportoient des échelles le premier jour : on demanda à quoi bon ? On répondit que c'étoit pour afficher un nouvel opéra.

Quant à la musique, on n'est pas d'accord à cet égard : les partisans de l'école Françoise continuent à trouver celle du chevalier détestable, & ses partisans la jugent délicieuse. En attendant il a toujours touché des directeurs sa rétribution de 2,000 écus.

14 *Août* 1775. Un poëte forcené, nommé Gilbert, vient de faire imprimer une satire intitulée : *Le dix-huitieme siecle*. Elle est adressée à monsieur Freron : elle est dans le goût de *mon dernier mot*, & très-propre à lui attirer beaucoup d'ennemis. La méchanceté lui donne de la vogue, car, quoiqu'elle ait été très-mutilée à la censure, elle contient encore beaucoup de mordant.

15 *Août* 1775. Depuis long-temps on parloit d'un
Commentaire

16 *Août* 1775. Les comédiens Italiens s'évertuent & donnent encore aujourd'hui une piece nouvelle, ayant pour titre *la Colonie*, piece en deux actes, traduite de l'Italien, & mêlée d'ariettes, parodiée d'après la musique du sieur Saccini.

16 *Août*. Depuis le nouveau ministere de monsieur de Malesherbes, qui a dans son département la Bretagne, il a interposé ses bons offices pour monsieur de la Chalotais, & l'on assure qu'ils n'ont point été infructueux : que le roi accorde à cet infortuné magistrat 100,000 livres argent comptant, 8,000 livres de pension, reversible sur les siens, & qu'il décore ses terres du titre de marquisat. Ce dédommagement bien foible des longues souffrances qu'a subies ce procureur-général, ne pourroit être complet qu'autant que les auteurs de ses maux, fauteurs & adhérents, seroient punis avec un éclat proportionné à l'atrocité des calomnies.

16 *Août*. On peut se rappeller la demande en séparation du corps de madame la marquise de Champbonas contre son mari, pour raison de sévices & mauvais traitements. Monsieur de Champbonas, de son côté, a porté plainte contre sa belle-mere, deux de ses beaux-freres & des domestiques en spoliation de meubles. La tournelle a prononcé le 12 un décret d'assigné pour être oui contre madame l'Espinasse Langeac, ci-devant Sabbatin ; & quelque léger que soit ce décret, le public a affecté d'applaudir à l'arrêt par des battements de mains soutenus & multipliés, bien humilians pour cette femme & pour le petit *Saint*, son amant. Deux de ses fils ont eu un semblable décret,

& il y en a eu un d'ajournement personnel contre les domestiques.

17 *Août* 1775. Le wauxhall de Torré est fort suivi cette année à raison de son illumination en couleurs, qu'il varie de toutes les manieres; ce qui forme le spectacle le plus agréable.

17 *Août*. La piece de *la Colonie* a été jouée hier aux Italiens. Arlequin est venu faire avant un petit compliment au public en lazzis, à sa maniere, & comme il est fort aimé, il a été gracieusement accueilli. Le résultat de cette arlequinade étoit d'insinuer aux spectateurs que la comédie avoit besoin de leur indulgence, mais que la musique les dédommageroit de la médiocrité de la premiere; que si cette transposition, la seconde avec *la Buona Figliola*, réussissoit, on en hasarderoit incessamment une troisieme. Tout ce qu'il a dit s'est trouvé très-juste. Le drame est triste & médiocre, mais la musique, quoique monotone en beaucoup d'endroits relativement aux situations de la piece, point assez variées, a paru d'une abondance, d'une richesse dans les accompagnements, & sur-tout délicieuse malgré le savant qui y regne. Il y a entr'autres choses un quatuor de la plus grande beauté.

18 *Août* 1775. Le bruit court que le pape a confirmé & consommé l'ouvrage de son prédécesseur à l'égard des jésuites : que ceux détenus au château St. Ange y resteront toute leur vie. On ne regarde pas cette conduite comme le résultat de l'opinion intime du St. pere & de la conviction des forfaits imputés à cet ordre célebre, mais plutôt comme un parti forcé qu'il

prend pour ne pas déplaire aux puissances qui le pressent & le menacent.

18 *Août* 1775. Le comte de Viry, ambassadeur de Sardaigne, doit donner le 23 un grand souper au wauxhall des nouveaux boulevards, qu'il a fait finir à ses frais, & ajuster pour sa fête. Il n'y aura que des gens de qualité invités. Le 25 il doit ouvrir un bal au même lieu, où seront admis la cour & la ville; outre la danse, il y aura toutes sortes de jeux.

Le 26, on donnera à Versailles *le connétable de Bourbon*, cette tragédie de M. de Guibert, si prônée, qui n'a encore été jouée nulle part, mais lue dans beaucoup de sociétés, & d'un spectacle si magnifique, qu'on assure qu'à certains moments la scene se trouve inondée d'une multitude d'hommes, qu'on fait évaluer jusqu'à 500.

19 *Août* 1775. La reine avoit envoyé à l'impératrice sa mere son portrait dans le costume qu'elle a adopté, c'est-à-dire, la tête extrêmement chargée de plumes larges & hautes. On assure que cette auguste souveraine le lui a renvoyé, en lui marquant que sans doute on s'étoit trompé dans l'expédition du présent; qu'elle n'avoit point trouvé le portrait d'une reine de France, mais celui d'une actrice; qu'elle le lui faisoit remettre, en attendant le véritable. Sa majesté a regardé cette observation, sans doute, comme sévere & trop futile, comme l'effet de la mauvaise humeur que cause l'âge & la maladie: en conséquence elle n'a pas jugé nécessaire de se réformer sur un objet de pur agrément; & dès le lendemain les courtisans prétendent avoir remarqué que S. M. avoit mis

des plumes plus élevées. Le foible de cette princesse pour ce fragile ornement est tel, qu'un jeune poëte nommé *Auguste*, ayant adressé au *Mercure* une chanson plaisante où il critiquoit les plumes, les auteurs la lui ont renvoyée & n'ont osé l'insérer de peur de déplaire à la reine. Enfin toutes les femmes du meilleur ton se conformant comme de raison à l'exemple de leur souveraine, le commerce des plumes qui étoit autrefois peu de chose, est devenu considérable en France, & la ville de Lyon s'en est trouvée épuisée un moment.

19 *Août* 1775. Me. Martin de Marivaux a répandu un précis où il raconte lui-même les faits de son différend avec monsieur l'avocat-général d'Aguesseau, qu'on a déja rapporté. On y voit de plus que c'est le premier avocat-général Seguier, qui, sur les plaintes de son confrere, est allé trouver M. de Gourgues, le président de tournelle : que celui-i a engagé l'avocat à voir l'offensé, ce qu'il a refusé par égard pour l'ordre auquel il tient. On y trouve une conduite peu noble de la part de M. de Lamoignon, beau-pere du jeune homme. Ce magistrat, malgré deux visites à lui faites par Me. Martin, s'obstint à convoquer l'assemblée des chambres : ce qu'apprend l'avocat le lundi 24 juillet, qui s'opiniâtre aussi à se refuser à des excuses dans le cas où son ordre l'exigeroit. De-là sa visite chez M. d'Aguesseau, qu'on a racontée. Enfin voici sa lettre au bâtonnier.

MONSIEUR LE BATONNIER,

L'adulation dit : plie, plutôt que de rompre.

L'honneur dit : romps, plutôt que de plier. J'embrasse le parti de l'honneur. Je ne ferai pas d'excuse à M. d'Aguesseau, que je n'ai point offensé. L'on sollicite à outrance une démarche vile. Voilà sur ce mon mot : si j'ai plaidé le vrai, M. d'Aguesseau demande trop : si j'ai plaidé le faux, M. d'Aguesseau ne demande pas assez ; ce magistrat doit dire : « avocats, » vous avez dans l'ordre un homme qui en im-» pose, & qui dégrade par ses impostures un mi-» nistere honorable. Vomissez-le. Il ne faut de » menteurs ni dans l'ordre, ni sur les fleurs » de lis. »

Je vous prie, monsieur le bâtonnier, de ne vous point occuper de moi, & faire agréer une retraite que l'honneur dicte. J'abdique l'état d'avocat. Du moment de mon abdication l'ordre des avocats n'a plus de jurisdiction sur moi.

Par un *postscriptum*, Me. Martin, d'une tête un peu légere, dit que des personnes distinguées, des confreres généreux, une femme, des enfants, ses amis, ses proches, le sollicitent de rester : qu'il désavoue tout ce qui est à désavouer, & qu'il fait à M. l'avocat-général d'Aguesseau la priere publique de croire qu'il n'a jamais voulu l'offenser. Il en jure par les noms des Aguesseau, des Lamoignon, qui continuent d'être chers au barreau, à la France entiere, & finit par-là

19 *Août* 1775. On assure que M. de Malesherbes, outre sa répugnance à faire de nouvelles injustices par une distribution de lettres de cachet illégale, cherche à réparer les maux causés par la conduite tyrannique de son prédécesseur. En conséquence on veut qu'il ait

écrit dans tous les châteaux-forts & autres lieux de cette espece, qu'on eût à fournir des plumes, de l'encre & du papier à tous les prisonniers pour qu'ils puissent lui adresser des mémoires & leurs plaintes sur les causes de leur détention. On espere que ce ministre ne se contentera pas de ce premier acte de sagesse, & qu'il se transportera dans les prisons à sa portée, telles que Vincennes, la Bastille, Bicêtre, &c. pour y interroger lui-même les malheureux qui y gémissent, & lever le voile sur la multitude d'infamies & d'horreurs qu'il y découvrira sans doute.

20 *Août* 1775. M. le duc de Bouillon a vendu sa charge de grand chambellan à M. le prince de Guimené, mais il s'en conserve la survivance & les fonctions. On sait qu'on avoit parlé plusieurs fois de M. le duc de Choiseul, que ce seigneur avoit des prétentions à la dignité en question. Cette exclusion déconcerte absolument son parti, & ne lui laisse plus d'espoir de le voir revenir en sa faveur.

20 *Août*. On assure que le référé au conseil de toutes les lettres de cachet nécessaires à expédier, ayant paru d'une tournure trop lente & trop difficile, S. M. s'en est rapportée à M. de Malesherbes qui a proposé de nommer quatre commissaires *ad hoc*, & que le roi lui ayant encore confié le choix desdits commissaires, il avoit déclaré ne pouvoir mieux les choisir qu'au sein de la compagnie dont il avoit long-temps eu l'honneur d'être le chef : en sorte qu'on croit qu'ils feront pris dans la cour des aides.

20 *Août*. On vient d'imprimer le quatrieme

& dernier volume du *facre royal*, ce qui complete cette longue, favante & ennuyeufe collection.

21 *Août* 1775. On vient d'imprimer, d'afficher l'arrêt de la tournelle, en date du 31 juillet, qui décharge le fieur Garnier de l'accufation intentée contre lui, d'avoir eu part aux lettres écrites au fieur Mazieres, fermier-général, en 1773, par lefquelles il lui étoit enjoint de dépofer 300 louis au pied d'un arbre du cours, à peine d'être affaffiné. Cet arrêt mortifiant pour le financier, le fera encore plus par les fuites, en ce qu'il eft permis au Sr. Garnier de fe pourvoir par toutes les voies qu'il appartiendra pour réparation, dommages, intérêts, &c.

22 *Août* 1775. Sur les plaintes du clergé, qui effectivement eft affez mal mené dans la *Diatribe à l'auteur des Ephémérides*, M. Albert a été obligé de faire retirer cette brochure & d'en empêcher la vente libre; ce corps ayant été fur-tout fcandalifé qu'on eut affecté de choifir le temps où il s'eft affemblé pour débiter impunément fous fes yeux ce pamphlet.

22 *Août*. Le goût des libelles n'eft point paffé, & l'on en vend affez publiquement un nouveau, dont tout le mérite eft d'attaquer un homme parvenu. Il eft dirigé contre le fieur de Vaines, premier commis des finances, & a pour titre: *Lettre d'un profane à monfieur l'abbé Baudeau, très-vénérable de la fcientifique & fublime loge de la franche économie*. L'auteur, en rendant à monfieur Turgot toute la juftice qui lui eft due fur la pureté de fes intentions, prétend que fa confiance a été furprife par ce perfon-

nage patelin, dont on suit la vie depuis le berceau jusqu'à présent.

23 *Août* 1775. Il paroît une *Requête à Nosseigneurs du parlement, les chambres assemblées, les princes & pairs y séant*, de la part du Sr. Benaven, ancien receveur des tailles de la ville d'Agde, intéressé dans les affaires du roi. Elle fait partie de dix autres requêtes présentées aujourd'hui à la même assemblée, tant pour les parties adverses du maréchal de Richelieu que pour le maréchal lui-même. Dans celle-ci on détaille toutes les manœuvres du maréchal pour empêcher que le suppliant ne jouît point de la liberté qui lui étoit accordée par les tribunaux. Voici le détail de ces vexations incroyables.

Premiere lettre de cachet du 24 juillet 1774, pour mettre Benaven à la bastille.

Le 20 août, il sort de la bastille pour être transféré au fort-l'évêque, en vertu d'un décret du 14, décerné par le lieutenant-criminel, sans preuves, *aux risques & périls de M. le maréchal*.

Seconde lettre de cachet, en date du 20 février 1775, restée secrete entre les mains du concierge du fort-l'évêque, pour avoir son effet au cas où la liberté provisoire du suppliant auroit lieu, & signifiée le 17 mars au greffier de la conciergerie, lors de la translation ; par arrêt de la cour, de l'accusé en la prison du parlement.

Arrêt du 28 juin, qui ordonne l'élargissement provisoire de Benaven. Le 30 le suppliant fait un commandement au greffier de la geole, qui requiert un référé devant les rapporteurs. L'un d'eux n'ayant pu déterminer M. le maréchal à consentir la main-levée de la lettre de cachet ; la cour des pairs charge le premier président d'en parler au roi le jour qu'elle iroit le complimenter sur son sacre.

Le 2 juillet, S. M. déclare solemnellement qu'elle entend que l'arrêt soit exécuté. Le 4, M. le premier président fait récit aux chambres assemblées, garnies de pairs, de la réponse du roi & d'une lettre de M. de Vergennes, qui marque être chargé de donner les ordres pour mettre le suppliant en liberté. A l'instant le geolier en reçoit d'opposés, retient Benaven en chartre privée, & le maréchal surprend une troisieme lettre de cachet.

Le 5 juillet, l'accusé est en conséquence transféré au fort-l'évêque, où il est mis au secret & au cachot, avec le traitement le plus horrible.

Le 29, la liberté sur le rapport de M. de Malesherbes au conseil, qui est ordonnée une seconde fois. Le 30 juillet, les ordres en sont expédiés. Le maréchal intrigue encore : il faut avoir de nouveau recours au secretaire d'état de Paris. Enfin le 4 août, le suppliant est élargi.

13 *Août* 1775. Mad. la présidente de Saint-Vincent vient de rendre publique une nouvelle requête, qu'elle a présentée au parlement contre M. de Richelieu, tendante à ce qu'il lui fût permis de faire informer de nouveaux faits de subornation & de ceux qu'elle a déja articulés par ses précédentes plaintes, ayant pour autorité dans sa demande des arrêts très-récents

de la cour, dans une affaire dont l'objet étoit le même.

23 *Août* 1775. Madame de Marsan doit accompagner madame *Clotilde* à Turin. Cette princesse a peine de quitter la France. Elle a pleuré plusieurs fois, & notamment en signant le contrat de mariage. Tous ceux qui ont l'honneur d'en approcher, ou qui la connoissent, la regretteront infiniment. Elle a les plus excellentes & les plus royales qualités. C'est pour ménager sa sensibilité qu'on a cru devoir lui conserver pendant quelque temps la compagnie d'une gouvernante à laquelle cette princesse étoit fort attachée. Elle doit séjourner trois mois à sa suite : on lui donnera de l'*altesse*, suivant la convention faite avec le roi de Sardaigne.

Le banquet royal a eu lieu au jour indiqué, & a été fort triste. Il n'y a eu de princes du sang que le prince de Condé, S. M. ayant écrit aux autres qu'ils ne pouvoient venir en deuil, & l'étiquette étant de ne quitter pour aucun cas le deuil de mere, ils n'ont pu se rendre à l'invitation de S. M.

24 *Août* 1775. Une anecdote assez curieuse & constatée dans la requête de Benaven, mérite d'en être extraite. Il avoit été chargé, comme on le verra, de négocier avec Morande au sujet du manuscrit de la vie de madame Dubarri, dont il a été tant parlé, & c'est cette correspondance trouvée dans les papiers de l'accusé, qui a donné lieu aux intrigues du maréchal, & servi de fondement aux lettres de cachet qu'il avoit surprises. Voici comme Benaven raconte le fait.

« Il y a quelques années que le suppliant étant à Londres, y rencontra un François expatrié (Morande) qui mettoit à l'encan un ouvrage historique, (mémoires secrets d'une femme publique) dont l'impression auroit compromis la gloire du roi.

» Il étoit du devoir du suppliant de ne rien oublier pour arrêter un dessein si pernicieux. A force de remontrances & de pressantes sollicitations, il obtint de l'auteur qu'il suspendroit jusqu'à son retour en France la vente du manuscrit, dont le ministre pourroit lui donner le même prix qui seroit offert en Angleterre.

» Le premier soin du suppliant, en arrivant à Paris, fut d'en avertir M. de Sartines, lieutenant de police, qui en parla à M. le duc d'Aiguillon. L'un & l'autre obligerent le suppliant d'entrer en correspondance avec ce particulier. M. de Sartines se chargea d'examiner lui-même les lettres du suppliant, de les faire mettre à la poste, & d'en retirer les réponses.

» L'auteur demandoit 24,000 livres. M. le duc d'Aiguillon trouva le prix excessif, & soupçonnant que le faiseur de libelle pourroit en retenir une copie, qu'il feroit imprimer, la correspondance du suppliant cessa. Elle a depuis été reprise par le Sr. Beaumarchais, qui fut envoyé à Londres, & traita à 36,000 livres, & 2,000 livres de pension. »

24 *Août* 1775. Les avocats ayant remis à M. Seguier le réglement fait par l'ordre, cet avocat-général a jugé à propos d'y réformer plusieurs articles, & de les présenter aux chambres assemblées hier, les princes & pairs y séant; & sur l'observation qu'on lui a faite à l'égard

des corrections, il est convenu qu'elles étoient de lui. Sur quoi le bâtonnier & les plus anciens de l'ordre ont été mandés pour savoir s'ils les approuvoient. Ils ont réclamé contre l'entreprise de M. l'avocat-général, & il a été sursis à la confection dudit réglement.

On a ensuite mis sur le bureau dix requêtes, tant des accusés, que de la part du maréchal. La séance, très-longue, a été renvoyée au mardi 29.

24 *Août* 1775. On ne voit que prisonniers élargis, graces à la justice de M. de Malesherbes !

24 *Août*. Un négociant de Bordeaux, jouissant d'une très-bonne réputation, & ayant ses affaires dans un très-bon état, mais tourmenté de la pierre & de quelques chagrins domestiques, au moment de monter en chaise de poste, le mardi 22 au matin, pour retourner dans sa patrie, s'est brûlé la cervelle.

26 *Août* 1755. M. de Saluces de Lur a gagné contre M. de Saluces de Provana : permis cependant à ces derniers de porter le nom & les armes de la maison, & conservés dans la jouissance de leurs titres.

26 *Août*. Le clergé ne s'est pas contenté de faire supprimer la *diatribe à l'auteur des Ephémérides*, il a sollicité un arrêt du conseil qui interdit pendant trois mois le libraire Valeyre pour avoir imprimé ce pamphlet, quoique muni d'une approbation tacite & vu par le Sr. Cadet de Senneville, censeur. En outre, comme l'on l'avoit inséré en grande partie dans le *Mercure*, le censeur Louvel, qui approuve ce journal périodique, est rayé & perd sa pension de 400 livres,

Voilà les principales dispositions de l'arrêt qu'on connoît ; il ne paroît pas encore, mais semble d'une injustice extrême, comme on en peut juger par ce qu'on en rapporte.

26 *Août* 1775. Quoique M. l'ambassadeur de Sardaigne eût desiré qu'on prît les plus grandes précautions pour que sa fête ne fût troublée par aucun accident sinistre, quoiqu'en conséquence la police eût fait afficher plusieurs jours d'avance l'ordre & la marche des voitures, tant pour l'aller que pour le retour, rien de ces arrangements n'a été observé ; il y a eu la plus grande confusion. On en rejette la faute sur M. le maréchal duc de Biron, qui s'étoit chargé de faire garder les passages par son régiment, qui a mal rempli ses ordres. Le temps a aussi un peu contrarié la fête, une pluie survenue mal-à-propos a empêché que le feu d'artifice ne fût tiré avec succès & l'a même fait manquer tout-à-fait. Du reste, toute la cour y est venue, le roi, la reine, &c. Madame la nouvelle princesse de Piémont y est restée plus tard, ainsi que mesdames. On ne s'est point apperçu que la première eût aucun regret de quitter la France ; elle avoit cette joie naïve d'une jeune personne dont les sens commencent à s'ouvrir à tous les plaisirs. La foule n'étoit pas aussi considérable qu'on l'avoit cru, & le local, quoique délicieux, avoit des inconvénients pour l'entrée & la sortie, qui gênoient beaucoup la circulation. On s'est plaint de la mesquinerie des gens de monsieur l'ambassadeur, qui ont mal rempli ses ordres sans doute, ont laissé manquer les rafraîchissements, & ont fort mécontenté le public.

27 Août 1775. La *Lettre d'un profane*, &c. fait un bruit du diable dans la finance, & M. de Vaines ayant beaucoup d'ennemis, c'est-à-dire d'envieux, ceux-ci colportent le libelle avec empressement, & le répandent en profusion dans les sociétés. Il est à présumer que le gouvernement vengera ce suppôt de la secte économique, si, comme il faut le croire, il n'est pas coupable de friponneries qu'on lui reproche. Quant à son origine, sortie d'un laquais, elle feroit plus d'honneur à son mérite personnel, s'il étoit accompagné de cette modestie qui sied bien à tout le monde, & sur-tout aux gens parvenus.

27 *Août*. Madame n'est plus grosse, comme on l'avoit annoncé, & la joie de la famille royale est diminuée à cet égard. Monsieur le duc d'Angoulême va toujours très-bien, & l'on a déja commencé à ébaucher les premiers traits de cet auguste enfant. On assure que la reine, malgré la satisfaction de voir le trône appuyé par ce rejeton de la branche régnante, verse de temps en temps des larmes de regret que la providence ne lui ait pas encore accordé la même faveur qu'à Mad. la comtesse d'Artois

28 *Août* 1775. On avoit parlé du *connétable de Bourbon*, la nouvelle tragédie de monsieur de Guibert, comme de la plus belle chose du monde : deux répétitions de cette piece faites à Paris avoient été suivies avec une fureur sans exemple au théâtre de la comédie Françoise, & les acteurs engoués de ce concours sollicitoient en conséquence l'auteur de la leur donner pour être jouée en cette capitale. Enfin elle a été

exécutée avant-hier à Versailles, & les connoisseurs assurent qu'il est impossible de rien voir de plus mauvais : que non-seulement le plan en est détestable, mais que la versification même est d'une platitude unique ; qu'il n'y a aucun vers de sentiment, ni de génie : que le style de M. de Belloy, tout barbare qu'il soit, est encore préférable à celui-ci. Ils ajoutent qu'elle est d'une longueur mortelle, ayant duré près de trois heures. D'ailleurs on vante les accessoires, comme de la plus grande beauté, comme formant un coup d'œil imposant, bien propre à produire de l'effet, si le poëte eût entendu tant soit peu le mouvement de la scene.

Au reste, cette tragédie eût-elle été infiniment meilleure, on auroit toujours regardé comme une gaucherie d'offrir sous les yeux de la famille royale, des seigneurs & ministres étrangers, à l'occasion d'une fête publique donnée à Versailles pour un événement auguste, une époque de notre histoire, peut-être la plus injurieuse au nom François & sur-tout à la maison de Bourbon, par le spectacle continuel d'un traître portant ce nom, & de faits historiques où nous sommes dégradés, battus, avilis, &c. On est fâché qu'on ait fait une dépense évaluée à plus de cent mille écus aussi mal-à-propos. Sans le respect dû au lieu & à leurs majestés présentes, l'on n'auroit pu s'empêcher de huer en quantité d'endroits & de témoigner ouvertement son indignation.

29 *Août* 1775. Le roi, à la représentation du *Connétable de Bourbon*, s'est apperçu de la mal-adresse qu'il y avoit à mettre sous ses yeux

& sous ceux de sa famille un semblable sujet; il s'est récrié qu'il avoit été trompé à la lecture, & qu'il ne souffriroit pas que cette tragédie reparût. En conséquence les comédiens François ont reçu ordre de remettre chacun leur rôle sur le champ, ordre de brûler les copies qu'ils en auroient tirées, défenses d'en tirer, & il leur a été déclaré qu'on les rendroit responsables de ce qui en paroîtroit en tout ou en partie.

L'éclat donné à cette tragédie, excite à rechercher qui est ce M. de Guibert. Il paroît que sa naissance n'a rien de recommandable; que son pere, maréchal-de-camp & cordon rouge, avoit été appellé à Versailles par le duc de Choiseul, pour avoir une espece de bureau sans titre, qui lui a été ôté depuis peu; ce qui l'a obligé de retourner dans sa province. Le jeune homme, peu riche, vient d'épouser la petite-fille d'un comédien.

Du reste, le pere n'approuve point l'essor qu'a pris son fils dans la littérature. On sait que lorsque celui-ci a lu sa tragédie devant le roi, le premier n'a point voulu y assister, quoique sa majesté eût permis qu'il s'y trouvât, disant: « que lorsque son fils liroit quelque ouvrage sur son métier, il l'écouteroit avec plaisir, mais non dans un genre étranger à son état. »

30 *Août* 1775. On sait que l'extrême richesse du duc de Penthievre, augmentée considérablement par la succession du comte d'Eu, commence à donner de la jalousie à la cour, non à l'égard de cette altesse, mais dans le cas où tous ces biens passeroient dans la maison d'Orléans, comme cela doit arriver par le

mariage de la fille unique du duc de Penthievre avec le duc de Chartres, lui-même seul héritier de sa branche. C'est pour s'opposer à une fortune aussi énorme, qu'on a conseillé à sa majesté d'exciter le duc de Penthievre à se remarier; & l'on assure qu'il est sollicité fortement à cet égard.

30 *Août* 1775. La grande assemblée des avocats indiquée au 18 a eu lieu. Son objet étoit de délibérer sur les trois *Mendiants*, que les députés de l'ordre avoient provisoirement mulctés de différentes manieres. Après beaucoup de débats très-longs, il a été arrêté que les mendiants n'étoient pas plus coupables que les 28, & qu'il seroit prononcé définitivement sur tous ensemble dans une autre assemblée générale du 29 août.

Cette assemblée a eu lieu hier, & malgré toutes les cabales on s'est concilié, & l'on est convenu de ne rayer personne. Ainsi Me. la Goutte a été remis sur le tableau, & Mes. Caillard & Collardeau remis à leur rang. Arrêté seulement que M. le bâtonnier feroit une mercuriale aux 28.

Au moyen de quoi, il ne reste plus sous le glaive de la députation que deux avocats, l'abbé *Bouquet*, & *Sainctin le Blanc*, chargés d'imputations à éclaircir.

Quant au réglement concernant les mémoires, il est entre les mains de commissaires nommés par le parlement, & l'on présume que les choses pourroient traîner en longueur.

31 *Août* 1775. M. Doyen, le premier peintre d'histoire que nous ayons, a été chargé par la ville de Rheims de dessiner toutes les fêtes du

facre. Il s'eft en conféquence tranfporté dans cette ville quelque temps avant, & y a fait efquiffer fur un pan de mur qu'on vouloit mafquer au roi dans fon paffage, une calonnade & un grouppe de peuple & de gens de la campagne, qui lui a fait voir la partie de la nation qu'il n'auroit point vue : S. M. en a été très-fatiffaite.

31 *Août* 1775. Le comte de Guines, mécontent de la maniere dont M. Garnier, fon fecretaire d'ambaffade à Londres, s'eft conduit dans fon procès contre Tort, a demandé au miniftre des affaires étrangeres de le retirer & de lui en donner un autre. On ignore encore qui le remplacera.

1 *Septembre* 1775. Monfieur & Madame partent inceffamment pour Chambéry, ce qui détruit toute idée de groffeffe de la princeffe.

1 *Septembre.* On fait que depuis long-temps M. de Voltaire s'occupe de l'affaire de monfieur d'*Eftalonde de Morival*, ce jeune gentilhomme impliqué dans le procès criminel d'Abbeville fi connu, qui a coûté la vie au chevalier de *la Barre*. Le premier, heureufement en fuite, n'a été condamné que comme contumace. Il eft actuellement au fervice du roi de Pruffe, & le philofophe de Ferney emploie fa plume pour le défendre & faire annuller l'arrêt atroce qui l'empêche de rentrer dans fa patrie. Il vient de publier un mémoire pour cet infortuné, intitulé : *Le cri du fang innocent* : il eft adreffé *au roi très-chrétien, en fon confeil*, & eft daté de Neuchâtel, le 30 juin 1775. L'orateur éloquent a négligé tout le bavardage ordinaire des avocats, & s'attache uniquement aux moyens

victorieux tirés de la sensibilité des cœurs qu'il veut toucher & qu'il sait si bien émouvoir. On ne peut qu'être attendri de cette requête, qui ne plaira pourtant pas à tout le monde, à raison du ton de véhémence, d'animosité & de mépris que prend souvent l'auteur pénétré des horreurs qu'il raconte. Mais le moyen de ne pas s'élever contre les loix, les magistrats & les dévots, auteurs & complices de ces affreux assassinats ? D'ailleurs, il fait parler l'accusé, & ce langage est encore plus pardonnable à un jeune homme fougueux, gémissant sous la procédure la plus inique.

À la suite est le *précis de la procédure d'Abbeville*, avec de courtes réfutations de contumace à chaque article ; & ces dépositions, ordinairement si fastidieuses à lire, reçoivent des réponses un intérêt qui ne peut qu'ajouter à la curiosité & à l'indignation du lecteur.

2 *Septembre* 1775. Madame la princesse de Piémont est partie le 28 de Choisy, & les adieux ont été des plus tristes. S. M. l'a conduite dans son carrosse jusqu'à une certaine distance, & tous les spectateurs ont été attendris de la scene touchante qui s'est passée dans cet intervalle, des larmes que S. M. répandoit, ainsi que son auguste sœur & la famille royale qui l'accompagnoit. Au moment de la séparation, la princesse s'est trouvée mal, & il a fallu avoir recours aux flacons pour la faire revenir à la vie.

2 *Septembre.* La vente de Sceaux à mesdames ne s'est pas effectuée. Monsieur le contrôleur-général étoit chargé de cette négociation, mais il en offroit un prix beaucoup moindre que celui offert au duc de Penthievre par d'autres acqué-

teurs; & sur ce que S. A. se refusoit aux sollicitations du ministre, celui ci par un zele peut-être trop grand, insistant trop & avec une obstination qui fatiguoit le prince, il lui dit : » monsieur le contrôleur-général, je savois » bien que vous prêchiez la liberté, mais je » ne vous croyois pas un homme à en pren- » dre tant. » M. Turgot s'appercevant de son importunité, s'est retiré : le marché n'a pas eu lieu & l'on dit aujourd'hui que le roi donne à mesdames, pour les dédommager, le château de Bellevue.

2 *Septembre* 1775. L'arrêt du conseil qui supprime la *diatribe* est du 19 août; elle est qualifiée de scandaleuse, d'injurieuse au clergé; on lui reproche de tourner en dérision les curés, tandis que ces pasteurs dans les temps des troubles qui ont désolé quelques parties de la France, ont presque tous donné des marques de leur soumission à l'autorité & de leur zele pour le bon ordre, &c.

3 *Septembre* 1775. M. le duc d'Orléans est malade au Rancy, il a la fievre quarte, & les accès en sont très-violents.

4 *Septembre* 1775. Les assemblées du clergé sont fort secretes, on sait seulement qu'on a fait renvoyer à la fin de l'assemblée à statuer sur la validité des mariages des protestants; & qu'il y a une commission nommée pour examiner & rendre compte de tous les livres qui offensent ce corps & les réfuter.

4 *Septembre*. M. Guibert, dans sa tragédie du *Connétable de Bourbon*, ayant célébré beaucoup de grands noms qui subsistent aujourd'hui en France, s'est fait une multitude de partisans

parmi ces illustres maisons, qui prônent sa piece! Mais tout cela ne sauve pas la mal-adresse du fond de son sujet, qui le rend désagréable à la famille royale. Il faut ajouter que la duchesse d'Angoulême, l'ennemie jurée du connétable, & qu'il peint des couleurs les plus odieuses, est de la maison de Savoie : autre gaucherie, dans une circonstance de l'alliance avec cette auguste maison, devant une princesse qui en est, &c.

5 *Septembre* 1775. Depuis quelques années les orateurs chargés du panégyrique de St. Louis devant l'académie Françoise, cherchent pour se distinguer à s'écarter des routes battues, & quelquefois donnent dans des écarts qui les mettent en butte à l'animadversion du clergé ou du ministere. M. l'abbé de Besplas, qui a rempli derniérement cette fonction, après avoir été fort applaudi des spectateurs & même des académiciens, puisqu'on assure que l'un d'eux, dans un moment d'enthousiasme s'est levé & lui a crié : *courage M. l'abbé !* éprouve aujourd'hui beaucoup de difficultés pour l'impression de son discours. Il s'y est sur-tout jeté du côté de la politique & de l'administration. Comparant les actes de celle de St. Louis, il a prétendu démontrer que par ses sages ordonnances il avoit posé les fondements du gouvernement philosophique actuel, & en passant en revue le regne de Louis XIII, il a fortement censuré le ministere du cardinal de Richelieu; il l'a peint sous les couleurs odieuses que mérite son despotisme aux yeux des partisans de la liberté & de la patrie. M. le duc de Richelieu a trouvé fort mauvais qu'on fît ainsi devant

lui, puisqu'il est membre de l'académie, la satire de son aïeul. Il a voulu que la compagnie prît fait & cause dans cette querelle, puisque c'étoit également insulter tout le corps dont le cardinal est le fondateur. Il s'est d'ailleurs récrié sur l'indécence d'avoir choisi le moment où le nom de Richelieu en sa personne est couvert de tant de reproches. Ce courtisan & ses amis ont ainsi déja formé une puissante cabale à la cour contre l'abbé de Besplas.

Les émissaires & espions de M. l'archevêque de Paris lui intentent un autre procès auprès de ce prélat; ils l'accusent d'avoir, dans une chaire chrétienne, fait un discours tout profane, d'avoir affecté de ne jamais appeler Louis IX que *Louis*, & non *Saint Louis* : puis, par une hardiesse encore plus condamnable, dans un moment de fanatisme économique, pour faire sa cour à la nouvelle secte, de s'être écrié : *sainte agriculture* !

Enfin, tous les docteurs de Sorbonne se refusent à approuver un panégyrique de Saint Louis, où le cardinal de Richelieu, le fondateur de leur maison, est aussi mal-traité. Tel est l'état des choses, qui donne beaucoup de sollicitude au prédicateur, d'autant qu'il est aumônier de *monsieur*, & que les dévôts s'efforcent de le perdre auprès de ce prince.

6 Septembre 1775. M. l'abbé Maury, qui a prononcé le jour de Saint Augustin le panégyrique de ce pere de l'église devant l'assemblée du clergé, s'est aussi fait des affaires pour avoir voulu trop se signaler. Les prélats ont trouvé très-mauvais qu'il eût prêché le tolérantisme devant eux; qu'en approuvant le retard

tard des vœux par la nouvelle déclaration, *il eût desiré que ce te terme fût encore prolongé* ; que changeant la dénomination *d'évêque de fortune*, il l'eût attribuée dans son vrai sens à ceux qui ne parviennent là que par le hasard de la naissance, & non par leur mérite personnel ; qu'enfin il leur eût prescrit leur devoir par une satire vive & directe de leur ignorance, de leur mollesse, de la corruption de leurs mœurs. Le seul évêque de Senez, auquel il avoit fait adroitement sa cour par le morceau cité ci-dessus, l'a complimenté. Tous les autres le regardent de fort mauvais œil, ce qui a d'autant plus affligé l'orateur, que lors du débit de son discours il avoit été fort applaudi par les prélats ennemis. On ajoute que monsieur le cardinal de la Roche-Aymon lui a signifié de ne point paroître devant lui, & l'on craint fort qu'il ne l'empêche de prêcher devant le roi l'avent, auquel il étoit destiné.

7 Septembre 1775. On se flattoit à Geneve que *monsieur*, dans sa tournée, iroit voir cette république. M. de Voltaire, par contre-coup, espéroit avoir l'honneur d'être visité de ce prince. Mais lorsqu'il en a demandé permission au roi, sa majesté lui a déclaré qu'elle ne croyoit pas convenable qu'il fût dans ces cantons ; on sait qu'elle n'aime pas le philosophe de Ferney, & sans doute il a contribué pour beaucoup à cette défense.

7 Septembre 1775. Le théatre de Nicolet, tombé en langueur depuis quelque temps, reçoit aujourd'hui un nouveau lustre de danseurs Espagnols, que ce baladin a recrutés, & qui font des tours extraordinaires capables d'étonner les plus habiles. Il y a entr'autres la danse appellée *des œufs*, que personne ne peut expliquer. L'un d'eux, après en avoir posé une certaine quantité sur le théatre, à des distances proportionnées, se fait bander les yeux de deux mouchoirs, on lui couvre ensuite le visage entier d'un troisieme, & il danse à travers tous ces œufs, sans en casser, sans les déranger, sans y toucher : il les rapproche après de son pied en cadence, & toujours avec le même succès.

7 Septembre 1775. Les filles du haut style & les paillards de cette capitale sont dans une grande consternation d'un arrêt rendu hier par le parlement, qui décrete de prise-de-corps la fameuse surintendante des plaisirs de la cour & de la ville, la dame *Gourdan*, cette femme non moins essentielle aux étrangers, pour lesquels elle étoit d'une grande ressource. La mauvaise humeur des magistrats a été motivée sur ce que cette fameuse entremetteuse a recueilli chez elle la femme d'un gentilhomme de province, & qu'elle favorisoit son goût pour le libertinage.

8 Septembre 1775. Hier le parlement a jugé l'affaire de madame de Chambonas. L'avocat-général Seguier, toujours disposé à favoriser les mauvaises causes, n'osant donner des conclusions trop indulgentes pour cette dame, avoit trouvé la tournure d'un *avant faire droit*, pendant lequel temps la dame de Chambonas seroit tenue de se retirer dans un couvent cloîtré, où elle ne pourroit voir que sa famille, dans l'espoir que les époux se rapprocheroient dans cet intervalle, &c. Le parlement, sans avoir égard aux conclusions, a ordonné que cette femme feroit tenue de retourner fous la puiffance de fon mari; enjoint à lui de fe comporter avec elle avec tous les égards dus, &c. Le public perfiftant dans fon averfion pour les Langeac, a fort applaudi à ce jugement.

9 Septembre 1775. M. le contrôleur-général, fort occupé de tout ce qui peut établir la communication du commerce entre les différentes provinces du royaume, foutient & anime les travaux entrepris pour la formation des canaux de Provence & de Bourgogne. Tout y eft en mouvement, afin d'avancer ces ouvrages utiles. Malheureufement celui de Picardie, commencé par feu M. Laurent, & fi vanté, offre, avant d'être fini, une dégradation qui le rendra peut-être inutile, ou exige des dépenfes effrayantes. Ce fameux aqueduc, formé fous terre pour le paffage des voyageurs, n'étant point voûté, s'éboule; il faudroit le cintrer en pierre, ce qui eft un ouvrage immenfe; & plus on tardera, plus le travail deviendra cher & difficile.

9 Septembre. Monfieur le duc d'Aiguillon, amoureux fou de madame la comteffe Dubarri, malgré la difgrace que lui a occafioné fon attachement à cette beauté, n'a pu y tenir, & ne pouvant fortir de fon duché d'Aiguillon pour l'aller voir, il l'a invitée à venir le trouver, & elle a déja fait deux voyages chez ce feigneur: ce qui ne contribuera pas à le remettre bien en cour.

9 Septembre. Le *Dictionnaire Encyclopédique*, quelque imparfait qu'il foit, eft devenu la bafe de toutes les bibliotheques. La premiere édition de Paris étoit néceffairement par

H 2

cette raison plus défectueuse que les autres : on y a en conséquence fait un supplément, prétendu imprimé à Geneve. Le clergé, assemblé actuellement, ennemi né de cet ouvrage, a cru devoir s'opposer à son introduction ; & sur les observations de la commission dont on a déja parlé, chargée de l'examen & de la réfutation de tous les livres qui peuvent offenser la religion & tout ce qui y touche, l'on a député vers monsieur le garde-des-sceaux pour l'engager à ne point tolérer l'entrée du pernicieux *dictionnaire* en question.

9 Septembre 1775. Une cantatrice Italienne, appellée *la signora Farinella*, arrivée depuis quelque temps de Londres, a débuté hier au concert spirituel, où elle a attiré beaucoup de monde. Le fond de son organe n'a pas paru aussi merveilleux qu'on l'avoit cru. Mais elle a un goût exquis, une grande flexibilité de gosier, & beaucoup d'ame. Elle a chanté d'abord une ariette très-courte, où elle a déployé toutes les difficultés de son art. Elle en a chanté une seconde, du musicien *Sacchini*, où elle a fait valoir cette expression par laquelle se caractérisent si admirablement les virtuoses de sa nation.

En général le concert spirituel est infiniment amélioré depuis un ou deux ans, & l'on doit savoir gré aux directeurs actuels des soins qu'ils prennent pour plaire. Il y a cependant eu cette fois un concerto de six instruments à vent, peu agréable. C'est un essai que sans doute on ne répétera pas.

10 Septembre 1775. Il a paru ici l'an passé un ouvrage prétendu traduit de l'Anglois, ayant pour titre : *Le partage de la Pologne, en sept dialogues*, ouvrage hardi, où, pour mieux censurer l'usurpation des puissances co-partageantes, on fouille dans leur ame, on les introduit en scene, & on leur fait dévoiler familiérement les mysteres de leur politique. Ce pamphlet, intéressant par le fond, est encore plus piquant par la forme, par la propension du public pour tout écrit infusé de satire & d'ironie. Un champion se présente aujourd'hui en lice pour les puissances, & veut venger les odieuses imputations dont on les charge. Son mémoire est intitulé : *Réfutation littéraire & politique de l'ouvrage dialogué, ayant pour titre* : Le partage de la Pologne, *composé de sept lettres, pour répondre aux sept dialogues*.

10 *Septembre* 1775. Un nommé *Finet*, lieutenant ancien de la connétablie, gros joueur, & passant un peu pour fripon, a eu derniérement au colisée une rixe contre un commis des fermes, qui, dupé par lui au jeu, ne se soucioit pas de le payer. La querelle s'échauffant, quoique ce dernier n'eût point d'épée, *Finet* a tiré la sienne, & en a donné un coup dangereux à son adversaire, qui pourroit en mourir. L'assaillant est arrêté & sera pendu, si le blessé meurt. C'est ce même *Finet*, envoyé en Angleterre par le duc d'Aiguillon pour enlever *Morande*, l'auteur du libelle contre madame Dubarri, & que le bruit public y avoit déja fait pendre. Il faut croire que c'est nécessairement un gibier de potence. Au demeurant, il est fort riche & fils d'un maître paveur.

11 *Septembre* 1775. Depuis long-temps on attendoit la *seconde lettre de* M. *l'abbé Terrai à*

M *Turgot*. Elle paroît enfin : elle roule non-seulement sur les dernieres opérations du contrôleur-général actuel, mais sur les gens qu'il honore de sa confiance, & l'on y trouve de tous une satire un peu forte.

11 *Septembre* 1775. *Réflexions politiques sur l'administration intérieure de la Pologne, d'après ses loix fondamentales ses constitutions différentes, les mœurs de ses habitants & les causes principales de ses troubles, & de sa décadence ; par le citoyen libre d'une monarchie*. L'auteur discute l'absurdité de l'association de la royauté à la forme républicaine, retrace tous les maux qui ont affligé ce royaume, & fait craindre que de ce mélange il ne résulte l'anéantissement total de l'état ; il indique les moyens qui pourroient assurer une plus heureuse constitution pour le bien général & particulier de la nation. La monarchie héréditaire & véritable, l'affranchissement des serfs seroient deux choses nécessaires. On ne peut désapprouver les raisonnements de politique, très-bons, mais infiniment trop verbeux.

11 *Septembre*. Madame Gourdan, connue parmi les filles & les amateurs sous l'illustre dénomination de *la comtesse*, gémit toujours sous le décret dont on a parlé, mais a été heureusement soustraite au mains de la justice.

12 *Septembre* 1775. M. d'Alembert vient d'écrire au nom de l'académie Françoise une lettre à mademoiselle Vigé, qui fait infiniment d'honneur à cette virtuose. Elle avoit envoyé à cette compagnie les portraits de Fleuri & de la Bruyere peints par elle : car de fille de coëffeuse, elle est devenue peintre, & il paroît qu'elle

donne aussi dans la littérature, à en juger du moins par les éloges du secretaire.

MADEMOISELLE,

L'académie Françoise a reçu avec toute la reconnoissance possible la lettre charmante que vous lui avez écrite, & les beaux portraits de *Fleury* & de *la Bruyere*, que vous avez bien voulu lui envoyer, pour être placés dans la salle d'assemblée, où elle desiroit depuis long-temps de les voir. Ces deux portraits, en retraçant deux hommes dont le nom lui est si cher, lui rappelleront sans cesse Mademoiselle, le souvenir de tout ce qu'elle vous doit & qu'elle est très-flattée de vous devoir. Ils seront de plus à ses yeux un monument durable de vos rares talents, & qui sont encore relevés en vous par les graces, par l'esprit & par la plus aimable modestie.

La compagnie desirant de répondre à un procédé aussi honnête que le vôtre, de la maniere qui peut vous être le plus agréable, vous prie, Mademoiselle, de vouloir bien accepter vos entrées à toutes les assemblées, d'hier, par une délibération unanime, qui a été sur le champ insérée dans ses registres, & dont elle m'a chargé de vous donner avis, en y joignant tous ses remerciements. Cette commission me flatte d'autant plus qu'elle me procure l'occasion de vous assurer, Mademoiselle, de l'estime distinguée dont je suis pénétré depuis long-temps pour vos talents & pour votre personne, & que je partage avec tous les gens de goût & avec tous les gens honnêtes.

J'ai l'honneur d'être avec respect, &c.

Mademoiselle,

D'ALEMBERT,
secretaire perpétuel de
l'académie Françoise.

A Paris, ce 10 juillet.

12 Septembre 1775. Il est des compagnies de Goths, de Visigoths & d'Ostrogoths, qui sans respect pour les beaux chef-d'œuvres d'architecture produits durant le dernier siecle, les achetent, pour les démolir & en retirer un lucre souvent considérable. Ces barbares avoient déja marchandé avec M. le duc de Penthievre pour le château de Sceaux, dont ils offroient 1,200,000 liv. Le prince étoit sur le point d'acquiescer, mais on assure aujourd'hui qu'il s'est ravisé & qu'il conserve ce château.

13 Septembre 1775. On ne peut douter que l'auteur des *Réflexions politiques sur l'administration intérieure de la Pologne* ne soit un partisan du roi actuel. Il lui a dédié son livre, & a mis à la tête une ode intitulée : *Apologie de l'autorité monarchique contre les fauteurs de la licence.* Cette ode est peu lyrique, & n'a pas cet enthousiasme que donne ordinairement l'amour de la liberté, mais qui se trouve rarement dans l'esclavage.

13 Septembre. Le grand-seigneur actuel a engagé M. de St. Priest, notre ambassadeur à la porte, d'écrire à Paris pour former à sa hautesse une troupe de musiciens qu'elle veut attirer à sa cour. Elle desire que rien ne soit épargné pour cette entreprise, & offre de payer très chérement ces messieurs. Les politiques voient avec plaisir ces dispositions de l'empereur Turc, ils esperent qu'à la longue il en résultera une révolution chez cette nation barbare, & que les arts la poliront.

14 *Septembre* 1775. Le sieur Linguet, dans son numéro du 25 août, a inséré un *Eloge du cheval de Caligula, consul de Rome*, prétendu traduit de l'Anglois. Quelques gens ont voulu y trouver des allusions contre le duc de la Vrilliere, parce qu'il donne à cet animal la qualité de *secretaire d'état*. Mais ce ministre étant déplacé, le crime n'a plus paru si grave, & l'auteur n'a pas éprouvé le châtiment dont il étoit menacé & dont ses ennemis auroient triomphé.

14 *Septembre*. Les comédiens François répetent la comédie du *Célibataire* de M. Dorat, & l'on espere l'avoir incessamment.

14 *Septembre*. L'auteur de la réfutation des *Dialogues en espece de drame*, dans la premiere lettre en critique d'abord la forme, ainsi que le style. Il trouve les interlocutions minutieuses, puériles, triviales. Il ne veut pas qu'on fasse parler un grand roi (le roi de Prusse) à des souveraines (l'impératrice reine & l'impératrice de Russie) illustres & remplies de mérite, le langage des gens de rues; qu'on leur attribue des conforts indignes, des ambassadeurs burlesques des agents étrangers invraisemblables; en un mot, qu'on se fasse un jeu des matieres politiques & nationales. Il passe au fond, & tance fortement le satirique sur le ridicule dont il voudroit couvrir le manifeste des puissances copartageantes.

Dans la seconde lettre il est question d'une effusion d'ame entre les deux impératrices, que le premier auteur appelle *combat d'ambition & de remords* ; suivant lui, cette confession politique démontreroit que toutes deux ont été des folles, des dupes, des imbécilles avérées, jouées par le monarque Prussien, n'ayant ni foi, ni loi, ni religion, ni principes. La critique présente en opposition un éloge pompeux de celui-ci, & prétend que Marie-Therese n'est point asservie à ses directeurs, ni Catherine II à ses philosophes ; que tous trois ont pour base de leur gouvernement la droiture & l'équité.

Le troisieme dialogue roule sur un entretien de *Fréderic* avec un certain Israélite, son confident, nommé *Ephraïm*, concernant les opérations numéraires, les manœuvres spéculatives du héros de Brandebourg, pour augmenter ses finances par des revirements judaïques, c'est-à-dire, des fraudes honteuses attribuées à cette nation. Le défenseur, pour toute réponse, prouve toute l'absurdité que l'auteur ait en révélation d'un pareil conseil : il le plaisante, & lui met sur la tête la couronne des juifs, que l'autre fait offrir par *Ephraïm* au roi de Prusse.

L'auteur, après avoir attaqué Fréderic dans ses opérations de finances, de politique, de guerre, le prend dans le quatrieme dialogue à parti comme *auteur roi*, & voudroit insinuer que tout son mérite académique est dû aux beaux esprits qui l'environnent. L'auteur de la réfutation s'éleve hautement contre cette assertion,

& regarde très-sérieusement le roi de Prusse comme un grand écrivain.

Les agressions du roi de Prusse contre la ville de Dantzig, sujet du cinquieme dialogue, sont vivement peintes dans le drame politique, dans le message burlesque d'un sergent ambassadeur, monsieur de Whiskerfeld, négociateur titré de S. M. auprès de cette république; & cette fois l'avocat se jette de côté, & cherche uniquement à faire retomber sur le critique les turlupinades dont celui-ci abonde si complétement. Il venge de la même maniere la France insultée par l'envoi d'un confiturier, ou maître de danse de Berlin, pour négocier auprès de Louis XV.

Dans le sixieme dialogue, le roi de Prusse, après avoir présenté le plan de partage aux souveraines, ses copartageantes, le laisse méditer sur ses propositions, & reparoît au sixieme pour savoir leur sentiment, qui est un acquiescement formel. L'auteur de la réfutation défend cette accession comme le fruit de la sagesse des puissances, & non comme le résultat d'une politique atroce & infernale.

Le septieme dialogue est la consommation du partage, qui se termine par le sarcasme nombreux dont Fréderic accable les deux majestés, ses associés à son brigandage; ce que le critique réprouve comme une dissonance frappante, sur-tout vis-à-vis de Catherine, que, suivant lui, Fréderic estime & redoute.

Le résumé de l'apologiste, après avoir démontré que l'ouvrage est un vrai libelle, rempli de calomnies contre les vues saines, prudentes & légitimes du traité en question, est de faire envisager à l'auteur les risques qu'il court pour avoir plaisanté sur tant de personnages augustes.

Quant à la partie littéraire, le critique n'en est pas plus content. C'est un drame sans vraisemblance, dont le théâtre est une espece de halle, où chacun des interlocuteurs déroge souvent à son caractere donné, vient débiter effrontément ses pricipes monstrueux sous des lazzis frivoles & qui ne peuvent faire rire que les sots. Pour mieux faire sentir le ridicule des expressions néologues du satirique, il affecte de s'en servir; ce qui donne à cet ouvrage une vivacité, un mordant, qui le rend très-amusant, quoique fatigant à la longue.

15 *Septembre* 1775. Extrait d'une lettre de Ferney, du 1 septembre.... M. de Voltaire continue à s'occuper infatigablement de tout ce qui peut contribuer à agrandir, améliorer ce petit endroit, & le rendre plus florissant. Il profite de son crédit sur l'esprit du nouveau ministere pour réussir, & il vient d'obtenir tout récemment une foire & un marché public. Il fait bâtir actuellement 18 maisons; ce qui fera le nombre de cent environ. Pour lui plaire différentes personnes s'empressent de les acheter. Madame de St. Julien, la femme du receveur-général du clergé, s'étant trouvée ici, en a pris une. On dit que M. de Chabanon en prend une autre; monsieur Hénin, le résident François à Geneve, une troisieme, &c. Le marché n'est point onéreux; M. de Voltaire les vend à rentes viageres sur sa tête & sur celle de Mad. Denis. Quant à la sienne octogénaire, on sent que c'est une condition fort douce: la

niece est plus que sexagénaire, d'ailleurs, elle se porte mal, &c.

Le commerce des montres va de mieux en mieux, & M. de Voltaire travaille à l'obtenir absolument libre. Il profite de l'amitié de mond'Oigny, l'intendant actuel des postes, qui lui a permis de les faire passer à Paris sous son couvert; ce qui les rend à bien meilleur compte; & ne peut qu'en augmenter le débit.

Outre l'utile, le philosophe de Ferney n'oublie pas l'agréable. On travaille à une salle de comédie & à un théatre public; ce qui va bientôt nous procurer des plaisirs qui ameneront les tristes habitants de Geneve & feront crier les ministres.

15 *Septembre* 1775. Un évêque ayant lu depuis peu dans l'assemblée du clergé un mémoire très-vif contre les protestants, où le prélat, bien loin d'entrer dans les vues du gouvernement en faveur de ces réfractaires, faisoit sentir la nécessité d'être plus sévere que jamais, & de remettre en vigueur les anciennes ordonnances pour les remettre au bercail & en éteindre insensiblement la race, en enlevant les enfants, afin de les instruire dans notre religion; M. l'archevêque de Toulouse sentant tout le fanatique de cet écrit, mais n'osant le combattre directement pour ne pas se faire d'affaires avec son ordre, a proposé insidieusement de communiquer le mémoire à la cour. Un autre évêque, plus fin & découvrant le motif de monsieur de Brienne, a ajouté qu'il falloit avant le modérer, en écartant tout ce qui étoit d'acclamation, n'y résumer que les bonnes & solides raisons de l'auteur; ce qui a été adopté par

l'assemblée : en sorte qu'il n'y a guere d'espoir que les protestants éprouvent un meilleur sort qu'auparavant.

16 *Septembre* 1775. On continue à aller voir & admirer le palais de M. l'abbé Terrai, & cet ex-ministre odieux, qui, dans les circonstances où il se trouve, ne sauroit être trop modeste, a l'insolence de ne point craindre d'insulter la France par le spectacle de son luxe & de sa luxure, car on y trouve dans les ameublements & dans les détails tout ce qui peut irriter les désirs & caractériser le goût de ce prêtre impudique. On y voit entr'autres à son chevet une femme nue ; & quand ses amis le plaisantent à cet égard, il répond *que c'est le costume*, c'est-à-dire, un avis à toute femme qu'il veut honorer de sa couche, qu'il faut qu'elle se décide à se mettre dans cet état pour exciter monseigneur.

17 *Septembre* 1775. M. le duc de Chartres a débarqué à Brest, & est arrivé à Paris le 12. Il est allé faire sa cour au roi, & S. M. lui ayant demandé comment il s'étoit trouvé de la mer ? il lui a répondu : *si bien, qu'il étoit prêt à retourner si l'escadre ressortoit.* Ce propos conditionnel a été adopté tout de suite par des politiques avides, & à fait dire que l'escadre appareilleroit une seconde fois.

Du reste, M. le duc de Chartres est revenu fort maigre & fort sec, n'ayant pu manger, & tourmenté souvent par le mal de mer. Il ne paroît pas cependant qu'il se dégoûte du métier, au contraire, il reçoit avec empressement les manuscrits concernant la marine, & sans doute veut joindre la théorie à la pratique,

16 *Septembre* 1775. On répete actuellement à l'opéra *Alexis*, en deux actes, drame lyrique nouveau, dont la musique est du sieur Grosset. On y doit ajouter l'acte de *Philemon & Baucis*.

16 *Septembre*. Le clergé, non content de la satisfaction que le ministre lui a donné par la suppression de la *Diatribe*, a desiré que l'ouvrage reçût une flétrissure plus marquée & plus juridique. Il est dénoncé au parlement, & comme cette compagnie a bien des griefs contre l'auteur, M. de Voltaire, on ne doute pas que les *Zélanti* ne s'y distinguent par des avis violens, & ne fassent au moins lacérer sa brochure.

17 *Septembre* 1775. M. le prince d'Aremberg, gendre du comte de Lauraguais, en chassant avec le lord Gordon dans sa terre en Flandre, a reçu un coup de fusil de cet Anglois, qui lui a crevé les yeux & l'a blessé en outre, mais sans crainte pour sa vie.

17 *Septembre*. On a nouvelle de la séparation douloureuse de madame la princesse de Piémont au Pont-de-Beauvoisin. Elle a été telle qu'elle s'est évanouie, & que son auguste époux arrivé au devant d'elle, a été obligé d'attendre l'instant de la voir. Revenue à elle il est entré, a voulu lui baiser la main, elle s'est jetée à son cou, & l'a embrassé maritalement, en lui disant : « Vous me trouvez bien grasse ! — Je vous trouve charmante, a répondu le prince, vous ferez mon bonheur. — Puissé-je faire le vôtre ! . . . . . Cette princesse, pleine de graces & d'affabilité, a très-bien pris à la cour de Savoie.

17 Septembre 1775. Un anonyme, grand défenseur des janſéniſtes, dans une *premiere lettre à M. l'évêque de Senez*, avoit fortement réprimandé ce prélat à l'occaſion de ſon diſcours prononcé à St. Denis pour l'oraiſon funebre du feu roi. Il vient de lui adreſſer : *ſeconde lettre à M. de Beauvais, évêque de Senez*, au ſujet de ſon diſcours prononcé à l'ouverture de l'aſſemblée du clergé, le 7 juillet 1775. Dans celle-ci il loue fort le courage du prélat d'avoir oſé dire à noſſeigneurs, ſes confreres, leurs vérités.

Le deſſein & le plan de ce diſcours étoient de montrer ce que doivent faire de concert l'autorité ſpirituelle & temporelle, pour arrêter les progrès de l'irréligion & les moyens qu'elles peuvent employer.

Dans la derniere partie, l'orateur croſſé a développé les moyens que peut employer le clergé pour cette grande & difficile entrepriſe.

1°. Il faut que les évêques inſtruiſent & défendent la religion par des ouvrages éloquents, capables de détruire par le charme du ſtyle, joint à la ſolidité des choſes, les arguments ſpécieux de l'incrédulité, des pamphlets ſéduiſants des philoſophes modernes.

2°. Le clergé doit tirer de l'obſcurité des génies du ſecond ordre, les mettre en action, les récompenſer & en former par ces encouragements.

3°. Les évêques doivent, par leur conduite contribuer à cette œuvre épiſcopale. Il faut que leurs mœurs répondent à leurs enſeignements, & puiſſent perſuader qu'ils croient eux-mêmes aux dogmes de la religion.

Dans la seconde partie, M. de Beauvais insiste sur deux devoirs, que l'autorité séculiere doit remplir.

1°. Réprimer cette licence punissable, qui multiplie les livres impies dont nous sommes inondés.

2°. Protéger l'autorité sainte des pontifes, pour faire exécuter par la force coactive, qu'ils n'ont pas, leurs loix, les canons de l'église, &c; suivant ce cri de guerre de tous les fanatiques, *compelle intrare*.

Dans cette lettre, datée du 25 juillet, l'auteur appuie sur les assertions de M. de Senez, & bourre nosseigneurs du clergé d'importance, mais en bon & loyal chrétien, en vigoureux jansséniste, qui n'a garde de plaisanter, & est sérieusement pénétré de toutes les vérités de la religion, à la bulle *Unigenitus* près, qu'il décrie de son mieux, & a dans la plus belle & sincere exécration, ainsi que ses auteurs les jésuites.

17 *Septembre* 1775. Un peintre nommé *Perrin*, peu connu, cherche à se signaler par le portrait de la Dlle. du Thé, la courtisanne à la mode. Il en a fait deux, qu'il montre aux amateurs: l'un très grand, où il la représente en pied, parée de tout le luxe des vêtements & dans le costume à la mode; l'autre, plus petit, où il la met nue, avec tous les détails de ce beau corps si connu malheureusement, que le peintre ne fait rien voir de nouveau à personne.

18 *Septembre* 1775. Madame de Marsan est de retour à Versailles & ne séjournera point à Turin, ainsi qu'on l'avoit annoncé. On ne sait

s'il est survenu quelques difficultés dans l'étiquette qui ait changé les arrangements pris à cet égard.

18 *Septembre* 1775. On continue à faire des recherches contre la lettre sur M. de Vaines. On assure que M. Turgot a lu cette satire jusqu'à quatre fois. Le sieur Ducroc de la Cour, secrétaire de M. d'Alembert, s'étant trouvé compromis dans les recherches, à raison d'un ballot de ces pamphlets qu'il avoit chez lui, a été renvoyé par le philosophe. Un colporteur, nommé *Bourgeois*, est aussi en fuite. Tout est en combustion dans la librairie, à l'occasion de cette *lettre d'un profane*.

19 *Septembre* 1775. C'est par un arrêt du 18 août du parlement, que le *Mercure de France* du même mois avoit été remis aux gens du roi chargés de rendre compte des pages où est compris l'extrait de la *diatribe*, &c. En conséquence le 7 de ce mois, toutes les chambres assemblées, l'avocat-général Seguier a fait un réquisitoire contre cet ouvrage, où il fait sa cour au clergé d'une façon révoltante, où il annonce que le moment est arrivé de la réunion de cet ordre avec la magistrature, & de leur précieuse harmonie, qui va ramener le regne de la religion.

D'après ses conclusions, la cour enjoint à *la Harpe*, auteur de l'article du *Mercure* susmentionné; à *Louvel*, censeur; & à *la Combe*, imprimeur, d'être plus circonspects à l'avenir : leur fait défenses de plus insérer dans cet ouvrage périodique, approuver ni imprimer, aucune réflexion & aucun extrait d'ouvrages qui pourroient attaquer la religion, le gouvernement & la mémoire de nos rois.

19 *Septembre* 1775. Madame la comtesse Dubarri s'ennuie à la mort dans sa nouvelle acquisition, & elle cherche déja à la vendre, en offrant d'y perdre beaucoup. Son objet seroit de revenir à Paris. Pour rendre la proposition plus plausible à la cour, elle demande à demeurer dans un couvent. C'est M. le comte de Maurepas qui, à l'instigation du duc d'Aiguillon, se charge de négocier, mais il le fait avec beaucoup de ménagement, sachant combien cette femme est odieuse à la reine, dont elle a blessé l'amour-propre par la maniere libre & punissable dont elle s'expliquoit sur son compte dans ses plaisanteries avec le feu roi, lorsque cette princesse n'étoit que dauphine. Quant au roi, il est plus maniable : & S. M. est fort indifférente à l'égard de madame Dubarri, qu'il ne déteste point personnellement.

19 *Septembre*. C'est demain que les comédiens François jouent *le Célibataire*, comédie en cinq actes & en vers de M. Dorat. La reine, qui, outre la protection qu'elle accorde aux talents, a des bontés particulieres pour l'auteur, doit honorer le spectacle de sa présence.

20 *Septembre* 1775. *Le Célibataire*, joué aujourd'hui, à le considérer comme une piece de caracteres, est fort défectueux. Il n'est qu'esquissé, il a même des disparates & prend souvent les nuances de *l'égoïste*, qui, sans doute en est un autre très-distinct. On l'appelle sage philosophe, & il ne fait que des folies, des puérilités : il prétend avoir des principes, & n'est

qu'inconséquent. Si l'on envisage ensuite l'ouvrage comme comédie, ce n'en est point une, c'est un drame très romanesque, très-langoureux, très-mal échafaudé, très-mal tissu; & comme drame même, il a le défaut essentiel d'être sans intérêt. Quoi qu'il en soit, des détails brillants, des morceaux pathétiques, des peintures fortes des mœurs du temps & quelques traits caractéristiques & dignes des meilleurs comiques, ont fait le succès de cette nouvelle production de M. Dorat, qui a mieux rempli encore cette tâche qu'on ne l'auroit cru.

20 *Septembre* 1775. Depuis long-temps la reine, très-affectionnée à madame la princesse de Lamballe, sollicitoit le roi de rétablir pour cette princesse la charge de surintendante de la maison de la reine. Le monarque, effrayé de la dépense qu'entraîne une telle place, avoit différé jusqu'à présent; & M. le contrôleur-général sur-tout, allant toujours à l'économie, soutenoit le roi dans son refus. Enfin son auguste épouse ayant constamment un ascendant considérable sur son esprit, l'a emporté. Madame de Lamballe a prêté serment pour cette charge le lundi 18.

Madame la maréchale de Mouchy, dame d'honneur de la reine, mécontente de cette nomination, qui dégrade de beaucoup ses fonctions, se retire, & la reine qui, à cause de son rigorisme, l'appelloit *madame l'Etiquette*, étant dauphine, n'en est pas fâchée. Madame la duchesse de Cossé, dame d'atour, se retirant aussi dans la douleur où elle est de la perte de son fils unique, il se fait une révolution dans cette maison. C'est madame la princesse de Chimay, ci-devant 5me. dame pour accompagner S. M. qui remplace la premiere, & madame la marquise de Mailly, ci-devant 9me. dame pour accompagner S. M. a la seconde. Le roi lui accorde les honneurs, c'est-à-dire le tabouret.

21 *Septembre* 1775. Le duc d'Orléans a toujours la fievre quarte, mais les accès sont moins longs.

Le duc de Chartres n'a reçu dans cette campagne-ci que le grade de *brigadier de la marine*. Il se propose d'en faire deux autres, pour être, suivant la regle, *chef d'escadre* à la seconde; & à la troisieme, *lieutenant-général des armées navales*.

21 *Septembre*. M. Vien, nommé directeur de l'académie de France à Rome, à la place de M. Nattoire, doit aller incessamment remplacer ce peintre, qui s'est donné tant de ridicule par son attachement excessif aux jésuites.

21. *Septembre*. C'est demain que l'académie royale de musique donne *Alexis & Daphné*, pastorale, & *Philemon & Baucis*, ballet. Les paroles de ces deux ouvrages sont d'un M. Chabanon, frere de l'auteur déja connu. La musique est du S. Gossec : les répétitions n'ont pas donné une idée favorable de l'un & de l'autre ouvrage, tant comme poëme que comme composition lyrique.

22 *Septembre* 1775. On savoit que M. le contrôleur-général avoit relu jusques à quatre fois le pamphlet contre le Sr. de Vaines, premier commis des finances, & l'on attendoit à voir le parti que prendroit ce ministre. On doit croire qu'il le juge fort innocent, puisqu'il a déterminé S. M. à créer en faveur de ce financier une

charge de *lecteur de sa chambre*, aux appointements de lecteur du cabinet. Il a voulu par cette faveur éclatante du roi faire connoître à la nation la fausseté des imputations débitées contre le Sr. de Vaines. Cette réparation étoit nécessaire pour un homme public, qui doit jouir de la réputation la plus intacte. Aussi celui-ci répand-il des copies de la lettre honorable, par laquelle M. Turgot lui annonce cette nouvelle charge, & l'en félicite, comme devant le dédommager du chagrin que ses ennemis ont voulu lui causer par leurs calomnies.

21 *Septembre* 1775. La mort du cent-suisse Jules, fils du duc de Cossé, événement sinistre qu'on doit attribuer à l'inoculation, puisqu'il ne s'est pas bien porté depuis, fait triompher les ennemis de cette méthode; & sans doute ils ne manqueront pas de s'en prévaloir dans leurs écrits.

22 *Septembre*. Le roi, toujours jaloux de maintenir l'ordre & la justice, instruit des déportements du duc de Duras, & du tort qu'il faisoit à ses créanciers en ne payant point ses dettes, malgré son amitié pour son pere, le maréchal de Duras, vient de l'exiler, dans l'espoir de résipiscence, & que ce seigneur, vivant dans la retraite, sera en état de faire honneur à ses affaires.

23 *Septembre* 1775. L'opéra nouveau qu'on avoit annoncé pour mardi, n'a pas eu lieu. Les amateurs qui ont assisté aux répétitions, en ont été si mécontents, qu'ils s'en sont plaints hautement, & que les auteurs n'ont osé risquer leur ouvrage sans de grands changements. Cette premiere représentation a été remise au mardi.

Le poëme dont on a vu les paroles, est tiré d'une idylle de *Gessner*, poëte Suisse, intitulée *la Jalousie*. On n'y trouve que le nom du sieur Gossec, comme auteur de la musique. L'autre a gardé l'incognito, malheureusement pas assez, car tout le monde le connoît & le nomme, ainsi qu'on l'a déja annoncé.

24 Septembre 1775. Il paroît que le réquisitoire de M. Seguier est une manœuvre sourde du parti anti-encyclopédiste, dont s'est rangé cet avocat-général, pour exclure le Sr. de la Harpe de l'académie; & les partisans de ce dernier craignent fort qu'il n'ait réussi; car, lorsque le roi a été instruit de l'injonction du parlement envers cet acolyte de l'entrepreneur du *Mercure*, S. M. a dit : *ce n'est pas le moyen d'entrer à l'académie.*

25 Septembre 1775. On désespere aujourd'hui que le rétablissement des protestants en France ait lieu, par la complaisance trop grande du gouvernement pour le clergé, qu'il a bien voulu consulter, & dont il demande le concours. L'assemblée actuelle est composée d'un trop grand nombre de prélats fanatiques, pour qu'ils adoptent des vues si propres à augmenter la richesse & la population de la France.

Cette assemblée s'occupe, au contraire, de tout ce qui peut maintenir & accroître son autorité, en laissant les peuples dans un aveuglement salutaire. En conséquence, la commission chargée de l'examen des mauvais livres, en ayant dressé le nombreux catalogue depuis la derniere assemblée, au lieu de les réfuter, a trouvé plus court & plus sûr de s'adresser au roi, pour supplier S. M. d'en arrêter la vente, d'en empêcher l'introduction, & de faire punir exemplairement les auteurs qu'on pourroit découvrir de ces libelles impies & sacrileges, en un mot, de venir au secours de la foi ébranlée de toutes parts.

C'est hier 24 que la députation a dû se rendre auprès de sa majesté, M. l'archevêque de Vienne [de Pompignan] à la tête & portant la parole.

25 *Septembre* 1775. Madame la comtesse de Beauharnois a fait présenter depuis peu aux comédiens une comédie en cinq actes, intitulée : *La Précieuse du jour*. Elle a été reçue avec acclamation. On ne doute pas que son *teinturier* ne soit le Sr. Dorat, qu'elle affiche publiquement pour son amant : tout ce qu'a donné cette virtuose est trop médiocre pour lui supposer les grands talents nécessaires au théatre.

25 *Septembre.* Dans la *seconde lettre à M. l'évêque de Senez*, on trouve une anecdote peu honorable au clergé. On lui reproche d'avoir surpris au gouvernement une défense de laisser pénétrer en France une édition complete des *Œuvres de M. Arnaud, en* 30 *volumes in*-4°, entreprise par un libraire étranger, édition qui avoit été désirée avec ardeur par Benoit XIV, & sollicitée avec instance par les plus éclairés d'entre les cardinaux, encourageant & excitant le zele de celui qui y présida, tandis que le gouvernement, même par politique, & pour l'intérêt du commerce, n'eût pas dû souffrir que ces ouvrages, nés dans son sein, fussent imprimés ailleurs, & l'on laisse vendre à Paris publiquement *la Philosophie de la nature*, ouvrage adroitement impie.

L'auteur

L'auteur s'éleve auſſi contre les mal-adroits défenſeurs de la religion, tels qu'un abbé *Heſpelle* de Dunkerque, un abbé *Camuſet*, un abbé *Bergier*, &c.

27 Septembre 1775. L'opéra joué hier, compoſé de deux entrées, *Alexis & Daphné*, & *Philémon & Baucis*, n'a point eu de ſuccès. Le premier acte eſt d'une intrigue triviale & triſte, la muſique ſans caractere. Il y a plus de gaieté dans le ſecond, qui débute par un repas, mais n'approchant pas de celui d'*Anacréon*. Un déluge bien exécuté auroit pu donner lieu à un beau ſpectacle, mais le machiniſte n'a pas même réuſſi en ce genre.

28 Septembre 1775. Ceux qui ont eu l'honneur d'accompagner M. le duc de Chartres dans ſon voyage ſur mer, ſe louent de l'affabilité de ce prince, qui admettoit tout le monde à ſa table, même les gardes-marines. Mais ils blâment fort l'inſolence des officiers, qui abuſoient de la bonté de ſon alteſſe, ſe permettoient la plus grande familiarité, juſqu'à s'aſſeoir devant elle le chapeau ſur la tête. Quoique monſieur le duc de Chartres n'ait pas fait ſentir ſon mécontentement, il n'a pu s'empêcher de remarquer la hauteur du corps & de s'en plaindre avec ſes familiers. Peut-être c'eſt ce qui l'a empêché de continuer la campagne dans le deſſein, s'il en fait d'autres, de mettre ces meſſieurs ſur un autre ton.

29 Septembre 1775. L'académie Françoiſe étoit la ſeule qui n'eût point de vacances. Cette année, pour la premiere fois, elle en prend; mais comme ſes membres ne veulent rien perdre des jetons, tribut ordinaire des ſéances, il a été convenu qu'ils seroient répartis durant le cours de l'année. On ignore encore si, en conséquence de cette nouveauté, il y aura une rentrée publique ; mais c'est à présumer, d'après le génie du secretaire, curieux de mettre de l'appareil à tout.

29 *Septembre* 1775. *La réduction de Paris*, dont monsieur Durosoy a fait un opéra comique, avoit souffert beaucoup de difficultés pour être jouée aux Italiens ; le roi s'étoit même expliqué à cet égard cathégoriquement : mais comme la bonté de caractere de sa majesté la laisse souvent revenir de ses premieres résolutions, on l'a déterminée à cet égard ; & cette piece doit avoir lieu incessamment.

30 *Septembre* 1775. Non-seulement l'assemblée du clergé est bien éloignée de se prêter aux vues de certains ministres à l'égard des protestants, mais elle a dirigé contr'eux un des articles de ses cahiers, présentés au roi par la grande députation dont on a parlé. Elle y représente à quels excès se sont portés dans diverses provinces du royaume quelques hordes de ces religionnaires, & la nécessité que le gouvernement les réprime efficacement, en leur enlevant tout espoir de faire corps dans l'état.

Les livres contre la religion, sont, comme on a dit, un autre objet de représentation de la part du clergé, & l'on sent tout ce qu'il peut dire sur ce point, qui l'intéresse si fort.

L'éducation de la jeunesse est un troisieme article sur lequel il devoit solliciter le secours de la puissance séculiere. Il représente dans quel état déplorable sont aujourd'hui les écoles publiques ; & le dessein caché de cette observation eſt de faire connoître combien on a perdu en cette partie depuis la deſtruction des jéſuites : ce ſont des pleurs que l'ordre de l'égliſe répand ſur le tombeau de la ſociété, & des regrets qu'elle voudroit exciter dans le cœur du ſouverain.

L'article des ſépultures hors des égliſes eſt le ſeul ſur lequel M. l'archevêque de Touloufe ait pu leur faire entendre raiſon. On eſpere que les prélats vont enfin concourir avec la magiſtrature pour abolir l'uſage pernicieux d'enterrer dans les égliſes.

30 Septembre 1775. La critique dont on a parlé a excité la curioſité du public, & l'on recherche avec empreſſement le libelle politique qu'elle concerne. Il a pour titre : *Le partage de la Pologne, ſept dialogues, en forme de drame, ou converſations entre des perſonnages diſtingués, dans laquelle on fait parler les interlocuteurs, conformément à leurs principes & à leur conduite, par Gotlieb Panſmouſer, neveu du baron de ce nom ; traduit de l'Anglois par Milady ***, ducheſſe de ***.* Avec ces deux épigraphes : *Cantabit vacuus coram latrone viator.* —— *Trojanas ut opes & lamentabile regnum eruerunt Danai.*

1 Octobre. Il s'éleve une réclamation vive contre monſieur Dorat de la part de monſieur Barthe. Celui-ci a une comédie reçue & plus ancienne que *le Célibataire*, à ce qu'il prétend, dont il avoit donné communication à ſon ami. Il l'accuſe aujourd'hui d'un plagiat infame & d'avoir tranſporté dans ſa piece les meilleures ſituations, les plus excellents traits empruntés de ſon *égoïſte* C'eſt le titre de l'ouvrage de

M. Barthe. D'autres auteurs lui font des reproches semblables ; ce qui terniroit fort la gloire du poëte, radieux aujourd'hui par son succès. Si le fait est vrai, on ne doute pas que son confrere ne donne plus de consistance & d'authenticité à ses plaintes ; ce qui lui vaudra des ripostes de la part de l'accusé, occasionera des brochures, des méchancetés, des ridicules réciproques, & fera d'autant rire le public.

1 *Octobre* 1775. Madame la comtesse d'Artois a fait hier son entrée à Paris. D'abord cette princesse, sérieuse, timide & préoccupée d'autre chose, n'a pas semblé prendre garde à la foule qui l'entouroit ; ce qui a glacé le public, qui ne lui a donné aucune acclamation. Ce n'est qu'au bout d'un très-long temps que quelqu'un a fait sentir à cette princesse combien le peuple étoit affligé de son indifférence apparente, qu'un signe de tête seulement de sa part vivifieroit les spectateurs. Son altesse royale s'est prêtée avec bonté à ce conseil, meilleur que le premier sans doute. Elle a salué tout le monde avec affection, & les applaudissements ont commencé pour ne plus finir.

2 *Octobre*. Pour mieux recevoir madame la comtesse d'Artois, en la flattant du côté le plus sensible, la police avoit eu l'attention de faire composer des chansons par les faiseurs sur la naissance du duc d'Angoulême, & de les faire chanter ce jour-là dans les rues.

7 *Octobre* 1775. Samedi on a donné la premiere représentation de *la Réduction de Paris*, drame lyrique, en trois actes, avec des ariettes. La musique est du sieur Bianchi, & les paroles sont du sieur Durosoy, en possession de faire

chanter nos héros. Ce ridicule, moins sensible la premiere fois, a été porté à son comble celle-ci, & le public a enfin ouvert les yeux au point d'huer complétement cette piece. Dans celle de Henri IV, la nouveauté de ce monarque chéri, paroissant sur la scene ; le soin de l'auteur de le faire vraiment parler, & de recueillir mille traits d'esprit ou de bonté de ce prince, avoient soutenu son drame : mais aujourd'hui, ayant en quelque sorte épuisé son Henri IV, il a été obligé de parler d'après lui-même, & aux saillies, aux sentiments du roi, de substituer ses madrigaux & ses fadeurs ; ce qui est devenu intolérable. D'ailleurs, nul agencement dans la texture de ce plan, nulle entente du théatre, nul intérêt. On ne peut rien voir de plus mauvais. Les comédiens Italiens n'ont osé annoncer la seconde représentation ce même jour, mais ils l'ont affichée.

La musique n'est pas même assez bonne pour faire passer tant d'extravagances & de platitudes. La seule chose qui ait fait plaisir, ce sont les décorations, assez belles pour le lieu, & une pompe de spectacle à laquelle on n'est pas accoutumé à ce théatre.

3 *Octobre* 1775. Le clergé est fort content du gracieux accueil qu'il a reçu de S. M. Il y avoit une dispute sur la maniere de former la députation, qu'on ne vouloit composer que de prélats. Il a été décidé qu'il y auroit aussi des députés du second ordre.

4 *Octobre* 1775. Entre les ouvrages exposés au sallon, on a sur-tout admiré, comme le plus parfait dans son genre, le cadre d'un sculpteur en bois, nommé *Boutry*, représentant les armes

de France, des trophées, des guirlandes de fleurs, des feuillages, &c. Ce travail exquis est d'une si grande beauté, d'une telle délicatesse, qu'on ne l'a point doré ni vernis, & qu'on le consevera dans toute sa simplicité. L'artiste a été trois mois à le faire. Il est à sa majesté, qui a un goût particulier pour ces sortes de chef-d'œuvres & s'y connoît, s'occupant elle-même de ces travaux dans ses délassements.

4 Octobre 1775. Un officier revenu de l'Inde en a rapporté un palanquin, qu'il y a fait construire avec la plus grande magnificence, & il se propose de l'offrir à la reine. C'est M. de Sartines qui doit présenter le militaire & ce monument du luxe asiatique. Il paroît que la cérémonie n'aura lieu qu'après le voyage de Fontainebleau. On sait qu'un palanquin est une espece de chaise à porteurs ouverte, dans laquelle les Indiens se font porter par leurs esclaves.

5 Octobre 1775. Mademoiselle Clairon, qui d'actrice étoit devenue gouvernante des enfants du margrave de Bareith, où ce souverain l'avoit appellée, est de retour à Paris. On ne dit pas encore ce que cette auguste Melpomene va devenir, & si nous continuerons de la posséder.

6 Octobre 1775. On parle d'une brochure venant de l'étranger & arrêtée à la chambre syndicale, ayant pour titre: *Anecdotes sur madame la comtesse Dubarri*. On n'en dit pas davantage d'un ouvrage que la cupidité même des saisissants fera sans doute bientôt connoître.

7 Octobre 1775. Monthieu est enfin sorti de l'abbaye, où il étoit prisonnier depuis le fameux

jugement du conseil de guerre des invalides, rendu il y a deux ans environ, contre lequel il réclamoit, & dont il ne vouloit pas reconnoître la compétence. Il a consigné, suivant la clause du jugement, 250,000 livres pour les 10,000 fusils brisés par ordre dudit conseil. On peut se rappeller les protestations de son innocence, qu'il a renouvellées sans doute autant qu'il l'a pu, sans blesser la majesté du tribunal qui l'a jugé.

7 *Octobre* 1775. Il est grandement question de réformer l'administration vicieuse, peu économique & imbécille des directeurs actuels de l'opéra. Le nouveau secretaire d'état ayant le département de Paris, juge éclairé des arts & les protégeant, a fort à cœur de marquer son ministere par quelque heureuse révolution en cette partie : mais il sent qu'il n'est pas possible de laisser entre les mains de la ville ce régime, relativement au choix des pieces & des musiciens, auquel elle ne pourroit rien entendre. D'un autre côté, elle est fort jalouse de ses droits, & il s'agit de concilier tant d'intérêts divers.

8 *Octobre* 1775. La police se conformant au génie actuel du ministere, s'occupe sur-tout de tout ce qui peut contribuer à la conservation & à l'amélioration du physique dans le regne animal comme dans le regne végétal. En conséquence on a déja vu des secours gratuits affichés pour les maladies vénériennes du peuple, administrés sous l'inspection du docteur Gardanne, médecin de la police. Depuis cinq mois cet établissement ayant été reconnu fort utile,

on cherche à l'améliorer & l'on a renouvellé les affiches.

Il est question aujourd'hui d'un préservatif contre les morts subites apparentes, que la police se propose aussi d'administrer gratuitement.

8 *Octobre* 1775. Depuis peu d'années on a imaginé, pour procurer aux habitants de cette capitale une eau plus salubre & plus limpide, d'établir sur la riviere des pompes publiques, où les porteurs d'eau vont se pourvoir. Outre la meilleure qualité de la boisson, il en résulte une rapidité dans le service, & une sûreté pour les pourvoyeurs, qui couroient risque ci-devant de tomber dans la riviere, sur-tout la nuit, & dans les mauvais temps. Il a fallu payer cet établissement par une taxe légere, sous prétexte de l'entretien desdites pompes. Aujourd'hui le gouvernement a fait sur cet objet une spéculation d'impôt considérable, mais qui excite une sorte d'émeute parmi les porteurs d'eau, & le résultat a été de le payer & de le faire payer à leurs pratiques. Cette taxe s'excuse sur ce qu'elle est en quelque sorte volontaire, puisque ceux qui veulent s'y soustraire sont maîtres d'aller, comme ci-devant, à la riviere recueillir l'eau jaunâtre & fangeuse des bords.

9 *Octobre* 1775. Aux différents objets des représentations du clergé, il faut en comprendre un essentiel & qui l'occupe encore plus que tous les autres. Ce sont les *jansénistes* dont il voudroit abattre l'orgueil insolent depuis l'expulsion des jésuites, & le retour de l'anciene magistrature. Cet article n'est sûrement pas fait pour mériter plus d'attention que les autres.

9 *Octobre* 1775. Il y a quelque temps qu'il s'est fait à bicêtre une exécution de cinq scélérats pour forfaits commis par eux dans ce château. Ces sinistres événements sont malheureusement trop communs pour faire sensation. Mais ce qui en a produit, c'est un de ces déterminés qui, lorsque son confesseur a voulu l'exhorter, l'a entrepris sur la religion, a soutenu these contre lui, & l'a obligé d'avoir recours à ses quatre autres confreres, occupés avec les camarades du scélérat, moins récalcitrants. Ils ont formé une espece de conférence. Enfin le supplice approchant, la grace a triomphé heureusement plus que la logique de ces docteurs, & l'incrédule a fait une mort très-édifiante.

9 *Octobre*. On peut se rappeller l'horrible assassinat commis à Beziers en la personne de monsieur Franc, par un Villerase, officier condamné à être roué en effigie par le parlement de Toulouse. On a dit qu'au sacre on avoit obtenu pour lui de lettres de grace, mais il faut qu'elles soient entérinées. En conséquence il est revenu se constituer prisonnier. La veuve du mort, toujours livrée à la douleur la plus amere, ne peut soutenir l'idée de revoir en France le meurtrier de son mari. Elle se propose d'aller elle-même à Toulouse plaider contre le coupable, & s'opposer à l'entérinement des lettres de grace, ne pouvant avoir lieu en pareil cas. On assure qu'il a un sauf-conduit pour sortir de prison & retourner en pays étranger, si le parlement ne juge pas la grace bien octroyée.

10 *Octobre* 1775. M. le comte de Muy, atteint il y a quelques mois de colique, a con-

fulté le frere Côme, & s'est voulu faire fonder. Il a été reconnu qu'il avoit une pierre, mais non adhérente. Ce ministre, quoiqu'il n'en eût pas souffert depuis, qu'il pût même aller en voiture & monter à cheval sans s'en ressentir, a préféré de se faire opérer. Il a choisi le temps du voyage de Fontainebleau, & en prenant congé de S. M. il lui a dit qu'il seroit dans trois semaines à son service ou dans le tombeau. C'est hier qu'il a subi cette douloureuse opération, qui a duré sept minutes, la pierre étant friable & s'étant cassée en morceaux. Du reste, monsieur le maréchal a témoigné la plus grande constance. Le matin, le frere Côme se rendant chez lui, fut surpris de voir un cordon bleu qui en sortoit, escorté d'un nombreux domestique. Il approche : c'étoit le ministre. Il lui témoigne sa surprise. Monsieur de Muy lui répond que c'est fête, qu'il va à la messe, & sera bientôt à sa disposition. Après avoir souffert avec constance tous les détails de l'extraction, il a dit à l'opérateur de ne point se lasser, de bien visiter, qu'il savoit souffrir. On craint que l'accident survenu dans l'opération ne la rende mortelle.

11 *Octobre* 1775. M. le duc de Choiseul étoit revenu de Chanteloup depuis quelques jours, sous prétexe de la maladie de madame la duchesse de Grammont, sa sœur, mais plutôt, à ce qu'on croit, poussé par son inquiétude naturelle & son goût pour l'intrigue. Quoi qu'il en soit, il a affecté de se montrer en public au colisée. Ses amis de cour l'ont prévenu que son séjour n'étoit pas vu de bon œil par le roi, & lui ont conseillé de retourner chez lui de bonne grace.

avant d'en recevoir un ordre, ce qui pouvoit lui arriver. Il est reparti.

11 *Octobre* 1775. M. le maréchal de Muy, trop tourmenté par les détails d'une opération si longue & si cruelle, est mort hier, avec la même constance, muni de tous les sacrements de l'église. Il n'est point regretté du militaire, à cause de sa sévérité : il ne se regardoit que comme le dépositaire des graces du roi, & ne croyoit devoir les accorder qu'au mérite. Ce motif d'aversion le rendoit, au contraire, précieux à l'état. On ne sait encore qui le remplacera. C'est M. de Vergennes qui a l'*interim*.

11 *Octobre*. Mlle. Clairon tient le plus grand état ici. Elle a fait insérer dans les papiers publics (dans le journal de Linguet du 5 octobre) qu'elle partageroit désormais son temps entre la France & l'Allemagne ; qu'elle passeroit les six mois d'hiver dans le premier royaume, & les six autres dans l'empire. On ne doute plus aujourd'hui du rôle considérable qu'elle joue chez le margrave, dont elle est comme le premier ministre. C'est elle qui reçoit les placets à Bareith, & contribue beaucoup à les faire exaucer. Elle affecte un grand désintéressement, n'ayant d'ardeur que pour la gloire. Les plus illustres personnages de cette capitale & de la cour s'empressent de visiter cette Melpomene transformée en Minerve.

12 *Octobre* 1775. Dès que le roi a appris la mort de M. le maréchal de Muy, il a mandé à Fontainebleau M. le comte de Maurepas qui n'étoit pas encore à la cour. On présume que ce ministre influera beaucoup sur le choix du successeur. On parle de M. Taboureau, ci-devant

intendant de Valenciennes, aujourd'hui conseiller d'état ; de M. de Trudaine, intendant des finances ; de M. le marquis de Castries, du maréchal de Broglio, du comte son frere, du baron de Breteuil.

Une forte cabale, à la tête de laquelle est la reine, & dont M. de Sartines est l'agent secret, manœuvre pour le duc de Choiseul. Mais on a vu par l'anecdote ci-dessus qu'on aura bien de la peine à faire revenir S. M.

12 Octobre 1775. M. le maréchal de Muy a voulu être enterré sans cérémonie. Son corps doit être porté à Sens, où il sera déposé dans le tombeau qu'il avoit obtenu la permission de feu monseigneur le dauphin de faire faire aux pieds de son auguste maître. On sait qu'il alloit visiter tous les ans & y descendoit.

13 Octobre 1775. La réponse du roi au clergé est vague, ne dit mot, & est dans le genre de celles qu'on fait lorsqu'on n'est pas disposé à entrer en explication : S. M. dit à nosseigneurs qu'elle aura égard à leurs représentations pour tout ce qui intéresse la religion & les mœurs ; qu'elle ne doute pas qu'ils continueront à concourir de leur côté à ses vues, par leur vie édifiante & leur zele à remplir les fonctions de leur ministere.

13 Octobre 1775. Madame la maréchale de Muy, qui n'étoit point prévenue de la résolution de son mari de se faire opérer, n'a appris cette funeste nouvelle que lorsqu'il étoit dans la crise ; ce qui a causé à cette tendre épouse une révolution cruelle, par la mort précipitée du malade, à tel point que, dans un accès de

délire, elle se jetoit par les fenêtres si l'on ne l'eût retenue.

14 *Octobre* 1775. La police, sur-tout sur la fin du dernier regne, outre ses suppôts, ses espions & sa sequelle ordinaire, pensionnoit dans tous les rangs des gens assez bas pour lui rendre compte de ce qu'ils voyoient ou entendoient. A mesure que ces messieurs viennent aujourd'hui pour toucher leurs émoluments, ils sont éconduits par M. Albert, qui les fait payer & remercier de leurs services ; ce qui diminue de beaucoup les dépenses de sa partie, car il y avoit de ces espions comme il faut, prétendus, qu'on soudoyoit très-cher.

14 *Octobre*. C'est par une requête présentée au conseil, c'est-à-dire au roi, que les protestants devoient entamer leur demande. Me. Legouvée, célebre avocat, étoit chargé de la rédaction, mais qui, faite de concert avec le ministere, ne devoit d'abord rouler que sur un point, la validité de leurs mariages quant à l'état civil. Neuf des religionnaires les plus accrédités conféroient avec l'orateur, & sa besogne étoit faite, il en étoit même content, lorsqu'il a été question de la faire souscrire par les réclamants : les neuf ont alors formé un comité de soixante de leurs partisans, aussi importants & très-éclairés. Le comité voyant qu'il n'étoit question que du seul point mentionné ci-dessus, ils ont répugné à signer la requête & à la faire adopter. Ils ont trouvé que ne réclamer que sur une vexation, ce seroit s'avouer coupables, & passer condamnation sur les chefs de plainte qui y ont donné lieu autrefois. Il a été arrêté qu'il valoit mieux souf-

frir encore, & attendre un moment plus favorable où ils pourroient avoir satisfaction sur le tout. Au moyen de quoi le travail du Sr. Legouvée reste inutile, quant à présent.

Suivant cette requête, les protestants en France sont encore au nombre de trois millions, ce qui fait un sixieme environ des habitants du royaume, dont les enfants, ou naissent sans état s'ils sont conçus d'après des mariages faits ce qu'on appelle *au désert*, ou par une union criminelle, lorsqu'elle est formée en face de l'église, sur de faux certificats de catholicité.

C'est le bruit de cette requête qui avoit alarmé le clergé, & qui a donné lieu à l'article de leurs cahiers concernant les protestants, dont ils ne parloient plus depuis long-temps. Ceux qui ont confiance à la sagesse, à l'intégrité & aux lumieres du ministre, se flattent qu'il attend la dissolution de l'assemblée du clergé pour renouer la négociation & l'embrasser sous un plan plus vaste & plus conforme à la justice complete qu'attendent des François, traités depuis long-temps comme s'ils n'étoient que de mauvais citoyens.

15 *Octobre* 1775. Un nommé *Framboisier*, inspecteur de police, ayant les nourrices, avoit affiché un luxe insolent. On voyoit chez lui un ameublement à crépines d'or, & sa femme fouloit aux pieds des coussins du même genre. Monsieur Albert, instruit de ce scandale, ne pouvoit le croire; il a voulu voir la chose de ses yeux, & transporté sur le lieu, qui étoit ci-devant l'hôtel d'un conseiller d'état; il a sur le champ congédié ce suppôt, avec 1,500 livres de re-

traite seulement, qu'il ne touchera que lorsqu'il se sera défait de son mobilier magnifique. On offre à la police d'administrer cette partie pour 18,000 livres, qui en coûtoit 40,000 sous Framboisier.

15 Octobre 1775. La fermentation occasionée dans le public au sujet des protestants, dont il est tant question depuis quelque temps, a sans doute fait naître une brochure nouvelle, intitulée : *Dialogue entre un évêque & un curé sur les mariages des protestants*. Quoique cet ouvrage soit extrêmement sage & modéré, nosseigneurs de l'assemblée ne veulent pas qu'on le répande sous leurs yeux, & il se vend sous le manteau, comme si c'étoit un mauvais livre ; ce qui le rend doublement intéressant. Il est étendu, & mérite une discussion plus développée.

16 Octobre 1775. Me. Linguet, que son inquiétude naturelle agite & tourmente sans cesse, a fait des efforts auprès du conseil pour faire casser l'arrêt du parlement rendu contre lui. Il a présenté une requête, qu'on dit avoir été rejetée. On ajoute que non content de ce dernier échec, il est allé à Choisy se jeter aux pieds du roi, assisté de deux avocats de sa cabale, & a donné un mémoire à S. M. contre son ordre, contre le parlement & contre le conseil.

16 Octobre. Monsieur de Vergennes, nommé par *interim* pour avoir le porte-feuille de la guerre, est venu à Versailles prendre connoissance des bureaux qui y étoient restés & ne devoient pas faire le voyage. Cette visite fait présumer aux politiques que le successeur de

M. de Muy est éloigné; & cela fortifie leurs conjectures à l'égard du baron de Breteuil, actuellement en ambassade à Vienne. Cependant on nomme encore MM. le comte d'Hérouville, de Périgord, du Châtelet, de Vaux, de Puységur, de Vogué, &c.

17 Octobre 1775. On est toujours en suspens de savoir qui sera le ministre de la guerre. On assure que le roi a dit à Fontainebleau, en parlant du successeur futur de M. le comte de Muy. « Le public est bien intrigué pour savoir » qui aura le département de la guerre; il sera » plus surpris en l'apprenant, car c'est sûre- » ment quelqu'un auquel on ne s'attend pas. » Les courtisans ont tout de suite spéculé & imaginé qu'il s'agissoit du comte d'Ennery, à présent dans son gouvernement de St. Domingue, & envoyé là-bas avec le titre d'inspecteur-général de toutes les colonies du vent & sous le vent.

18 Octobre 1775. On assure que toute la famille de Mad. la présidente de St. Vincent, ainsi que celle de son mari, se sont réunies pour présenter une requête bien plus forte à la cour des pairs: nouvelle mortification pour le maréchal de Richelieu, que ses amis desirent voir mort avant la fin de ce malheureux procès.

18 Octobre. On trouve la lettre de monsieur Turgot, contrôleur-général, au Sr. de Vaines, si extraordinaire, qu'on s'empresse d'en prendre des copies. Voici cette épître, en date du 18 septembre, remarquable sur-tout par sa longueur, & qui fait infiniment d'honneur au dernier, si, comme on ne le peut croire, elle n'a pas été écrite & composée par lui-même, & par une collusion honteuse, adoptée & signée par le ministere.

« Je vous apprends avec le plus grand plaisir, Monsieur, que le roi a bien voulu vous accorder la place de *lecteur de sa chambre*, & y attacher les mêmes entrées qu'à la place de lecteur du cabinet. J'ai cru devoir proposer à S. M. de vous donner une marque publique de la satisfaction qu'elle a de vos services, dans un moment où l'on a cherché à vous déchirer par un libelle infame.

» Vous n'avez pas besoin de justification; mais ayant vu que les auteurs ou fauteurs de ce libelle imaginent pouvoir accréditer auprès de moi leurs mensonges par une multitude de lettres anonymes, je me devois à moi-même de montrer authentiquement mon mépris pour leurs calomnies atroces. Il est dans l'ordre que vous y soyez exposé, vous, tous ceux qui ont part à ma confiance, & moi peut-être plus que personne. Trop de gens sont intéressés au maintien des abus de tout genre, pour que tous ne fassent pas cause commune contre quiconque s'annonce pour vouloir les réformer. Attendez-vous à des ennemis très-ardents & très-multipliés; attendez-vous qu'ils emploieront les armes qu'ils savent manier, le mensonge & la calomnie. Il faut s'armer contr'eux du courage & du mépris. Il faut se dire à soi-même ce que le roi me disoit le jour de l'émeute de Versailles : *Nous avons pour nous notre bonne conscience, & avec cela nous sommes bien forts !* Si les honnêtes gens se laissoient décourager par de telles horreurs, il faudroit

» que les méchants & les fripons fussent irré-
» vocablement maîtres d'opprimer & piller le
» genre humain. C'est donc un devoir de les
» braver. Il faut regarder leurs traits comme
» des blessures honorables, & ne pas augmen-
» ter la force de ces gens-là par une sensibi-
» lité qui les encourage à redoubler leurs attaques.
» Je vous prêche la morale que je tâcherai de
» suivre pour moi-même. Si la raison ne peut
» dissiper entiérement l'impression que vous a
» faite cet amas d'atrocités, je souhaite que
» l'assurance de mon estime & de mon amitié
» vous serve de consolation. »

18 *Octobre* 1775. Il paroît deux critiques sur le sallon. L'une est intitulée : *Coup d'œil sur le sallon de 1775, par un aveugle.* Elle est vague, & ne dit mot. Il y a quelques bonnes plaisanteries, & même des sarcasmes, mais vraisemblablement l'ouvrage aura été très-châtié à la censure. L'autre consiste en des *observations sur les ouvrages exposés au sallon du Louvre, ou Lettre à M. le comte de ***.* On les attribue à un nommé Colson, mauvais peintre de portraits & encore plus mauvais écrivain. Il crache à chaque ligne des termes de l'art, qui n'apprennent rien aux peintres & ennuient le reste des lecteurs. Du reste il ménage & loue tout le monde.

19 *Octobre* 1775. M. de Vaines, malgré la lettre satisfaisante du contrôleur-général à l'occasion du libelle répandu contre ce premier commis, se donne les plus grands mouvements pour en retirer le plus d'exemplaires qu'il peut. Son premier projet avoit été de les retirer tous, & il s'étoit flatté de cet espoir, trompé par le

secretaire de monsieur d'Alembert, qui lui avoit remis toute l'édition prétendue, moyennant 50 louis. Mais ce perfide en avoit déja lâché dans le public, ou avoit eu l'infidélité d'en conserver quelques-uns. C'est ce qui a sur-tout irrité le financier en question, & le secretaire de l'académie, qui a été forcé de donner satisfaction à monsieur de Vaines en renvoyant le Sr. Ducroc. Au moyen de cette découverte, il est aisé de savoir quel est l'auteur du libelle en question, faisant beaucoup plus de bruit qu'il ne mérite.

19 *Octobre* 1775. Une affaire s'élève contre les fermiers-généraux, à peu près semblable à celle du sieur Monnerat, qui a provoqué en 1770 des décrets si rigoureux de la part de la cour des aides & qui n'a pas peu contribué à sa destruction. Il s'agit d'un sieur Wagener, arrêté en mars 1774, sous prétexte d'avoir tenu des propos, & d'avoir écrit contre le roi, [Louis XV], & contre une dame d'importance [madame la comtesse Dubarri], mais en effet comme accusé de fraude par les traitants. En conséquence il a subi une détention cruelle de 15 mois. Il a été traduit au nouveau tribunal d'alors, que la cour des aides ne regarde que comme *commission* pour la suppléer dans son absence, & renvoyé enfin devant ses juges naturels, qui étoient l'élection. Il a été obligé de recourir par appel à la premiere cour, qui a depuis peu ordonné son élargissement provisoire. Il répete en conséquence 150,000 livres de dommages-intéréts contre les fermiers-généraux, qui se tiennent cachés derriere le pro-

cureur du roi, à la requête duquel l'inftruction s'eft faite.

20 *Octobre* 1775. M. de Vaines ayant manqué son coup pour retirer toute l'édition de la *lettre à un profane*, cherche du moins à en diminuer autant qu'il peut les exemplaires. Il offre douze livres par chacun de ceux qu'on lui rapporte, ce qui prouve que la lettre de M. le contrôleur-général n'eft pas un contre-poifon fuffifant contre les traits envenimés de la calomnie fous lefquels il gémit.

20 *Octobre*. Un vannier ayant repréfenté à de jeunes gens, pris de vin fans doute, & fatisfaifant leur befoin devant fa porte, que ce n'étoit pas là le lieu; ceux-ci se font portés à plus d'indécence encore vis-à-vis de fa femme: ce qui a occafioné de la part du mari des reproches plus graves. Ils ont ripofté en l'affommant de coups de canne, auxquels ils ont joint plufieurs coups d'épée. Le commiffaire Chenon, très-mal famé depuis le rôle indigne qu'il a joué dans l'affaire du comte de Morangiès, s'eft encore plus mal conduit en cette occafion-ci. Mandé pour recevoir la plainte du bleffé & de fa femme, il a effrayé ces malheureux, & les a tourmentés au point de leur faire prendre cent écus pour tous dommages & intérêts, fous prétexte qu'ils n'auroient rien du tout s'ils perfiftoient à pourfuivre les affaffins en fuite.

20 *Octobre*. M. de Voltaire, fâché que perfonne ne répandît avec éclat la narration d'une fête qu'il a donné à Ferney le jour de la Saint Louis en l'honneur du roi, l'a fait lui-même, dans une *lettre à M. D****, datée de Ferney

le 26 août 1775. On dit *lui-même*, quoique l'auteur n'en parle qu'en tierce personne, & avec des éloges que l'amour-propre se prodigue volontiers, mais que l'usage n'est pas d'avouer : tournure devenue trop familiere au philosophe de Ferney pour en douter.

Cette fête consistoit en un prix accordé à celui des habitants qui tireroit le mieux. Ce prix étoit une médaille, où l'on voyoit la tête de M. Turgot ; on lisoit au revers : *Tutamen Regni*. Mad. de St. Julien, la femme du receveur du clergé, qui se trouvoit-là, a été invitée à tirer la premiere, &, comme on s'en doute, elle a gagné le prix, afin que le contrôleur-général des finances puisse la voir. Il faut pardonner ces puérilités à un vieillard plus qu'octogénaire. Il ne manque pas de faire mention du prince de Darmstadt, du fils de ce souverain, & de la niece de l'impératrice de Russie, présents à la cérémonie.

20 *Octobre* 1775. La partie civile de Finet a appellé au parlement de la sentence du lieutenant-criminel qui l'a élargi. On la critique fort, cette sentence rendue en faveur de ce suppôt de police, accusé d'avoir outragé un homme sans armes, en présence de 2,000 personnes, & d'avoir eu la lâcheté de le percer par terre. Les divers récits qu'on en entend, ajoutent tous à l'infamie de cette action.

20 *Octobre*. A la relation que l'on a vue de la fête donnée chez M. de Voltaire le jour de la St. Louis, il faut joindre le compliment suivant, sorti vraisemblablement de la Minerve de

M. de Florian, son neveu. Ce sont les habitants qui parlent.

« MONSIEUR,

» dans un jour qu'il nous est si doux de cé-
» lébrer, daignez agréer un hommage aussi lé-
» gitime & que vous méritez à tant de titres.
» Oui, Monsieur, vous êtes à la fois l'*Idomé-*
» *née* & le *Mentor* de cette nouvelle Salente.
» Ce doit être pour votre grande ame une sa-
» tisfaction bien digne d'elle, après une car-
» riere déja si glorieusement fournie, après avoir
» réuni l'admiration universelle de voir encore
» les talents & les arts venir en foule se réfu-
» gier auprès de leur protecteur. Puissent des
» jours aussi précieux à l'humanité être prolon-
» gés jusques au plus long terme! C'est le vœu
» de nos cœurs, auxquels vous avez inspiré les
» sentiments de la plus vive reconnoissance. »

21 *Octobre* 1775. On travaille à remettre à l'opéra *Adele de Ponthieu*, revue, corrigée & augmentée de deux actes, c'est-à-dire, mise en cinq. On parle d'un spectacle magnifique. Les auteurs des paroles & de la musique, messieurs de St. Marc & de la Borde, se donnent une peine prodigieuse pour obtenir un succès, devenu plus difficile par la satiété du public.

21 *Octobre* 1775. La fievre quarte mine toujours M. le duc d'Orléans. Ce prince étoit venu à Paris dans l'espoir d'y trouver des secours qu'il n'y a point obtenus. Il est reparti pour le Rinci. Cette maladie a tourné absolument son altesse du côté de la dévotion, à laquelle madame de Montesson l'avoit déja disposée. Tous deux s'occupent aujourd'hui d'idées & de projets relatifs à leur façon de penser. En conséquence M. le

duc d'Orléans a obtenu l'établissement d'une paroisse, servant d'annexe à celle de St. Roch, qu'on doit bâtir à la Chaussée-d'Antin, non loin du palais qu'il s'est fait construire attenant l'hôtel de son épouse secrete.

22 *Octobre* 1775. M. de Malesherbes, depuis qu'il est en place, tourne ses idées du côté des institutions patriotiques, ou du moins cherche à réformer les abus. Sous le feu roi, & surtout à la fin de son regne, ce qu'on appelloit les *roués de la cour*, se ruinoient & contractoient des dettes impunément. Ils se moquoient de leurs créanciers au moyen d'arrêts de surséance, ou de sauf-conduits, qu'ils obtenoient comme ils vouloient. Sur les représentations du nouveau ministre, il est décidé que cette grace n'aura plus lieu que dans des cas nécessaires, & lorsque les motifs en auront été discutés devant la commission nommée pour en connoître. On présume que ce sera la même que celle pour les lettres de cachet. En outre, ceux qui seront dans le cas d'en obtenir, seront obligés de se retirer modestement dans leurs terres, lorsqu'ils en auront, ou loin de Paris, jusqu'à ce qu'ils aient satisfait à leurs obligations.

C'est ainsi que l'on assure que les deux Villeroy, le prince de Henin, le duc de Sully, &c. doivent s'absenter de la cour, s'exiler volontairement par la décision du monarque.

21 *Octobre* 1775. Un nommé *Charlemagne*, pere, étoit un de ces laboureurs de la *France*, canton très-renommé pour la fourniture des bleds. Il étoit fort riche, comme ils le sont tous, & abusoit de son opulence pour maintenir le

bled à un taux cher par les manœuvres usitées de ces gens-là. Il avoit été mandé par M. Turgot pour un approvisionnement de cette denrée, & sollicité de la fournir à un prix médiocre; son envie de gagner, ou plutôt de conserver la confiance du ministre, l'avoit déterminé à accepter & à donner sa soumission. Ayant fait des réflexions sur son engagement, il a trouvé qu'il avoit mal spéculé. La tête lui a tourné, & il s'est empoisonné. Du moins sa mort soudaine, & toutes les circonstances qui l'ont accompagnée, le font présumer. Le gouvernement craignant que l'alarme ne se répande parmi ces gros cultivateurs, a cherché à assoupir les bruits d'un événement aussi sinistre, à quoi les prêtres ont concouru de leur côté, pour empêcher les progrès du suicide parmi une classe de gens où l'on ne présumeroit pas trouver des disciples de la philosophie moderne.

22 *Octobre* 1775. L'assemblée du clergé s'est fort occupée de la nouvelle secte des *Cordicoles*. On appelle ainsi les partisans d'une fête instituée par les jésuites en l'honneur du *sacré cœur de Jésus*, fête contre laquelle les jansénistes se sont élevés comme contre une espece d'idolâtrie. Depuis l'expulsion de l'ordre célebre qui a fondé cette fête, ses partisans parmi les évêques & les curés l'ont protégée & étendue. Il étoit question d'en faire une fête générale pour le royaume : heureusement il se trouve des prélats récalcitrants, & l'on espere que ce projet important échouera.

22 *Octobre* 1775. L'ouvrage *sur les mariages des protestants*, dont on a parlé, est composé de

de deux dialogues, dont le second est daté du premier août 1775.

L'auteur, dans un court avertissement, annonce qu'il ne s'est déterminé à rendre ses vues sur l'objet en question publiques, qu'après le bruit répandu que le gouvernement s'en occupoit sérieusement, & qu'il avoit invité l'assemblée du clergé à en examiner attentivement la justice, les avantages & les inconvénients.

Dans le premier, les interlocuteurs entrent en matiere à l'occasion d'une requête que le curé, poussé par son zele pour l'humanité & même pour la religion, présente à l'évêque en faveur des protestants, en l'engageant de la communiquer à l'assemblée du clergé. Celui-ci déclare qu'il n'a garde, qu'il est au contraire chargé d'une requête à son ordre pour l'objet opposé, quoiqu'il convienne qu'en ayant beaucoup dans son diocese, il n'a cependant point à s'en plaindre ; mais il prétend qu'ayant épuisé la voie des menaces pour les intimider, & de la controverse pour les éclairer, il n'y a plus rien à faire ; que ce qu'on peut leur accorder de mieux c'est de les laisser tranquilles. Le curé charitable n'est point de cet avis. Il assure que leur éloignement pour l'église romaine est moins fondé sur l'entêtement dans leur doctrine dont ils connoissent le foible & les variations, que sur l'antipathie qu'ils ont pour nos prêtres, qu'ils regardent avec raison comme les boute-feux des persécutions exercées contr'eux ; qu'il faut donc que le clergé commence par renverser ce mur de division, en travaillant lui-même à obtenir du gouvernement que les protestants recouvrent leur état civil en France : il prouve ensuite qu'il peut le faire sans préjudicier en rien à l'église romaine. Le prélat fait à cet égard toutes les objections que lui suggere son fanatisme. L'adversaire les pulvérise toutes, & le premier est réduit à n'avoir point de réplique. Il consent à sonder le terrein auprès de quelques-uns de ses confreres, & charge en même temps le curé de voir les protestants, & de conférer avec eux, pour savoir s'ils ne seroient pas disposés à laisser élever leurs enfants dans la catholicité, dans le cas où l'on feroit jouir les peres de tous les droits du citoyen.

Au second dialogue, le curé rend compte de sa conversation avec les chefs des protestants, entiérement conforme aux sentiments qu'il leur a déja supposés. Il n'y est pas question de leur acquiescement à l'enlevement de leurs enfants, parce que l'interlocuteur avoit déja réprouvé cette proposition comme barbare & contraire à la nature. De leur côté, les évêques, auxquels le prélat a parlé, répugnent à la démarche qu'on veut leur faire faire, en ce qu'elle seroit injurieuse à l'épiscopat, en ce qu'il seroit scandaleux qu'ils contribuassent eux-mêmes à perpétuer une secte déja trop nombreuse, sans être sûr de son retour; en un mot, en ce que la religion ne permet pas de favoriser un culte différent du sien. D'ailleurs, ajoute le prélat, les jésuites si utiles à la France, viennent d'être supprimés ; que diroit on, si nous proposions de rétablir les protestants ? Ce seroit en outre exposer les simples aux pieges d'une séduction puissante, par les appas flatteurs qu'elle préfente. Que ne doit-on pas craindre aufli pour notre culte de cette inondation d'hérétiques dans le royaume, qui bientôt, fiers de leur nombre, voudroient dans la fuite y donner le ton?

Telles font les quatre difficultés propofées par nofleigneurs, que réfout le curé, en prouvant que la premiere n'a pour objet qu'une chimere, puifqu'il n'eft pas queftion de culte, mais d'humanité; que la feconde n'eft pas moins illufoire, les jéfuites ne pouvant être tolérés dans aucun état, ni comme religieux, ni comme citoyens, ni comme hommes; ce qui donne lieu à l'orateur de tracer un portrait étendu, vigoureux & terrible de la fociété, qu'il préfente comme une compagnie de féditieux, de perfécuteurs, de régicides, d'empoifonneurs: que la troifieme n'a pas plus de fondement; que dans les circonftances actuelles le rétabliffement légal des religionnaires ne feroit aucun tort à l'églife; que leur héréfie, bien loin de faire de nouveaux progrès, perdroit plutôt de fes partifans qu'elle n'en acquéreroit; que d'ailleurs ils ne font pas dogmatifants; que le patriotifme l'emporte chez eux fur l'efprit de parti, au point que dans deux cents ans il n'y auroit plus de proteftants, fi leurs converfions pouvoient être libres & ne plus avoir l'air forcé, comme auparavant: ce qui répond à la derniere objection, & réduit le prélat à ne favoir plus que répliquer.

On ne peut qu'applaudir à l'efprit de fageffe, de tolérance, d'humanité de l'écrivain, à fes raifonnements méthodiques & lumineux. Mais ils ne convaincront point nofleigneurs, décidés à cet égard comme on a vu. Du reste, l'ouvrage, quoique bien fait, est verbeux. L'auteur revient souvent sur les mêmes idées, qu'il retourne en différentes manieres, sans doute par l'espoir de les mieux inculquer dans les têtes des prélats, dures sur un pareil article. Il est à espérer que le gouvernement sentira mieux qu'eux la nécessité de ménager une portion de l'état aussi considérable, & de ne pas mettre au désespoir trois millions de citoyens.

22 *Octobre* 1775. On parle beaucoup d'un comité tenu par les ministres à Montigny, terre de M. de Trudaine, près de Fontainebleau, où ils se sont rendus séparément sous prétexte de le visiter. Mais on ne doute pas que ce ne soit pour se concilier sur différents projets. On en conclut que l'intendant des finances chez lequel s'est tenu le conciliabule, ne peut manquer de jouer un rôle, étant d'ailleurs fort lié avec M. Turgot, & grand économiste comme lui.

22 *Octobre*. On est toujours incertain du sujet qui occupera le ministere de la guerre. Mais si le conseil pour ce département n'a pas lieu, on présume qu'on retranchera de beaucoup le pouvoir du ministre ; qu'on ne lui laissera que la nomination aux emplois, aux graces, la discipline, les mouvements des troupes, en un mot, ce qui concerne la partie de l'homme & des opérations de guerre ; & que toutes celles de la finance & de l'administration des détails relatifs à cette partie, comme habillements, vivres, fourrages, seront renvoyés au contrôleur-général.

23 *Octobre* 1775. On mande de Rome un trait

qui fait honneur aux lumieres & à l'esprit de tolérance du St. pere. On rapporte qu'ayant surpris un jeune enfant qui peignoit, & dont l'ouvrage lui parut marquer du talent, il rassura sa timidité, & lui dit qu'il vouloit lui donner une place dans les éleves du college Romain. A quoi l'enfant répondit qu'il ne pouvoit profiter de la bonne volonté du pontife, puisqu'il étoit protestant : « J'aimerois mieux que vous
» fussiez catholique, répliqua le St. pere,
» mais la peinture n'a rien de commun avec
» la religion, & votre culte ne doit mettre
» aucun obstacle à ma bienfaisance à votre
» égard. »

23 *Octobre* 1775. L'usage des autres académies est que les jetons qui s'accumulent pendant les vacances, sont un revenant bon pour le secretaire ; on ne sait pas encore si l'ardeur de certains membres de l'académie Françoise pour ne pas perdre le profit des séances, fera déroger à ce réglement. Ce seroit pour M. d'Alembert un accroissement de plus de 2,000 livres de revenu.

23 *Octobre*. Quoiqu'on nous flatte que la demoiselle Arnoux reparoîtra dans l'opéra d'*Adele de Ponthieu*, cette actrice vieille au théâtre, sans voix, & dont la figure ne porte plus d'intérêt, ne peut dédommager les amateurs de la perte de mademoiselle la Guerre, jeune sujet d'une jolie figure d'un organe sonore, & dont le jeu annonçoit un talent décidé. Graces à monsieur le duc de Bouillon, elle s'est déja assurée un revenu considérable & se retire, ce qui désole les partisans de l'actrice en question.

23 *Octobre*. Il passe pour constant que monsieur

le comte de Saint-Germain est mandé pour avoir le département de la guerre. Ce lieutenant général, passé sur la fin de la derniere guerre au service de Danemarck, étoit revenu en France depuis quelque temps, & s'est retiré en Alsace sa patrie, où il vit de dix mille livres de pension que le roi lui fait. On peut se rappeller comment, ayant placé tout son bien sur un banquier de Hambourg qui fit banqueroute, les officiers du régiment *Royal Alsace*, ses compatriotes, & amis, avoient arrêté de se cotiser pour lui faire un sort ; ce qui fit honte au ministere & occasiona le traitement dont il jouit.

24 octobre 1775. Une affaire portée à la chambre des vacations y a attiré beaucoup de monde, & y a fait bruit, à raison de deux ex jésuites, dont l'un joue le rôle principal, & l'autre un secondaire assez important. Il s'agit d'une demoiselle à qui le premier avoit fait une promesse de mariage qu'il n'a pas voulu remplir, & qu'il a même retirée par des moyens indignes, suivant le mémoire qui paroît pour la demanderesse, intitulée la Dlle. Peloux, de St. Remi en Provence, contre le Sr. *la Touloubre, l'Evêque des ci-devant soi-disant jésuites*, aujourd'hui tenant la pension de Chaillot sous le titre d'*Institution de la jeune noblesse*. Cette aventure est pleine d'incidents romanesques, très-propres à exciter la curiosité du lecteur. Mais les philosophes, plus scrutateurs, qui dans la conduite d'un individu seront bien-aises d'étudier celle de la société, pour séduire & pour perdre tour-à-tour les malheureux objets de leurs liaisons, y trouveront toutes les reſſources de leur politique infernale dans l'un & l'autre genre. Ils y verront comment l'ancien diſciple d'Ignace, après avoir employé les manœuvres les plus ſourdes & les plus éloignées, afin d'enlacer une jeune perſonne dont il étoit amoureux, a ourdi la trame la plus abominable pour s'en débarraſſer enſuite, & faire tourner contr'elle ſa facilité, ſa bonne foi & ſa paſſion : ils y verront à quel point ces individus même diſperſés ſe ſoutiennent par le zele incroyable dont ſon confrere, l'abbé *de la Marche*, s'eſt immiſcé ſans néceſſité dans cette horrible intrigue, & y a ſacrifié ſon honneur & ſon repos. On doit préſumer par le jugement en premiere inſtance que ces faits ſont vrais, puiſque le châtelet a déja condamné l'Evêque à 20,000 livres de dommages-intérêts envers la nouvelle Ariane.

24 *Octobre* 1775. M. de Malesherbes s'occupe ſans relâche de toutes les bonnes réformes qui peuvent diſtinguer ſon miniſtere. Bicêtre eſt un château où l'on renferme les divers mauvais ſujets de Paris, dont un grand nombre ſeroit digne de périr par le glaive de la juſtice. Ces malheureux étant par milliers en ce lieu, il n'eſt pas poſſible de les tenir ſéparés : on les aſſocie par centaines dans de vaſtes ſalles. C'eſt-là qu'au moyen de la communication les ſimples coquins deviennent bientôt des ſcélérats achevés, & ceux-ci ſe rendurciſſent encore plus dans le crime, s'il eſt poſſible. Qui le croiroit ! juſqu'à préſent les ſecretaires d'état, chargés du département de Paris, avoient négligé d'apporter quelque remede à cette contagion, en occupant au moins ces individus de façon à les

distraire de leur coupable fainéantise. L'abus est devenu si énorme, que le gouvernement a enfin jugé nécessaire de l'arrêter : il est question de les employer aux travaux publics, & M. de Malesherbes a un plan à cet égard. On espere e voir éclorre incessamment.

25 *Octobre* 1775. Quoique sa majesté n'ait point encore déclaré solemnellement son choix à l'égard du comte de St. Germain, on n'en doute plus, & l'on sait qu'un courier est parti pour l'aller chercher à la charrue, comme autrefois les Romains alloient chercher leurs généraux. Il s'agit de savoir s'il acceptera, ce qu'on espere sans doute, & on l'attend incessamment à Fontainebleau.

25 *Octobre*. Les prisons de Paris sont un autre objet qui a excité trop légérement jusqu'aujourd'hui l'attention des magistrats. Il est affreux de voir dans ces lieux infects les malheureux entassés sans air, & souvent victimes d'épidémies occasionées dans les temps de chaleur. En attendant qu'on puisse y remédier plus efficacement, on assure que l'on se propose de ne laisser à la conciergerie & au petit châtelet que les plus criminels, & de transférer le surplus dans des maisons plus aérées. L'on a jeté les vues sur une partie du terrein des célestins, très-propre à fournir un pareil emplacement.

26 *Octobre* 1775. La fievre quarte du duc d'Orléans va mieux, en ce que les accès diminuent. On n'est pas content de la santé du prince de Conti. S. A. fatiguée par un travail continuel de corps & d'esprit, & par des excès

de plusieurs genres, tombe dans une espece de langueur.

26 *Octobre* 1775. En donnant le département de la guerre à M. le comte de St. Germain, on parle de l'écorner furieusement. Il est question de remettre l'artillerie sur le même pied où elle étoit sous le duc du Maine, & de donner cette partie au comte d'Artois.

On parle de la suppression des trésoriers de l'extraordinaire des guerres, & de réunir ces charges à celles du garde du trésor royal, qui feroit le service de ces messieurs ; ce qui rentre dans le démembrement annoncé, & mettroit dans la main du contrôleur-général une grande partie de la finance.

Enfin on veut que les provinces dont étoit chargé M. le maréchal de Muy soient réunies au département de M. de Malesherbes.

26 *Octobre*. Il est déja des politiques qui redoutent la nomination de M. le comte de St. Germain au département de la guerre. Ils craignent que ce militaire entreprenant & la tête remplie d'idées belliqueuses, ne nous procure la guerre ; ce qui est prévoir les choses de bien loin.

26 *Octobre*. En attendant la remise *d'Adele de Ponthieu* à l'opéra, on dispose des fragments.

On croit que Mlle. Arnoux, toujours retirée, ne jouera *Adele* qu'au cachet, c'est-à-dire, à tant par représentation : condition qu'on lui avoit proposée précédemment, & qu'elle avoit refusée.

27 *Octobre* 1775. On a fait à M. le maréchal de Muy l'épitaphe suivante. Pour mieux l'entendre, il faut se souvenir qu'il est enterré à Sens.

aux pieds de M. le dauphin, dont il étoit menin. On ne sait si l'on gravera réellement sur sa tombe cette inscription, bien digne d'y être mise :

Sincere dans les cours, austere dans les camps,
Stoïque sans humeur, généreux sans foiblesse,
Le mérite à ses yeux fut la seule noblesse :
Sous le joug du devoir il fit fléchir les grands ;
Méprisant leur crédit, mais payant leurs blessures,
Il obtint leur estime en bravant leurs murmures.
Juste dans ses refus, juste dans ses bienfaits,
Il n'eut point de flatteur, & ne voulut pas l'être :
Il fut & le censeur & l'ami de son maître.
Placé auprès d'un héros, objet de nos regrets,
  Il nous rappelle son image.
Leurs manes dans ce temple habitent confondus :
  L'état leur doit un double hommage.
  L'un fut le *Caton* de notre âge ;
  L'autre en eut été le *Titus* !

26 *Octobre* 1775. Le défenseur de l'*Evêque*, nommé *Ader*, fait paroître à son tour un mémoire, où il annonce qu'on ne doit rien présumer contre sa partie du premier jugement, puisqu'elle n'a pas été défendue au châtelet. Il trace d'un pinceau vigoureux le forfait de la demoiselle, qu'il peint des couleurs les plus odieuses. Il restitue les faits à sa maniere, & il en résulteroit une justification complete de son client. Le moyen de décider entre des faits si contradictoires ! il faut attendre l'arrêt. Le parti janséniste soutient fortement la Dlle. Peloux,

& l'on voit à la tête MM. Clément, ces héros de la secte. De leur côté, les partisans des jésuites se donnent de grands mouvements & cabalent de toutes leurs forces pour un homme qu'on ne pouvoit persécuter si cruellement que parce qu'il a été membre de la société.

27 Octobre 1775. On assure que M. le comte de St. Germain a accepté, & qu'il est à Fontainebleau.

27 Octobre. On parle depuis long-temps d'un projet de démission donné par M. le chancelier, à condition que ce seroit en faveur de monsieur de Malesherbes ; ce qui seroit un coup de politique de la part de ce fin renard, cherchant à se mettre au moins en sûreté.

28 Octobre 1775. L'usage, à la fin de la chambre des vacations, qui a tenu hier sa derniere séance, est de clorre le tout par un grand repas que le président donne aux magistrats, & par un autre que se donnent les avocats qui ont plaidé, auquel est invité & préside le substitut le plus ancien du procureur-général, en ayant fait les fonctions pendant ce temps. Le schisme qui s'étoit manifesté dès le commencement, par la déclaration tacite de monsieur de Lamoignon qu'il ne feroit point appeller les causes des procureurs, ci-devant *avocats dus...* en demandant ce qui avoit aigri ceux-ci, rechignant à produire leurs pieces, même en défendant, s'est développé plus ouvertement en cette occasion, où les avocats non-rentrés sous le tripot ont fait bande à part d'avec les autres. En sorte qu'il y avoit deux repas. Ceux-ci avoient finement gagné de primauté pour inviter M. de Sainfray, le substitut de service,

excellent patriote & victime long-temps de son zele pour la bonne cause, lequel ignorant ce qui se passoit, avoit accepté. Mais instruit depuis, il a préféré la bande des premiers, ce qui a fort humilié les autres, & ne contribuera pas à remettre l'harmonie dans l'ordre.

28 Octobre 1775. Le bruit court que monsieur Rousseau de Geneve, fatigué de son repos, va reparoître sur la scene, & que pour plus d'éclat il a choisi la comédie Françoise. On dit qu'il va donner son *Pygmalion* à ce théatre.

29 Octobre 1775. M. le comte de St. Germain a accepté, & est en effet à Fontainebleau depuis jeudi. C'est un homme ferme & entier. On ne sait si les démembrements proposés auront lieu, ou du moins s'il y acquiescera. On continue pourtant à prétendre aujourd'hui que l'artillerie est soustraite du département de la guerre, non en faveur du comte d'Artois, mais de *monsieur*, & d'ailleurs avec des modifications qui en conservent le plus essentiel à M. de St. Germain. Du reste, on croit que c'est à M. de Malesherbes qu'on est redevable du choix du roi, & que ce ministre lui-même n'a songé au comte de St. Germain qu'enthousiasmé par tout ce que le Sr. Dubois, le nouveau commandant du guet, la créature de ce général, lui en a rapporté.

29 Octobre. Les comédiens François annoncent en effet aujourd'hui *Pygmalion*, scene lyrique de M. J. J. Rousseau : ce qui ne peut manquer de piquer la curiosité générale.

30 Octobre 1775. Le comte de St. Germain ayant paru à Fontainebleau sans ordre, puisqu'il avoit renvoyé le cordon rouge, S. M. l'a ap-

pellé M. le maréchal : ce qui fait croire qu'il ne tardera pas à l'être. Du reste, le militaire est très-content de ce choix ; & voici le résumé de sa vie.

C'est un gentilhomme d'Alsace, à simple tonsure. Il a été jésuite dans sa premiere jeunesse, & a même professé. Il a quitté l'ordre pour être lieutenant, puis capitaine de milice. On veut que de-là il ait successivement passé au service de l'électeur Palatin, de la maison d'Autriche & de l'empereur Charles VII. De-là il est revenu en France, servir sous le maréchal de Saxe, qui en faisoit un cas particulier, & a acquis ainsi les différents grades militaires : il avoit été fait cordon rouge & étoit à la veille d'être maréchal de France, lorsque ses tracasseries avec M. de Broglio le dégoûterent & le déterminerent à accepter les offres du feu roi de Danemarck. Le roi d'aujourd'hui l'ayant remercié avec un traitement pécuniaire considérable, M. de Saint-Germain préféra cent mille écus argent comptant, qu'il plaça sur le banquier de Hambourg, banqueroutier : on a rapporté le surplus.

M. de St. Germain étoit en bonnet rouge & en redingote dans son jardin, lorsque l'abbé Dubois, le frere du commandant du guet, est venu lui annoncer sa nomination ; il s'est écrié : *est-ce qu'on songe encore à moi ?* & est parti.

31 *Octobre* 1775. Comme on imprime tout, on vient d'imprimer aussi *le Testament du comte d'Eu*, en date du 14 juillet 1774, & son codicile, du 20 juillet 1775. Cette piece, en deux parties, est curieuse par la présence d'esprit que S. A. témoigne dans l'une & dans l'au-

tre par des détails immenses qu'elle dispose sans confusion, & par une mémoire locale qui lui fait assigner l'endroit où est chaque chose, comme si elle la voyoit sous ses yeux. Ce monument sera plus précieux encore sans doute par la bienfaisance multipliée qui s'y manifeste envers tous ceux qui avoient l'honneur de l'approcher.

M. le duc de Penthievre a été extrêmement affligé de la publicité de ces deux pieces, à raison de la mention qu'on y fait d'une imprimerie qu'avoit chez lui le prince défunt ; ce qui est contraire aux réglements ; mais encore plus de la méchanceté avec laquelle on a inféré dans les gazettes que la ressemblance des caracteres de cette imprimerie avec ceux du livre de *la correspondance* sembloit faire croire que c'est chez le comte d'Eu qu'il avoit été imprimé : ce qui est absolument faux.

31 *Octobre* 1775. Les comédiens François, avant de jouer *Pygmalion*, ont député vers monsieur Rousseau de Geneve pour obtenir son agrément. Comme c'étoit le soir & qu'il faisoit nuit, ce philosophe toujours singulier n'a point voulu ouvrir sa porte, & a dit qu'on revînt le lendemain. On y est allé. Il a répondu qu'il n'acquiesçoit point à cela, mais qu'il ne s'y opposoit point ; qu'il ne feroit aucune démarche pour ou contre ; qu'il les prévenoit seulement que cet ouvrage lui avoit été enlevé, imprimé furtivement ; qu'il y avoit plusieurs fautes, dont il a rapporté quelques-unes. Il ne veut point sa part d'auteur ; mais les histrions qui se piquent d'une grande générosité, ont arrêté qu'elle lui seroit toujours portée.

31 *Octobre* 1775. Tout le militaire paroît satisfait du choix fait par S. M. de M. le comte de St. Germain pour secretaire d'état de la guerre; mais les gens de cour en sont furieux, d'autant qu'ils ne pourront point cabaler avec lui; que n'ayant aucune famille, aucun entour, ne tenant à rien, les graces ne s'accorderont qu'au seul mérite, & la faveur n'aura point de jeu. On assure qu'on peut regarder cette nomination comme d'autant plus sage, que le roi, outre l'avis qu'il avoit du maréchal de Muy à cet égard, ayant séparément consulté chacun de ses ministres, a eu la satisfaction de voir que leurs opinions se rapportoient toutes sur le compte de M. le comte de St. Germain. Du reste, le secret a été parfaitement gardé jusqu'à ce qu'on sût s'il accepteroit. L'on cite le bon mot de M. le comte d'Artois, qui n'étant pas mieux instruit que les autres, a dit: *on ne veut pas que le successeur de M. de Muy ait la pierre, car on le sonde bien.*

1 *Novembre* 1775. *Pygmalion* est une seule scene en prose très-accentuée; c'est un monologue très-chaud, où cet artiste fameux développe la vivacité de ses sentiments pour la statue, œuvre de ses mains. C'est un morceau de quelques minutes de lecture seulement : mais au moyen de la musique qui y est jointe, de l'ouverture, & des acompagnements remplissant les silences & les repos de ce soliloque, il dure une petite demi-heure. Par une bizarrerie bien digne de l'auteur, il n'a point fait toute la musique de ce petit drame : la seule ouverture est de lui; le reste des symphonies est d'un M. Cognet, négociant de Lyon, &

amateur. Il est dommage que l'énergie de celle-ci ne réponde pas à celle du dialogue, à la situation violente de *Pygmalion*. La scene a fait la plus grande sensation : malgré cette infériorité, on peut la regarder comme un petit chef-d'œuvre, dont il faudroit cependant supprimer quelques idées trop abstraites, quelques expressions sentant trop l'école & le dialecticien. Du reste, des peintures voluptueuses, des choses hardies, sous la fabrique des dieux, sur l'homme, sur les passions, ont scandalisé certaines gens, qui n'ont pas voulu faire attention que c'étoit un païen qui parloit.

Le sieur la Rive a fait le rôle de *Pygmalion*, & comme c'est le premier qu'il joue d'après lui, on a été fort attentif à son exécution : elle a semblé libre, ferme, naturelle & chaude. C'est un acteur qui donne les plus grandes espérances, qui se possede & ne se livre que lorsque la passion l'exige. Mlle. Raucoux a représenté la *statue* & étoit vraiment belle dans cette attitude. On a dit que c'étoit le meilleur rôle qu'elle eût encore fait. La décoration est charmante, & les comédiens se sont efforcés d'enrichir la représentation de tous les accessoires convenables.

1 *Novembre* 1775. M. le comte de St. Germain est actuellement à Versailles, où étoient restés les bureaux de la guerre, n'étant point nécessaires à Fontainebleau, où le maréchal de Muy n'auroit pu se rendre que très-tard, à raison de l'opération qu'il devoit subir. Le roi a remis de sa main la croix de St. Louis à son nouveau secrétaire d'état. Il lui a fait donner cent mille écus pour se meubler & monter

sa maison. On sait qu'il avoit le grade de feld maréchal en Danemarck, ce qui le désigne encore mieux pour être nommé incessamment maréchal de France.

2 *Novembre* 1775. M. le duc d'Orléans va mieux, il est quitte de la fievre quarte : mais le prince de Conti alarmé de plus en plus par une fievre ardente qui le ruine depuis trois mois, par l'éruption d'une humeur âcre & corrosive qui lui cause des démangeaisons insupportables, & plus encore par sa façon extraordinaire de se conduire. Trois médecins, savoir les sieurs Petit, Bordeu & Fumé, viennent souvent en consultation, & S. A. soutient these contr'eux & s'emporte avec une telle fureur que ces séances lui deviennent très-funestes. Elle se persuade en savoir plus en médecine que les docteurs, & sur-tout relativement à son propre individu. Si ce prince continue sa maniere de vivre, il est impossible qu'il y tienne encore long-temps : il est d'une maigreur à faire frémir ceux qui l'approchent.

3 *Novembre* 1775. Les capucins, les recolets les carmes & les jacobins ont député à l'assemblée du clergé, à l'instigation de l'évêque de Chartres, pour représenter à nosseigneurs l'état de délabrement où tomboient* en France leurs communautés par le défaut de sujets, défaut qu'ils attribuent à l'émission des vœux reculée trop loin par le réglement dernier. En conséquence ils demandoient à nosseigneurs les prélats de supplier le roi de rapprocher ce terme comme autrefois. Ce sont les jacobins qui ont présenté le mémoire.

L'assemblée a tenu peu compte de leur suppliqué : elle leur a répondu qu'on y feroit attention, mais qu'il étoit essentiel avant de réformer leurs constitutions très-vicieuses. Le vrai est que les prélats ont senti que le temps n'étoit rien moins qu'opportun pour une semblable demande, & qu'il seroit trop heureux pour ces moines d'exister tellement quellement, jusqu'à des circonstances plus favorables.

4 *Novembre* 1775. On peut se rappeller les assertions singulieres avancées par M. de la Lande, concernant les cometes, assertions dont les astronomes ses confreres ne sont pas convenus tous. M. de Cassini entr'autres ayant par ses contradictions offensé l'amour-propre très-irascible de l'académicien, celui-ci a profité de l'occasion qu'il a trouvée de faire imprimer une lettre extrêmement mordante contre son adversaire, dont il releve l'ignorance, en y ajoutant des anecdotes étrangeres à la querelle, mais piquantes, concernant le personnage en question. Il a eu l'imprudence d'en donner quelques exemplaires à ses amis pour essayer comment cela prendroit. M. de Cassini en a été fort offensé, a menacé M. de la Lande de l'attaquer en justice. Celui-ci, effrayé, a retiré le peu d'exemplaires qu'il avoit distribués ; mais on en a gardé des copies manuscrites, & d'ailleurs l'accusation est si grave, qu'il est difficile que l'académie n'en prenne pas connoissance & ne rende pas justice à l'offensé.

4 *Novembre*. On renouvelle le bruit que le roi, fâché de n'avoir point d'enfants, & ayant consulté la faculté à cet égard, elle l'a déterminé à subir l'opération convenable, c'est-à-dire, à se faire couper le filet, en termes de

l'art. On espere qu'avec ce léger secours, rien ne contrariera la nature ; que ce monarque & son auguste compagne deviendront parfaitement heureux, & nous donneront la postérité desirée.

4 *Novembre* 1775. Des graces accordées déja par M. le comte de St. Germain, que jusques-là, son prédécesseur avoit refusées durement, commencent à rendre le nouveau secretaire d'état très-agréable & à faire espérer qu'il rendra le militaire plus heureux.

5 *Novembre* 1775. On a remis vendredi à l'opéra les actes de *Tirtée*, d'*Alphée & Aréthuse*, & d'*Erosine*. Les deux premiers ont été si mal rendus, que le public, de très-mauvaise humeur d'être ennuyé depuis long-temps à ce spectacle par une détestable exécution, a fait retomber son indignation sur la Dlle. Châteauneuf. Les huées ont été si abondantes & si soutenues qu'elle s'est trouvée mal. On l'a cependant forcée de continuer son rôle, & sa sensibilité lui a valu plus d'indulgence. L'acte d'*Erosine* a été mieux rendu par le Sr. le Gros, il a eu le plus grand succès. La Dlle. Arnoux, qui y a reparu, n'en a pas obtenu autant.

5 *Novembre*. Il passe pour constant que madame la comtesse d'Artois est grosse. Son auguste époux, toujours aimable & folâtre, amuse la cour. Il aime beaucoup le billard ; il y joue avec M. le duc de Chartres, & cela forme spectacle pour la reine & les princesses, qui assistent aux jeux de ces illustres athletes. Il paroît que M. le duc de Chartres est le plus fort. Ce prince est dans une grande intimité avec le premier. Quoique le jour des morts

soit un jour de cérémoial & d'étiquette à la cour, ce dernier est venu faire la St. Hubert avec M. le duc de Chartres. Ils ont ensuite été à la comédie Françoise, à la répétition de l'opéra, souper au Palais-royal, & M. le comte d'Artois est retourné coucher à Fontainebleau.

5 *Novembre* 1775. C'est à vingt-un ans seulement qu'un jeune homme peut aujourd'hui entrer novice dans un couvent, & c'est à 16 qu'étoit autrefois fixée cette époque, à laquelle la députation des moines, dont on a parlé, sollicitoit qu'on rappellât les réglements. En vain quelques religieux ont-ils cru y suppléer par une ruse utile, & que M. l'archevêque de Toulouse leur avoit suggérée, prévoyant bien qu'elle tourneroit au profit de la société, sans lui être nuisible, mais que l'espoir du succès avoit fait adopter à certains ordres riches. Cette ruse étoit de prendre des aspirants, ce qui peut se faire à tout âge, de les former à de bonnes études & de les conserver en état de liberté jusqu'à l'âge nécessaire. Mais la plupart de ces aspirants, après s'être ainsi éduqués aux dépens des monasteres, les quittent avant le temps prescrit & reviennent dans le monde. C'est à ces évasions, dont ils sont dupes, que les moines vouloient obvier.

5 *Novembre*. Le sieur de Beaumarchais est encore en Angleterre & y a déja fait plusieurs voyages par ordre du gouvernement, sans que les politiques puissent deviner au juste les motifs de tant de courses mystérieuses. On présume cependant que, vu l'état de crise de nos voisins, vu le caractere de l'homme, son génie d'intrigue, son activité, son impudence, sa souplesse,

il est allé remplir un de ces rôles de boute-feu que ne peut faire un agent caractérisé, & qu'on confie à un homme sans titre, qu'on désavoue au besoin, & même qu'on laisse pendre si c'est nécessaire.

5 *Novembre* 1775. *Pygmalion* prend avec fureur, & la singularité du spectacle est un puissant aiguillon pour le public.

6 *Novembre* 1775. Madame la comtesse Dubarri a eu permission de revenir à Lucienne pendant l'éloignement de la cour. Elle y a passé quelques jours. Tous ces adoucissements donnent lieu d'espérer qu'elle rentrera bientôt dans la capitale.

6 *Novembre*. Depuis l'institution d'un nouveau jeu de hasard, intitulé : *la Belle*, on compte dans Paris douze maisons de femmes qui ont permission de recevoir le public à certains jours de la semaine. On est surpris que M. de Malesherbes n'ait point réformé ces coupegorges. Mais sans doute qu'on lui a fait voir la nécessité de les laisser subsister comme des refuges nécessaires à quantité de fainéants, très disposés à devenir plus mauvais sujets sans ce passe-temps. Quoi qu'il en soit, le ministre a voulu du moins tourner cet abus inévitable à quelque utilité publique. Ces maisons ont deux jours par semaine, auxquels les banquiers présidents donnent 6 louis à la maîtresse & se chargent de tous les frais On leur en a accordé un 3eme., mais auquel les 6 louis doivent appartenir en entier à la police. Ce qui forme un impôt annuel de plus de 80,000 livres, applicable à des objets de charité, ou de nécessité, ou d'embellissement, &c.

7 Novembre 1775. Extrait d'une lettre d'Amsterdam, du 2 novembre.... Il se répand ici des exemplaires d'un livre intitulé : *Anecdotes sur madame la comtesse Dubarri*, avec cette épigraphe : *Hæc ubi suppossuit dextro mihi corpore levum, Illia & Egeria est, do nomen quod libet illi.* Cet ouvrage est si scandaleux & si piquant, que, malgré la liberté du commerce de la librairie, on ne le vend que furtivement. Il n'y a cependant aucune apparence que ce soit le pamphlet du Sr. Morande, puisque le sieur Beaumarchais en a acheté le manuscrit. D'ailleurs on dit qu'il n'y a ni obscénité ni calomnie, que c'est une histoire suivie de la vie de l'héroïne, depuis sa naissance jusqu'à la mort de Louis XV, mais très-détaillée, remplie d'anecdotes, & compromettant nécessairement beaucoup de gens de la cour & les anciens ministres les plus distingués.

7 Novembre. Tous les termes étant importants dans les réponses du roi, on ne sauroit trop en recueillir le véritable texte. L'usage de messieurs du clergé est de ne rien communiquer, durant l'assemblée, de leur correspondance avec la cour. La réponse donc, dont on a rapporté la substance, a été fort altérée. En voici la formule exacte & précise.

Réponse du roi aux remontrances de l'assemblée du clergé, prise sur l'original écrit de sa propre main.

« J'écouterai toujours très-volontiers les repré-
» sentations du clergé de mon royaume, prin-
» cipalement sur-tout ce qui regarde la religion.
» J'emploierai l'autorité que dieu m'a confiée

» à la faire respecter, & à réprimer la licence
» qui pourroit y donner atteinte.

» Je compte que les évêques, par leur sagesse
» & par leur exemple, continueront de contri-
» buer aux succès de mes soins. »

7 *Novembre* 1775. *Bernard*, surnommé *le Gentil* par M. de Voltaire, épithete caractéristique qui lui restera, est mort ces jours-ci. On a parlé plus d'une fois de l'état déplorable où il étoit depuis plusieurs années, n'ayant plus aucune mémoire : ainsi sa perte ne forme aucun vuide dans la littérature. Il est fâcheux que presque tous ses ouvrages aient paru furtivement & qu'il n'ait pas pu lui même les revoir & en donner une édition complete.

8 *Novembre* 1775. Extrait d'une lettre de Pau, du 30 octobre 1775. Le parlement a été consterné d'apprendre la derniere résolution de la cour le concernant ; elle est de le rétablir absolument comme il étoit en 1765 : il faut faire attention que cette compagnie est dans un cas totalement différent des autres. Le parlement de Pau est le même qu'il étoit alors, quant à son essence ; il n'a point été supprimé & recréé par M. de Maupeou à l'instar des autres ; il n'a fait que le dévenaliser, droit qu'on n'a jamais contesté au souverain : du reste, il étoit réduit à un moindre nombre dès 1765, & c'est encore un pouvoir que le monarque vient d'exercer tout récemment à l'égard du parlement de Paris, qui ne s'y est pas opposé.

Lors des démissions de 1765, les non-démis restoient en beaucoup plus grand nombre qu'il n'en falloit pour composer le parlement, puisque cinq ici suffisent pour faire arrêt. Les autres membres reçus depuis ont rempli les formalités d'usage, ils ont levé les charges aux parties casuelles sur des démissions pures & simples données par les anciens titulaires; ils ont été reçus avec l'agrément du roi & de la compagnie: ce ne sont pas d'ailleurs des polissons, ils sont presque tous d'une naissance distinguée, & les moindres étoient des avocats très-estimés au barreau.

Enfin, en amalgamant ensemble les démis de 1765 & les membres du parlement actuel, il ne se trouvoit que deux places de conseiller & une de président de trop, qu'on auroit aisément supprimées en très-peu de temps par la mort ou démission de plusieurs très-âgés.

Ce qu'il y a de plus extraordinaire, c'est que cette besogne se fait contre le vœu des états de la province, qui sont très-contents du parlement actuel, qui détestoient les anciens, & se sont toujours refusés aux propositions que certains partisans des démettants ont faites en diverses circonstances pour demander la réintégration du parlement comme en 1765.

8 *Novembre* 1775. M. d'Ormesson, intendant des finances, languissant depuis long-temps, vient de mourir. Son fils avoit la survivance & l'adjonction, en sorte que cet événement ne doit rien changer à son état. On compte même que malgré sa jeunesse & son peu d'expérience, il conservera ses départements, quoique très-chargés, dans leur totalité, au moyen du Sr. d'Ailly, un de ses premiers commis, très-ami de M. le contrôleur-général.

8 *Novembre*. On assure que tout étoit prêt pour faire subir au roi l'opération différée depuis

depuis trop long-temps, mais que S. M. en voyant l'appareil a voulu retarder encore jusques à son retour à Versailles, & que ce jour même elle est allée à la chasse & a forcé trois sangliers; ce qui annonce & prouve combien sa constitution se fortifie & se consolide.

9 Novembre 1775. M. le Noir, conseiller d'état, est en effet parti pour Pau il y a plusieurs jours : il aura avec lui M. Journet, l'intendant d'Auch : ils seront seuls commissaires du roi pour cette mission, & nul officier militaire ne doit présider au rétablissement du parlement de cette ville.

Ce rétablissement a été arrêté uniquement entre M. le garde-des-sceaux, M. le comte de Maurepas, M. de Malesherbes & M. le contrôleur-général; les autres ministres ne s'en sont mêlés en rien, & le roi lui-même s'en rapportant entièrement au zele de ces ministres, n'a fait que signer l'édit comme une suite du plan général arrêté il y a un an.

L'avis de M. de Miromenil avoit été pendant long-temps de rendre au parlement de Navarre les officiers démis en 1765, & d'y réunir les officiers actuels, dont on juge sans doute la réception légale, puisque par l'édit, quoiqu'ils soient renvoyés, il est dit que S. M. se réserve à leur accorder de nouveau l'agrément d'acheter des charges vacantes, & siéger sur leurs anciennes provisions. C'est monsieur de Malesherbes qui, plus conséquent, plus ferme, plus entier que le garde-des-sceaux, lui a fait entendre que, devenus maîtres de sa besogne par la confiance du roi, il ne falloit en ce cas-ci laisser aucun louche, il falloit suivre les principes dans toute leur rigueur ; que le plus grand nombre des officiers ayant suspendu leurs fonctions en 1765, & cette pluralité formant essentiellement le vœu de la compagnie, tout ce qui s'en étoit suivi étoit illégal, même la reprise du service par le plus petit nombre ; & la compagnie avoit continué de résider parmi les membres dispersés, exilés, emprisonnés, & non parmi les schismatiques, &c.

9 Novembre 1775. La maladie épizootique régnant dans les provinces méridionales est un fléau général pour tout le royaume, par le secours que le gouvernement est nécessité à verser sans cesse dans ces provinces, qui, bien loin de pouvoir y subvenir par des augmentations d'impôts, sont au contraire dans le cas de mériter des diminutions. On sait que, suivant le réglement du mois de février, l'on fait assommer les bœufs attaqués, & qu'on les enterre très-profondement. La convention est que sur l'estimation faite de la bête tuée en présence des officiers municipaux, S. M. paie un tiers de la valeur au propriétaire, & en outre tous les frais de tuerie, d'enfouissement ; & pour la seule province de Béarn, il en coûte déja plus de 700,000 livres au roi : en y joignant les frais qu'occasione la généralité d'Auch, beaucoup plus étendue, cela doit aller à plusieurs millions.

9 Novembre. C'est vendredi prochain qu'on doit jouer à la cour la tragédie de *Menzikoff*, de M. de la Harpe.

Un tour de page cause une grande désolation parmi les demoiselles de la comédie ; on leur a soufflé une vermine fort désagréable qui les tourmente, & est une espece d'épidémie répanduc parmi elles : ce qui amuse depuis plusieurs jours la jeunesse brillante de Fontainebleau.

10 *Novembre* 1775. M. le comte de St. Germain a déclaré que la premiere chose dont il alloit s'occuper, ce seroit de venir au secours des officiers malheureux. Cette résolution ne peut que redoubler le zele & l'amour du militaire pour un ministre annonçant d'aussi heureuses dispositions. On y doit d'autant plus compter, qu'ayant éprouvé lui-même l'infortune, il est plus à même d'avoir la sensibilité dont manquent souvent ses semblables.

10 *Novembre*. On vient d'apprendre la mort du duc des Deux-Ponts. Il étoit ami des lettres, grand protecteur du sieur Freron ; il avoit institué dans ses états deux gazettes, l'une politique & l'autre littéraire : mais il étoit sur-tout connu par son attachement pour le feu roi & par son zele pour la comtesse Dubarri, à laquelle il avoit promis un asyle chez lui en cas qu'elle voulût quitter la France, ou fût obligée de se souftraire à des persécutions trop violentes. C'est par un accident funeste qu'a péri ce prince : il chassoit à la grosse bête le 4 de ce mois ; le cerf est revenu sur lui, a blessé son cheval & lui-même si dangereusement, que tout l'art de la chirurgie n'a pu le secourir. Ces catastrophes sinistres qui arrivent aux têtes les plus respectables, font trembler quand on songe à quoi tient la vie la plus précieuse ainsi hasardée.

11 *Novembre* 1775. Extrait d'une lettre de Pau, du 4 dudit. MM. les démettants du parlement en 1765, font les plus grands préparatifs our célébrer la grande époque de leur retour

aussi complet. Ils ne s'attendoient pas eux-mêmes à un pareil triomphe, & ils auroient, il y a quelque temps, abonné volontiers à rentrer avec les conseillers actuels. M. de la Caze, le premier président, en mourra de chagrin; il est dans le plus grand désespoir, & sur-tout d'avoir été pris pour dupe par M. de Miroménil. Voyant ou entendant dire qu'il étoit question de sa compagnie, il avoit proposé à ce garde-des-sceaux de lui envoyer quelque député du parlement pour conférer avec lui sur le rétablissement qu'on projetoit : celui-ci lui répondit que le roi ne lui avoit point parlé de sa compagnie, & qu'il regardoit comme inutile d'en envoyer aucun membre auprès de lui. Malgré cela, on convient que M. de la Caze le fils, président actuel de la compagnie, & ayant l'agrément pour remplacer son pere, se rendroit dans la capitale sous prétexte de ses affaires; mais ce jeune homme, sans expérience, sans finesse, sans intelligence, n'a que nui par son indiscrétion & son importunité. Les démissionnaires, au contraire, avoient un député adroit, qui mené par-tout par la duchesse & par la comtesse de Grammont, a profité du zele de ces deux dames, & l'a sur-tout emporté depuis l'admission de M. de Malesherbes au ministere. Les démissionnaires se regardoient d'abord comme si heureux de rentrer avec les autres, qu'ils avoient offert à M. le contrôleur-général de payer la finance des charges de ceux-ci, parce qu'ils donnoient pour raison d'éluder le rétablissement de ces offices en charges, que plusieurs n'étoient pas en état de les payer. M. Turgot répondit que c'étoit une folie.

11 *Novembre* 1775. Les ennemis de monsieur Turgot ne pouvant donner l'essor à leur rage dans des libelles par la difficulté de les faire imprimer, se contentent de faire courir des pamphlets manuscrits contre ce ministre, ses conseillers & ses subalternes de confiance. C'est ainsi qu'ils répandent : *Catalogue des livres nouveaux qui se trouvent chez l'abbé Roubaud, secretaire perpétuel de la franche loge économiste, sous la protection de M. Turgot, le très-vénérable grand-maître.* On voit que cette facétie est bien réchauffée. Sous le titre prétendu de ces ouvrages nouveaux, on critique les opérations du contrôleur-général, ses projets, & les gens auxquels il met sa confiance. Du reste, il y a quelques bonnes plaisanteries, mais beaucoup plus de mauvaises, des allusions injustes, calomnieuses, & en général plus de méchanceté que d'esprit. On y trouve même des choses inintelligibles & qui exigeroient un long commentaire.

11 *Novembre.* L'abbé de Voisenon est très-mal d'un épuisement total, causé par une diarrhée continue. Il est fort à craindre qu'il ne réchappe pas à cette rechûte. Il est hors d'état d'être transporté, & mourra vraisemblablement à Voisenon, terre de son frere, où il est.

11 *Novembre. Monsieur* vient de prendre pour son premier peintre le sieur Doyen, artiste d'un grand mérite, le premier pour l'histoire aujourd'hui.

12 *Novembre* 1775. M. de Belle-Isle, M. de Choiseul, M. de Monteynard, M. de Muy, ont eu tous durant leur ministere l'envie de supprimer en totalité, ou de réformer en très-grande

partie la maison du roi : aucun n'a eu le courage d'effectuer ce projet traversé par les plus grands seigneurs intéressés à en empêcher l'exécution. On assure que monsieur le comte de St. Germain veut absolument le consommer & de la maniere la plus complete. Il s'est fait remettre tous les mémoires travaillés sur cette matiere, & notamment les papiers y relatifs trouvés dans ceux de son prédécesseur. Il paroît qu'il s'agit d'une suppression totale : tous les régiments de France viendront à tour de rôle monter la garde à Versailles auprès de la personne de S. M. Par ce moyen elle connoîtra successivement tous les militaires de son royaume : elle en sera connue, & il en résultera un zele plus grand des uns & une bienfaisance plus éclairée de la part du monarque. On souhaite généralement que cet arrangement ait lieu.

12 *Novembre* 1775. Le Sr. Rebel, surintendant de la musique du roi & administrateur-général de l'opéra, vient de mourir. Cette perte est nulle, en ce que ce personnage très-âgé n'avoit plus la vigueur nécessaire pour la suprême dictature, que tous ses sens raccornis le rendoient inhabile à ses fonctions du côté du goût & de l'oreille. Le sieur Francœur, son ancien acolyte, se meurt aussi. Le premier laisse un cordon de St. Michel vacant.

12 *Novembre*. La duchesse de Brancas, belle-mere du comte de Lauraguais, vient d'accoucher d'un garçon.

12 *Novembre*. M. Albert exerce ses fonctions avec une vigilance extraordinaire concernant l'introduction furtive des livres prohibés ; tous les colporteurs désœuvrés se disposent à pren-

dre un autre métier, puisqu'ils ne peuvent plus vivre avec le leur. Il est très vrai que 200 exemplaires des *Anecdotes sur madame la comtesse Dubarri* ayant été surpris en route, & portés suivant le réglement à la chambre syndicale, ont été remis à l'hôtel de la police, où le magistrat tient renfermé avec soin cet ouvrage dangereux.

13 *Novembre* 1775. Le Sr. Goupil, inspecteur de police pour la librairie, successeur du sieur d'Hemmery, est allé depuis peu à Bordeaux pour une mission secrete. On assure aujourd'hui qu'il étoit chargé de la part du ministre d'enlever dans cette capitale, ou aux environs, le manuscrit & l'édition d'un ouvrage qu'on y imprimoit furtivement, & qui avoit pour titre: *L'ombre de Louis XV devant le tribunal de Minos.*

13 *Novembre.* Monsieur de Voltaire montre aux amateurs, qui vont le voir à Ferney, le portrait du roi de Prusse, dont cette majesté lui a fait présent, ainsi que le sien, en porcelaine, qu'elle lui a également envoyé. Au bas de celui du philosophe de Ferney on lit ce mot *immortali*: devise bien glorieuse, étant donnée par un monarque si connoisseur en gloire & en mérite. Cette porcelaine est d'une manufacture nouvelle que le monarque a établie dans ses états.

M. de Voltaire ne peut s'empêcher aussi de s'épancher sur le compte de l'impératrice des Russies, qui le comble de louanges dans le commerce réciproque des lettres qu'elle soutient avec ce grand poëte. Il l'appelle familiérement, & en causant avec ses amis, la *Cathau*, abréviation mignarde du mot *Catherine*, dont on se sert envers une servante, ou envers une perruche. Mais tout est permis à un vieillard qui depuis long-temps veut traiter de pair avec les souverains.

13 *Novembre* 1775. Cet été la reine ayant choisi une robe de taffetas d'une couleur rembrunie, le roi dit en riant : *c'est couleur de puce* ; & à l'instant toutes les femmes de la cour voulurent avoir des taffetas puce. La manie passa aux hommes : les teinturiers furent occupés à travailler des nuances nouvelles. On distingua entre la vieille & la jeune puce, & l'on sous-divisa les nuances même du corps de cet insecte : le ventre, le dos, la cuisse, la tête se différencierent. Cette couleur dominante sembloit devoir être celle de l'hiver. Les marchands intéressés à multiplier les modes, ayant présenté des satins à la reine, S. M. en a choisi principalement un d'un gris cendré. *Monsieur* s'est écrié qu'il étoit *couleur des cheveux de la reine*. A l'instant la couleur puce est tombée, & l'on a dépêché des valets de chambre de Fontainebleau à Paris pour demander des velours, des ratines, des draps de cette couleur, & dans ceux-ci certains coûtoient la veille de St. Martin 86 livres l'aune : leur prix courant est de 40 à 42 livres. Cette anecdote, frivole en apparence, annonce que si le monarque François a de la solidité dans la tête, malgré sa jeunesse, les courtisans sont toujours légers, petits & vains, comme sous le feu roi.

14 *Novembre* 1775. On a su dans le temps que M. de Lamoignon, président de la chambre des

vacations, lors de sa visite des prisons à la fin des séances de ce tribunal, ayant appris qu'il y avoit à la conciergerie un janséniste qui y étoit depuis 41 ans environ, & une fille renommée dans le parti des convulsions lorsque le fameux tombeau de St. Médard étoit si fort en vogue, a voulu les voir; que ceux-ci ont refusé, & qu'il a fallu les traduire de force devant le magistrat, qui leur a offert leur liberté, s'ils vouloient se soumettre à la demander par une requête, suivant la formule usitée : à quoi ils n'ont également pas voulu consentir, en disant qu'ils avoient été détenus injustement, que c'étoit à la justice à se réformer & à leur faire les réparations qu'ils méritoient. Cette fermeté fanatique a étonné le parlement : on a été obligé d'appeller un procureur, qui d'office a rempli la forme nécessaire, & ces accusés ont été élargis.

Il faut ajouter que ce président, qu'on ne taxera pas de janséniste, mais d'une roideur de caractere, le propre des ames fortes & énergiques, lors du premier refus de l'homme de se rendre devant les magistrats, respectant cette réponse digne d'un homme qui connoît son innocence, lui fit dire que s'il étoit seul, il iroit volontiers le trouver & le prévenir; mais qu'étant-là comme chef de la chambre, il ne pouvoit quitter.

Il faut savoir encore que cet homme & cette fille avoient été surpris avec plusieurs autres convulsionnaires quelques temps après que le feu roi eut fait murer le tombeau de St. Médard, & défendu les attroupements à cette occasion; que tous les autres avoient été élargis de la même manière, c'est-à-dire, en préſentant requête convenue pour ſe plaindre de l'injuſtice qu'ils éprouvoient par leur détention : que ceux-ci ſeuls s'y étoient refuſé, & que le parlement, eſclave de la formalité, avoit préféré plutôt que d'y manquer, à continuer une iniquité qu'il reconnoiſſoit.

Il faut ſavoir encore que M. de Lamoignon, non content d'avoir procuré la liberté à ces malheureux, a pris des informations néceſſaires pour ſavoir comment ils ſubſiſteroient, diſpoſé à leur faire une penſion de ſes propres deniers ; mais qu'ils s'y ſont refuſés, ayant effectivement de quoi vivre ſans ſecours.

Tout le parti janſéniſte a treſſailli de joie en apprenant ces détails, & il s'empreſſe d'aller viſiter ces illuſtres confeſſeurs.

14 *Novembre* 1775. On a nouvelle de Fontainebleau que la tragédie de *Menzikoff* y a été jouée le vendredi 10 avec toute la pompe dont un théâtre de la cour eſt ſuſceptible, & avec une grande affluence de ſpectateurs illuſtres, d'étrangers de diſtinction, & ſur-tout des ſeigneurs Ruſſes qu'il intéreſſoit plus particuliérement. M. de la Harpe n'a pas non plus à ſe plaindre des acteurs, qui ont joué avec un zele digne du lieu. Ces acceſſoires n'ont pas empêché la piece de paroître mauvaiſe aux gens les plus difficiles, médiocre aux ſpectateurs indulgents, & d'un noir épouvantable à tout le monde.

14 *Novembre*. Les anciennes femmes de la cour ne ſont pas contentes d'un propos de la reine, qui dans l'âge jeune, aimable & folâtre où elle eſt, ignore encore avec quelle rapidité

l'âge avancé & regarde la vieillesse dans le terme le plus éloigné. S. M. a déclaré qu'elle ne savoit pas comment passé 30 ans on osoit paroître à la cour. Peut-être aussi son objet est-il d'écarter toutes les femmes du regne précédent, qui par leur bassesse, leur asservissement envers la favorite, se sont avilies & ont mérité sa juste indignation.

15 *Novembre* 1775. On sait aujourd'hui que les principaux objets traités dans les comités tenus à Montigny chez M. de Trudaine, sont la suppression des enterrements dans les églises & même des cimetieres dans les villes; car, quoiqu'on soit d'accord sur le fond, il s'agit de lever les inconvénients que présente l'autre plan, sur-tout dans une capitale immense comme Paris; celle de la mendicité, dont tout le monde convient, comme louable & nécessaire, mais également difficile dans l'exécution; celle des hôpitaux, dont il s'agiroit d'économiser l'administration très-dispendieuse & de la faire tourner au profit des pauvres, en versant les fonds entre les mains des curés de chaque paroisse, qui soulageroient leurs malades respectifs d'une façon plus intelligente, plus utile & plus agréable à ceux-ci; celle des maîtrises dans les arts & métiers, matiere susceptible dans la discussion de beaucoup de débats ; plusieurs autres enfin : tous ces projets très-avancés ont été suspendus par la goutte de monsieur Turgot. Ce ministre va mieux, travaille, mais ne donne point d'audience & ne peut aller au conseil.

M. de Maurepas est aussi sur sa chaise longue,

voyant ſes parents & ſes amis intimes, mais ne pouvant s'occuper beaucoup.

15 *Novembre* 1775. La mort du Sr. Rebel, cet admniſtrateur-général de l'opéra, ce ſuprême dictateur de la république lyrique, a laiſſé par ſa mort ſon gouvernement dans une telle anarchie, qu'il en a réſulté des diviſions funeſtes aux plaiſirs du public. Le Sr. le Gros & le Sr. Larrivée ont eu une rivalité particuliere relativement à des récompenſes pécuniaires, qu'ils croyoient mériter excluſivement l'un à l'autre. La Dlle. Roſalie & la Dlle. Châteauneuf ont eu auſſi une rixe : la derniere ayant été ſifflée, ainſi qu'on l'a dit, a attribué ſa diſgrace à la premiere, & l'a en conſéquence injuriée en public, & au ſpectacle même, dans les termes les plus énergiques de la langue de ces demoiſelles : enfin une jalouſie générale s'éleve de leur part contre la Dlle. Arnoux, qui, comme on l'a rapporté encore, eſt retirée & a accepté la condition d'être payée à 5 louis par repréſentation ; elles trouvent que c'eſt trop cher, que c'eſt par un pareil accommodement récompenſer la pareſſe de cette actrice, qu'on vouloit punir au contraire. Tant de diviſions & de cabales réduiſent l'opéra dans le plus grand délabrement, & ont fait interrompre l'acte d'*Eroſine*, le ſeul des fragments donnés aujourd'hui qu'on eût goûté. Les amateurs ſont dans la plus vive inquiétude, & ne ſavent comment finira tout cela.

16 *Novembre* 1775. Au moment où l'on croyoit le clergé prêt à diſſoudre ſon aſſemblée, il a repris ſes ſéances, même ſur les objets de politique & de régime canonique. Le gouverne-

ment ne voulant pas le laisser se séparer sans terminer l'objet de la validité des mariages des protestants, l'oblige à s'occuper de nouveau sur cette matiere. M. l'archevêque de Toulouse, & celui de Narbonne, se sont déclarés ouvertement pour le systême de la cour ; & comme ils soutiennent avec esprit ce que les zélanti appellent une mauvaise cause, & que ceux-ci défendent, au contraire, très-mal un parti qu'ils appellent le bon, on ne seroit pas surpris que les premiers l'emportassent, non par aucune approbation expresse ou concours du clergé, mais en retirant son opposition, en n'en formant point de nouvelle, & en laissant le gouvernement valider ces mariages au civil par des actes reconnus légaux & autorisés par un édit. On prend les évêques par le bien même de la religion, puisqu'en dispensant les protestants d'avoir recours au sacrement, on en épargneroit ainsi la profanation, trop commune aujourd'hui.

16 *Novembre* 1775. M. le duc d'Orléans va de mieux en mieux, il a déja chassé & s'est trouvé suffisamment, de force pour cet exercice.

17 *Novembre* 1775. On a déja vu par un court énoncé du probléme qu'a proposé comme sujet d'un prix extraordinaire l'académie des sciences, publié dans la gazette de France, combien le gouvernement avoit à cœur de trouver un moyen de suppléer à la diminution sensible du salpêtre, qu'on éprouve en ce royaume. Dans la séance publique tenue le 15 de ce mois, il en a été distribué des prospectus beaucoup plus étendus, mettant les savants en état de concou-

rir avec plus de succès sur une matiere aussi importante.

17 *Novembre* 1775. M. de Fouchy, le secretaire ancien de l'académie des sciences, auquel on a nommé M. le marquis de Condorcet pour adjoint, ayant trouvé dans un des volumes des mémoires de la compagnie que lui renvoyoit M. d'Alembert, un modele de lettre au ministre contre lui, a dénoncé son confrere à l'académie. Dans ce brouillon, véritablement brouillon, l'académicien faisoit sentir la nécessité d'accorder une prompte retraite à M. de Fouchy, désormais hors d'état de remplir les fonctions de sa place, & d'ailleurs la déshonorant par une inconduite qui lui attiroit journellement des actes judiciaires, des arrêts, des saisies dans lesquelles son corps avoit été obligé de prendre part plusieurs fois & de se compromettre. Les représentations de l'accusateur, fort judicieuses au fond, ont paru peu nobles, peu loyales, bonnes à conserver dans l'incognito, & l'on a mis ainsi les parties hors de cour.

17 *Novembre.* Dès 1762, feu M. de Parcieu avoit lu à l'académie des sciences des mémoires pour procurer à Paris une plus grande abondance d'eau, en y faisant arriver les rivieres de l'Yvette & de la Bievre. Il s'étoit toujours occupé depuis de ce projet patriotique. A sa mort M. Perronnet a été chargé de continuer un travail aussi utile. Enfin il a annoncé à l'académie des sciences qu'il étoit parfaitement achevé, que les nivellemens étoient pris, les plans levés, les devis établis, & que pour 10 millions on pourroit distribuer & rendre en proportion dans chacune des 25 mille maisons de la capitale deux mille

pouces cubes d'eau, qui fourniroient à chaque habitant environ cinquante pintes d'eau par jour.

18 *Novembre* 1775. On a célébré l'heureux avénement de M. le comte de St. Germain, dans une chanson sur l'air du menuet d'*Exaudet*, assez bien faite. C'est un précis historique de sa vie & de ses malheurs. La voici :

Saint Germain,
Dès demain
Je m'engage,
De la gloire de l'état,
Du bonheur du soldat
Ton nom seul est le gage.
Autrefois,
A ta voix,
La victoire
Sur nos pas eût accouru,
Si l'on avoit voulu
Te croire.
Mais périssent dans l'histoire,
Ainsi que dans ta mémoire,
D'un rival (*)
Trop fatal
A la France,
Les manœuvres & les maux
Qu'entraîne d'un héros
L'absence !
Des vertus
Qu'un Titus

―――――――――――――

(*) Le maréchal de B***.

Notre père,
Va chercher dans les déserts,
Montrent à l'univers
Un nouveau Bélisaire.
Aujourd'hui,
Comme lui,
Tu pardonnes.
Puisse trouver du retour
L'exemple qu'à la cour
Tu donnes !

18 Novembre 1775. L'usage est quand un secretaire d'état de la guerre parvient à ce département, qu'il annonce son avénement par des lettres circulaires à tous les gouverneurs, lieutenants-généraux, officiers-commandants, &c. M. le comte de St. Germain a profité de cette circonstance pour écrire à M. le maréchal duc de Broglio, gouverneur de Metz & du pays Messin, une lettre particuliere, par laquelle il semble oublier la querelle élevée entre ces deux personnages illustres, lors de la derniere guerre, à l'affaire de Corbach, qui occasiona la retraite de M. de St. Germain. M. de Broglio a répondu sur le même ton, & l'on donne dans le public ces deux épîtres pour des modeles de générosité & de sentimens patriotiques.

18 Novembre. Monsieur le prince de Condé vient d'acheter l'hôtel de Conti 600,000 livres, où est morte la princesse de ce nom. Il se propose d'ouvrir une grande rue en face du palais Bourbon, qui sera rendue publique, au lieu de celle qui longe cet hôtel, d'y porter des bâtiments, & de prendre sur le jardin pour faire des maisons neuves. On prétend que par la combinaison du terrein & des édifices qu'on y élevera, il procurera un emplacement très-vaste, & un beau point de vue à son palais.

On a effectivement passé au sceau, le 15 de ce mois, des lettres-patentes pour la nouvelle rue en face du palais Bourbon.

19 *Novembre* 1775. M. le comte de St. Germain a donné le 15 sa premiere audience aux invalides. On ne sauroit rendre l'affluence de monde qui s'y est trouvée, & la joie générale qu'il a remarquée sur tous les visages.

19 *Novembre*. Le parlement est rentré à l'ordinaire après la St. Martin, & a assisté à la messe rouge. Ensuite dans la grand'chambre où messieurs se sont réunis, le premier président a fait un discours d'étiquette aussi, mais remarquable par le compte qu'il y a rendu de la réintégration des cours rentrées depuis les vacances. Il a saisi cette occasion pour épancher son cœur sur le roi, & sur le choix de ses ministres, particuliérement sur M. le comte de Maurepas. L'orateur a mis tant d'onction & de pathos dans son débit, qu'il a tiré les larmes des yeux de beaucoup d'auditeurs. Ce discours lui feroit infiniment d'honneur s'il étoit de lui, mais malheureusement on connoît le faiseur, & d'ailleurs les propos ne peuvent démentir les faits. Sa conduite durant l'exil ne s'oublie point, & le rendra toujours très-méprisable aux yeux de sa compagnie.

19 *Novembre*. Les lettres de Pau, en faisant mention de la certitude reçue du réta-

blissement, ne sont pas conformes aux précédentes, qui venoient du parti adverse. Celles-ci parlent de cet événement futur comme très-agréable au public, puisque sur cette seule annonce, en signe d'alégresse, on a tiré le canon, sonné les cloches, illuminé les maisons, non-seulement dans la capitale, mais dans toute la province.

19 *Novembre* 1775. La reine, madame, madame la comtesse d'Artois, monsieur & monsieur le comte d'Artois, sont venus hier sans cérémonie à l'opéra, où il est resté même un très-grand vuide. Tous les différends ont dû cesser pour ces augustes personnages, & l'on a repris l'*acte d'Erosine*, interrompu par les querelles des acteurs.

19 *Novembre*. On parle beaucoup d'une chanson sur la cour, intitulée : *les Prudes*. Les femmes les plus distinguées de cette sphere brillante y sont passées en revue, avec plus de méchanceté que d'esprit. Malheureusement elle est, par cette raison, très-rare.

20 *Novembre* 1775. Extrait de Versailles, du 18 novembre 1775.... Il a percé ici quelques exemplaires des *anecdotes sur madame la comtesse Dubarri*, mais en si petit nombre qu'on se les arrache à la cour. On n'auroit pas cru que la scene & les acteurs étant entièrement renouvellés, cette nouveauté pût exciter une sensation aussi vive. C'est que l'auteur, comme il le dit dans sa préface, a traité le sujet le plus heureux, joignant les agréments du roman à l'intérêt de l'histoire, fécond en faits & en anecdotes, & que la diversité de la fortune de l'héroïne offre un con-

trafte piquant, une variété d'événements qui repofe & réveille fans cesse l'attention du lecteur, le charme, en un mot, de pareils ouvrages. Celui-ci, affez étendu, a 350 pages, & porte *Londres* : cette ville étant aujourd'hui la feule où l'on puisse imprimer avec fécurité ces écrits furtifs & alarmants pour ceux qui y figurent.

10 *Novembre* 1775. Le femaine derniere, où il a fait des temps de pluie affreux, on a voulu profiter de la circonftance pour exécuter l'entreprife hardie de voler à l'hôtel des Fermes. On avoit déja forcé les barreaux d'une piece voifine d'une des groffes caiffes. On étoit même parvenu à la caiffe, & avec un cric on s'efforçoit de foulever la porte de fer. Cette opération impoffible phyfiquement n'a pu réuffir. On a trouvé le lendemain les veftiges de l'introduction des voleurs & leur inftrument. On conclut que ce font des gens au fait des aguets de la maifon. Ils feront pendus fi on les découvre.

20 *Novembre*. La commiffion concernant la réforme des réguliers, dont les ouvrages, fans enrégiftrement légal, n'ont encore aucune confiftance, fe flattoit du moins que les céleftins, gagnés en partie, fe foumettroient à fes opérations : mais ces religieux réclament aujourd'hui. Ils répandent un mémoire, fuivi d'une confultation, fur leur diffolution prochaine. Ils prétendent devoir être confervés dans leur état : ils fe plaignent des actes de ce tribunal ; ils n'ofent l'attaquer ouvertement, mais font preffentir que la politique leur ferme la bouche fur fes vexations & fon defpotifme.

11 *Novembre* 1775. L'abbé de Voisenon est toujours malade & mourant à Voisenon: il est hors d'état de revenir à Paris. M. l'archevêque de Sens, c'est-à-dire, le cardinal de Luynes, dans le diocèse duquel il se trouve, & confrere de cet académicien, a cru cette ame digne de ses soins, & s'est transporté au château pour le ramener au Seigneur: ce à quoi il n'a pas eu de peine, l'abbé de Voisenon étant toujours très-bon chrétien quand il est alité. D'ailleurs il avoit avec lui l'abbé Genet, docteur de sorbonne, qui avoit déja bien ébauché la besogne. On ne conserve aucun espoir à l'égard de l'individu physique.

21 *Novembre*. Messieurs de l'assemblée du clergé ont appellé des casuistes & docteurs étrangers, suivant l'usage dans les cas importants, pour avoir leur avis sur le projet de légaliser civilement les mariages des protestants. Entre ceux-ci, l'abbé Thierri, chancelier de l'église de Paris, a prétendu que le clergé ne pouvoit acquiescer à cette tournure, en ce qu'elle entraînoit nécessairement des suites funestes à la religion. Les prélats embarrassés par son discours adroit & éloquent, ont eu recours à monsieur de Maurepas, & en ont référé à ce ministre, qui, l'on ne sait pourquoi, les a raffermis dans leur résistance, en leur remettant sous les yeux l'inconséquence de la conduite actuelle du clergé avec celle de celui qui, sous Louis XIV, s'étoit mis à genoux devant ce monarque pour obtenir la révocation de l'édit de Nantes; en sorte que cet objet est absolument écarté, & l'assemblée ne s'en occupe plus, laissant à la sagesse du gou-

vernement faire ce qu'elle jugera le plus convenable.

21 *Novembre* 1775. On a envoyé en diligence aux gobelins, à Lyon & autres manufactures, des cheveux de la reine, pour qu'on puisse en prendre la nuance exacte.

22 *Novembre* 1775. Extrait d'une lettre de Pau, du 14 novembre.... Tous messieurs du parlement ont reçu des ordres pour ne point rentrer hier, suivant l'usage; & ceux de l'ancien en ont eu, au contraire, pour se rendre au palais, ainsi qu'on l'avoit annoncé. L'installation s'est faite hier. Les présidents sont complets; il n'y a que 30 conseillers: en sorte qu'il y a 16 offices vacants. Il ne s'est trouvé à l'assemblée que 6 membres de la compagnie de 1765, restés dans leurs fonctions: on choisira dans tous les autres de quoi remplir le vuide actuel. M. le Noir, malgré ses bonnes intentions pour les expulsés, a été tellement obsédé par les autres, & l'enthousiasme public lui en a tellement imposé, qu'il n'a pu leur donner encore les consolations dont il est porteur. Il y a eu beaucoup de huées pour les six persévérants non démis; & comme elles rejaillissoient indirectement sur le premier président, dans le même cas, il les a fait cesser. Le président de Pla s'est distingué parmi les triomphants; il est puissamment riche, & il n'a pas épargné les distributions d'argent aux clercs, au peuple & à toute la canaille de la ville. La fermentation s'est communiquée au dehors; il y a eu beaucoup d'étrangers des provinces circonvoisines: des membres du parlement de Bordeaux, qui étoient aux eaux, ont été in-

vités de venir prendre part aux fêtes & à la gloire de la magistrature ; en un mot, c'est une ivresse générale, qui fait oublier les calamités de la maladie épizootique.

22 *Novembre* 1775. M. Turgot faisant après le bien public ses plus cheres délices des arts & des sciences, étend sa protection & ses encouragemens sur eux ; il vient de fonder une chaire d'hydrodynamique, à laquelle il a nommé l'abbé Bossut, qui doit ouvrir son cours public incessamment à l'oratoire. On lit une lettre du ministre à ce nouveau professeur, assez longue, où il développe des connoissances en physique, & son goût pour ces matieres.

23 *Novembre* 1775. On parle de beaucoup d'édits que S. M. doit faire apporter au parlement & quelle fera enrégistrer sous ses yeux pour plus de célérité. Il est question principalement, 1°. de la suppression des corvées, auxquelles on substituera un impôt; 2°. de la suppression des maîtrises des arts & métiers, pour rendre le commerce plus encouragé & plus florissant; 3°. de la suppression de la mendicité, à laquelle on obviera par des forces de terre, c'est-à-dire, des régiments de travailleurs publics, qu'on répartira pour les divers travaux, & qui contribueront beaucoup à remplacer les corvées; 4°. de la suppression de plusieurs charges de finances onéreuses à l'état, & sur-tout des trésoriers; 5°. enfin d'un emprunt considérable pour subvenir auxdits remboursements, & autres dépenses qu'entraînent tant de changements & de projets.

23 *Novembre*. La reine ayant fait des reproches au Sr. Brizard de ce qu'il ne jouoit pas

aussi bien à Versailles qu'à Paris, ce comédien s'est excusé sur ce que le silence morne qui regne aux spectacles de la cour, soit qu'il fît bien ou mal, lui laissoit ignorer où il péchoit, & lui ôtoit par la suppression des applaudissements un encouragement qui opéroit à coup sûr beaucoup sur le physique & sur l'excellence du jeu. S. M. touchée de ses raisons, a fait changer l'étiquette, & a permis de se livrer à tout l'enthousiasme que communiqueroit l'acteur. Cependant il en est résulté peu d'effet, le public semblant toujours attendre le signal de la reine ou de quelqu'un de la famille royale, pour se livrer à son admiration.

24 *Novembre* 1775. L'assemblée du clergé s'occupe actuellement beaucoup des moines. Les zelanti, encouragés par l'approbation de M. le comte de Maurepas à l'égard de leur opposition au rétablissement des protestants, s'élevent aujourd'hui contre la commission concernant les réguliers, & voudroient anéantir toute sa besogne, sur-tout en ce qui concerne l'extinction absolue des ordres. Les prélats sont dans une grande rumeur à cet égard, & si la cour n'arrête leurs débats, il faudroit nécessairement prolonger l'assemblée.

24 *Novembre.* Tout ce qui concerne le nouveau ministre de la guerre, est recueilli avec avidité aujourd'hui, & sur-tout les pieces qui peuvent établir son caractere : ses mœurs, sa façon de penser : c'est ce qui fait rapporter la lettre ci-jointe, écrite dans un temps, où sans doute il ne prévoyoit pas sa grandeur future.

Lettre de monsieur le comte de St. Germain à

M. *l'abbé Dubois*, *aumônier de M. le cardinal de Rohan.*

A Cerney en Alsace, ce 24 décembre 1774.

J'ai l'honneur de vous écrire sur de mauvais papier, parce que la pauvreté m'accable, & qu'il ne me reste pas de quoi en avoir de meilleur. J'ai essuyé une banqueroute de plus de cent mille écus, & je me vois, dans toute l'étendue du terme, le plus pauvre des hermites M. de Blosset, ministre du roi à Copenhague, m'a jeté dans cet abyme. J'ai malheureusement mis ma confiance dans un homme qu'il m'avoit singuliérement recommandé, & au frere duquel j'avois fait la fortune. Enfin la providence l'a voulu ! ses jugements sont justes, & je mets toute ma confiance en elle. J'ai commencé par payer tout ce que je dois, & tout sera payé dans le courant de janvier, ou au commencement de février, & ensuite j'ai payé & renvoyé mes domestiques ; mais alors quel spectacle douloureux & respectable ! tous vouloient rester à mon service pour rien ; c'a été là mon grand déchirement de cœur. Heureusement ma pauvre femme supporte ce désastre avec une patience & une résignation héroïque. Eh ! qu'elle est respectable à mes yeux & devant Dieu. Le digne major me propose de prier M. le cardinal de Bernis d'écrire au cardinal de Rohan. Vous connoissez les grands & les gens en place. Je réfléchirai sur tout cela quand ma tête sera un peu tranquille. Vous voyez que j'avois bien des raisons de ne pas aller a Saverne. Mon malheur s'annonçoit depuis l'été. Il doit m'excuser auprès du cardinal. Je lui écris ma lettre de nouvelle année, & j'y touche

che légérement cet article; mais faites-le valoir convenablement. Mille compliments à M. votre frere; je lui écrirai dès que je le pourrai. Je vous souhaite à l'un & à l'autre mille bonheurs & ce que vous pouvez desirer. Qu'est-ce que la vie de l'homme sur cette malheureuse terre? Peines & malheur! la religion seule & la vertu peuvent y adoucir un peu nos maux. Vous connoissez la sincérité de tous les sentiments tendres & distingués que je vous ai voués pour la vie.

Pourriez-vous procurer une bonne condition à la femme de chambre de ma femme? Elle a avec elle un petit garçon de 7 à 8 ans, qu'il faudroit aussi nourrir. C'est une très-digne femme. Je lui donnois par année 222 livres, & je nourrissois & logeois son enfant. Si vous pouvez l'aider, vous ferez une grande charité, & vous m'obligerez infiniment, &c.

25 *Novembre* 1775. L'abbé de Voisenon est mort, peu regretté & même peu estimé, à raison de sa conduite infame durant les derniers temps de sa vie, de son avertissement au chancelier & au ministere du jour. Ses mœurs avoient toujours été fort scandaleuses, on ne pouvoit s'habituer à voir un prêtre publiquement avec une comédienne. Du reste, c'étoit un homme très-aimable en société, ayant plus d'esprit que de jugement. Depuis long-temps il ne produisoit rien, & dans ce qu'il a composé peu de chose passera à la postérité; on ne voit guere que sa *Coquette fixée* qui puisse soutenir les révolutions du temps.

On parle déja de donner sa place vacante à l'académie Françoise à M. Turgot.

Tome VIII. M

25 *Novembre* 1775. M. le prince de Conti s'est enfin rendu aux instances des princes de son sang : il est plus docile aux conseils de la faculté : il s'en trouve déja mieux, & peut-être que cela l'encouragera à avoir plus de confiance en ses docteurs.

25 *Novembre.* On assure qu'on fait le procès à l'éditeur du livre saisi à Toulouse, intitulé : *l'Ombre de Louis XV devant le tribunal de Minos* ; & que n'ayant pu arrêter l'auteur, on en fait des perquisitions très-grandes.

26 *Novembre* 1775. On entend, en général, par l'hydrodynamique la science des loix que doivent observer les forces qui agissent sur un fluide, soit en repos, soit en mouvement : c'est le 25 novembre que s'ouvrira le nouveau cours. Voici la lettre écrite à ce sujet par M. Turgot à l'abbé Bossut : c'est une chose rare de voir un ministre entrer dans des détails aussi étendus, & parler pertinemment des sciences les plus abstruses, & même avec une sorte d'éloquence.

Versailles, le 1 octobre 1775.

Il seroit difficile, Monsieur, de compter les différents genres de travaux dont l'avantage de l'état prescrit à l'administration de s'occuper essentiellement, & dont le succès ne peut être fondé que sur la perfection de l'art de modifier ou de diriger l'action & le cours des eaux, opposer des digues à l'impétuosité de la mer, conquérir sur elle des terreins nouveaux, garantir de ses ravages ceux qu'elle menace d'engloutir, creuser des ports, empêcher les anciens de se combler par les dégats de la mer ou par ceux des rivieres qui s'y jettent, donner autant qu'il est possible aux torrents & aux fleuves un lit certain, & défendre les campagnes des inondations ; assurer & perfectionner la navigation des rivieres déja navigables, rendre navigables celles qui ne le sont pas, réunir les rivieres & les mers par des canaux de communication, féconder les terres arides en y conduisant l'eau dont elles manquent, ouvrir ailleurs des écoulements aux eaux qui infectent l'air par leur séjour, substituer aux moulins qui noient les prairies, des usines mieux entendues : quelle foule d'entreprises utiles s'offrent à l'industrie des particuliers & au soin de l'administration ! quels biens n'en doivent pas résulter un jour pour les sujets & pour l'état !

Le roi, qui desire vivement de procurer à ses peuples toutes sortes d'avantages, se propose de faire suivre avec la plus grande activité les ouvrages déja commencés en ce genre, & de les multiplier autant qu'il sera possible. Chargé de l'exécution de ses vues, je ne dissimule pas l'obstacle qu'y met l'imperfection, où est jusqu'ici la science du mouvement des fluides nécessaires pour les diriger, & sur-tout l'espece de séparation qui se trouve encore dans cette science entre la spéculation & la pratique. Des génies du premier ordre ont établi des théories profondes ; mais ces théories sont trop peu applicables à la pratique, trop peu connues de la plus grande partie des hommes d'art qui ont à opérer. Ceux-ci sont dans le plus grand nombre de cas réduits à travailler d'après des principes précaires, qui ont besoin le plus souvent d'être modifiés par une sorte de tâtonnement fondé sur la seule routine.

Il est donc nécessaire pour être en état de projeter & d'exécuter avec sûreté, & pour n'être pas exposé à tomber dans des erreurs ruineuses, de travailler à perfectionner l'art même, à en répandre la connoissance, à former un grand nombre d'artistes, qui y réunissent à l'étude des vrais principes de la théorie le secours de l'expérience, qui sachent les concilier ou les suppléer l'une par l'autre, & en tirer des regles sûres pour opérer avec succès & vaincre les difficultés.

J'ai cru ne pouvoir mieux atteindre ce but, qu'en établissant son enseignement public, où les jeunes gens puissent s'instruire également dans la théorie & dans la pratique.

Le succès de vos ouvrages sur l'hydraulique & le suffrage que les plus célebres géometres de l'Europe leur ont accordé, ont déterminé le roi à vous choisir pour vous charger de cet enseignement.

L'intention de S. M. est donc, Monsieur, que vous donniez chaque année, à commencer au mois de novembre prochain, un cours public d'hydraulique dans une salle qui vous sera indiquée à cet effet. Vous publierez un programme où vous marquerez l'ordre, le nombre, l'heure & la durée de vos leçons.

Je serai souvent dans le cas de vous consulter sur la capacité des sujets qui auront suivi votre cours, & j'espere que vous voudrez bien en rendre compte avec l'intégrité & le zele qu'on vous connoît depuis long-temps.

Je suis avec toute l'estime possible, Monsieur, votre très-obéissant serviteur,

[*Signé*] Turgot.

26 Novembre 1775. Les bals de Versailles doivent recommencer le 4 novembre prochain : ils se donneront chez madame la princesse de Lamballe, ce qui rendra l'étiquette moins gênante. La reine y dansera & soupera ainsi avec qui elle voudra indiquer.

26 Novembre. Le chansonnier de la cour a vraisemblablement jugé à propos de distinguer M. le duc de Bouillon, & de lui faire un pot à part, c'est-à-dire, de célébrer particuliérement ses sottises dans un vaudeville qui a plus de sel que tout le reste. Pour l'entendre, il faut se ressouvenir des folies que ce seigneur a faites en faveur d'une demoiselle *la Guerre*, de l'opéra. Il est sur l'air : *si le roi m'avoit donné*, &c.

  Bouillon est preux & vaillant,
   Il aime la Guerre ;
  A tout autre amusement
    Son cœur la préfere.
  Ma foi, vive un chambellan
  Qui toujours s'en va disant :
  Moi j'aime la Guerre, ô gué,

  Moi j'aime la Guerre.
  Au sortir de l'opéra
    Voler à la Guerre,
  De Bouillon qui le croira ?
    C'est le caractere.
  Elle a pour lui des appas
  Que pour d'autres elle n'a pas :
  Enfin c'est la Guerre, ô gué, &c.

  A Durfort il faut *du Thé*, (*a*)

(*a*) Courtisanne célebre.

C'est la fantaisie :
Soubize, moins dégoûté,
Aime la *Prairie* ; (*b*)
Mais Bouillon qui pour son roi
Mettroit tout en désarroi,
Aime mieux *la Guerre*, &c.

27 Novembre 1775. La nuit du dimanche au lundi 20 novembre, on a arrêté le colporteur Bourgeois, fort renommé pour son intelligence à faire passer ce qu'on appelle en termes de l'argot de ces gens-là des *marons*, & pour les débiter. C'est le même déja inquiété au sujet de la lettre sur M. de Vaines ; il avoit été obligé de se tenir caché pour quelque temps. Il étoit revenu par accommodement. On ignore son nouveau grief : on croit que c'est relativement au *catalogue de livres*, infame libelle, où l'on ose attaquer M. Turgot lui-même d'une façon outrageante & punissable. On assure que ce ministre, qui devroit être au dessus de ces infames imputations, en est fort affecté. Il a été conduit à la bastille, après une recherche de ses papiers faite à la hâte, & si peu exacte qu'il en est échappé beaucoup, dit-on, & d'importants.

28 Novembre 1775. La semaine derniere M. le maréchal duc de Biron a reçu une lettre du roi, où S. M. le remercie de ses peines & soins pendant le généralat qu'il a eu de l'armée de la haute & basse Seine, & lui annonce en même temps la cessation de ses fonctions, devenues heureusement inutiles, l'autorisant au surplus, si quelque insurrection subite l'exigeoit,

───────────

(*b*) Autre fille d'opéra.

à repousser la force par la force, jusqu'à ce qu'il eût pris ses ordres.

28 *Novembre* 1775. Il est grandement question de détruire la *gente lapine* en France, si meurtriere pour les productions de l'agriculture, vers laquelle le gouvernement porte aujourd'hui son attention & sa complaisance. Il paroît démontré que cet animal coûte un louis piece, à raison des dégats qu'il fait, & il ne le vaut pas à beaucoup près.

28 *Novembre*. Le clergé a mis en délibération ultérieure hier 27 la question de savoir, s'il étoit plus avantageux de remettre l'âge de l'émission valide des vœux à 16 ans, comme autrefois, ou de le fixer à 21 ans, suivant l'édit provisoire de 1768 ? Il y avoit eu précédemment de grands débats parmi les prélats ; & après avoir entendu les raisons pour & contre, on est venu à recueillir les voix : elles ont été presque partagées, car il y en a eu 33 pour l'ancien réglement, & 31 pour le nouveau. En conséquence arrêté des représentations au roi, pour supplier S. M. de fixer définitivement à 16 ans l'époque où un jeune homme peut s'engager en religion ; ce qui doit avoir lieu en 1778, temps où l'effet de la premiere loi à cet égard cesse. On espere que le gouvernement n'aura aucun égard à cette requisition, & qu'elle sera encore reculée à 25 ans, le seul âge où l'on puisse disposer civilement de ses biens : & quel bien plus précieux que la liberté !

29 *Novembre* 1775. La reine & monsieur sont venus au bal de l'opéra la nuit du dimanche au lundi. Comme on ne s'y attendoit pas, & qu'en général les bals de la St. Martin

ne font pas brillants, il y avoit peu de monde & mal choifi. L'apparition fréquente de ces auguftes perfonnages à nos fpectacles les améliore, en ce qu'elle tient les bons acteurs en haleine & les oblige de jouer plus fouvent.

30 *Novembre* 1775. On affure que le Sr. de la Harpe eft occupé de fon *Menzikoff*, & travaille à le mettre en état d'être joué à la comédie Françoife. Il paroît que l'ambaffadeur de Ruffie en a voulu avoir communication plus ample, pour faire réformer des endroits peu fideles quant aux faits, ou qui feroient défagréables à fa cour; paffages qui lui étoient fans doute échappés à la lecture, lorfqu'il en a eu part pour la premiere fois. On fait qu'en effet le jour du théatre éclaire beaucoup de chofes qu'on ne verroit pas autrement.

30 *Novembre*. Une *Lettre écrite à monfieur Turgot par un de fes amis*, en date du 2 novembre, paroît imprimée. Elle roule encore fur monfieur de Vaines, elle confirme les faits avancés contre lui dans la premiere, mais plus adroite, elle refpire par-tout le zele d'un auteur intéreffé à la gloire du miniftre, à la profpérité de fon adminiftration. Le premier commis eft plus furieux que jamais. On préfume que la détention du Sr. Bourgeois doit être attribuée à la vengeance du perfonnage outragé. On eft allé chez un M. de Charmoy, ci-devant attaché au fieur du Mejan, fermier-général; on le foupçonnoit d'avoir eu part à la *lettre d'un profane*, on a fouillé dans fes papiers: il crie comme un démon, & fe plaint de cet attentat contre les droits d'un citoyen, fous un regne où l'on annonce vouloir les refpecter.

30 *Novembre* 1775. Pour arrangements économiques, il vient de se former une séparation à l'amiable entre M. le comte & madame la comtesse de la Marche, à qui le prince assure 50,000 écus de rente.

1 *Décembre* 1775. M. de Guibert est actuellement occupé à retoucher sa tragédie du *Connétable de Bourbon*, dont il doit y avoir une seconde représentation sur le grand théatre de Versailles le 12 de ce mois.

2 *Décembre* 1775. Suivant le procés-verbal de la séance du maréchal duc de Broglio au parlement de Metz, accompagné de M. de Calonne, du jeudi 5 octobre 1775, il s'est passé dans cet événement commun aux autres, plusieurs circonstances qui méritent des détails particuliers.

C'est M. Pierre de Jouy, le plus ancien des présidents à mortier, qui faisoit les fonctions de premier, par le passage de M. de Montholon à celles de premier président du parlement de Rouen; & le Sr. Chifflet n'étant pas encore nommé pour le remplacer, M. Pierre compris, ils étoient six présidents à mortier & 36 conseillers seulement.

Tous les discours en général sont remarquables par une forte censure de la derniere administration, & par l'omission totale de Louis XV, dont il est fait une mention légere dans le seul discours du président Pierre; mais le plus étonnant est celui du Sr. de Calonne, qui après avoir concouru avec un zele ardent à la destruction des loix, au renversement des tribunaux, à la persécution de MM. de la Chalotais, germe funeste de toute la révolution qui a suivi, par un patriotisme hypocrite reconnoît que la prospérité d'un empire n'est établie que sur le regne des loix & sur la stabilité des anciennes institutions, se félicite d'être le restaurateur d'une cour qu'il avoit détruite avec une douleur muette. Celui de l'avocat-général Goussaud est encore plus merveilleux, par sa bassesse à faire l'éloge de cet intendant, dont voici le paragraphe.

« L'administrateur de cette province (le Sr. de Calonne, intendant) aujourd'hui l'organe de la bienfaisance du roi pour elle, jaloux de cet honneur qu'il a ambitionné & qu'il a obtenu comme la récompense du zele le plus ardent pour le succès de la cause commune, plutôt qu'à titre d'apanage du ministere important qu'il remplit dans nos murs avec une distinction singuliere, heureux d'être à la fois le témoin & l'un des objets des acclamations publiques, & qu'après avoir enlevé tous les suffrages des citoyens par la beauté du génie & les graces de l'esprit, des circonstances non équivoques aient achevé de lui subjuguer tous les cœurs, en manifestant au public les vœux actifs & désintéressés du sien, pour la prospérité de la province confiée à ses soins. »

Le siege des eaux & forêts à la table de marbre, qui sans avoir été expressément compris dans les suppressions ordonnées en 1771, s'étoit regardé néanmoins comme englobé dans leurs effets, & dont les offices auroient été liquidés, a été rétabli par un édit enrégistré le même jour.

Enfin il a été enrégistré sur le champ des lettres-patentes, données à Versailles le 26 septembre 1775, autorisant le parlement de Metz à choisir deux présidents & douze conseillers de cette cour, pour tenir la chambre des vacations, par où il a recommencé ses fonctions.

2 *Décembre* 1775. Extrait d'une lettre d'Amsterdam, du 27 novembre.... Il faut bien que les *anecdotes sur madame la comtesse Dubarri* aient percé dans votre capitale ; voici une notice qui en a été envoyée de chez vous, insérée dans une gazette en langue hollandoise, dont la traduction littérale est :

De Paris, le 17 novembre 1775. Un livre qui a pour titre : *Anecdotes sur madame la comtesse Dubarri*, sous la signature de *Londres*, fait ici beaucoup de bruit. Quoiqu'il s'y trouve quelques particularités de cette fameuse amie du défunt roi, qui paroissent un peu supposées, il est cependant certain que la plupart de ses aventures y sont décrites avec beaucoup d'exactitude & que jusqu'à présent on n'a rien lu d'aussi circonstancié à son sujet. L'auteur, qui semble savoir les secrets de la cour de bien près, ne manque pas de nommer sans ménagement tous ceux qui ont eu quelque relation avec ladite dame. Comme cet écrit ne peut être souffert publiquement, l'on en vend les exemplaires fort cher.

2 *Décembre*. La reine voulant venir à la première représentation de la reprise de l'opéra d'*Adele de Ponthieu*, a ordonné qu'on en pressât les répétitions pour qu'elle fût jouée mardi ; ce qui a obligé de suspendre l'opéra jeudi, & de donner relâche, *par ordre du roi*.

3 *Décembre* 1775. Le nombre des voleurs arrêtés

augmente tous les jours, & l'on en compte plus de cent dans les prisons du châtelet.

3 Décembre 1775. On raconte que le comte Dubarri, surnommé le Roué, ne trouvant aucun autre pays si bon que la France pour exercer ses talents, a écrit à M. de Malesherbes pour lui faire part de son desir d'y rentrer, de ses craintes au sujet d'une lettre de cachet qu'on lui avoit fait redouter à cause de son évasion, & le supplier de lui marquer ce qui en étoit. Ce ministre ayant pris les ordres du roi à cet égard, lui a répondu que S. M. étoit fort indifférente sur sa personne; qu'il n'étoit point un être assez important pour qu'on s'occupât de lui; qu'il eût à s'adresser au lieutenant de police à l'avenir, ce magistrat étant seul celui sous l'inspection duquel il pût & dût être. Le Roué, trop satisfait d'une permission humiliante pour tout autre, est, dit-on, arrivé ces jours-ci à Paris.

3 Décembre. Les prélats de la commission sachant aujourd'hui avec quelle ardeur monsieur l'archevêque de Paris soutient la cause des moines, le mettent en opposition avec lui-même, & lui représentent que c'est principalement sur ses plaintes portées à l'assemblée du clergé de 1765, concernant le mauvais régime & les constitutions vicieuses des ordres religieux, qu'on a songé à s'occuper avec attention de cet objet.

4 Décembre 1775. La lettre à M. Turgot est certainement un effet de la cabale adverse pour faire sauter ce ministre ou le discréditer, quelque parti qu'il prenne à l'égard de M. de Vaines. S'il le garde, on l'accusera d'un aveuglement tel, qu'il annonce une tête peu en état de gouverner : s'il le renvoie, on l'accusera de foiblesse, & l'on s'enhardira à de nouvelles tentatives contre les autres personnages auxquels il donne sa confiance.

4 *Décembre* 1775. La séparation de M. le comte d'avec madame la comtesse de la Marche se doit attribuer moins à des arrangements économiques, qu'au dédain de la princesse envers un fils que son auguste époux a de *Coraline*, cette actrice émérite de la comédie Italienne; & qu'il avoit désir de prendre sous ses yeux & de présenter à madame la comtesse de la Marche; ce qu'elle a refusé avec la plus grande hauteur, & ce qui a provoqué la résolution du prince, après lui avoir donné tout le temps du retour à la modération & aux égards qu'il a cru lui être dus.

Les princesses du sang n'ont la pension de 50,000 livres que comme veuves. Madame la comtesse de la Marche a prétendu être dans le cas; &, pour éviter toute tracasserie, M. le comte de la Marche lui cede la sienne.

5 *Décembre* 1775. Le soupçon de la grossesse de madame la comtesse d'Artois s'est tourné en réalité, depuis que le roi a recommandé à l'écuyer de cette princesse de prendre garde qu'elle ne fît de faux pas.

5 *Décembre* 1775. Il n'y a point eu de bal hier à Versailles, à cause du rhume que la reine a eu avec de la fievre. La même raison empêche S. M. de venir aujourd'hui à la premiere représentation d'*Adele de Ponthieu*, qu'elle devoit honorer de sa présence. Enfin on recule aussi celle du *Connétable de Bourbon* à la cour

ordonnée pour le 12, & retardée jusques au 19. Il paroît que c'est la reine qui a désiré voir cette piece une seconde fois, qui l'a goûtée, & la défend contre toutes les critiques qu'on en a faites.

6 Décembre 1775. M. le comte de Maurepas continuant à être malade, & S. M. ne voulant rien faire sans l'avis de ce mentor expérimenté, a ordonné aux autres ministres d'aller travailler chez lui à Paris, & de lui rendre compte du résultat de leurs conférences.

6 Décembre. Adele de Ponthieu, alongée jusques en cinq actes, n'en a paru aujourd'hui que plus longue & plus ennuyeuse. Les paroles du poëme sont toujours plates, dures & absolument impropres à la musique. Celle-ci, foible, sans caractere, pleine de réminiscence. Deux scenes seules, au 4 & 5me. acte, accompagnées d'un grand spectacle, produisent quelques effets : deux ou trois ariettes se remarquent. Du reste, de superbes habits, & des danses bien exécutées font tout le mérite de cette reprise. Encore les ballets n'ont-ils aucune expression, sont mal amenés & fastidieusement répétés. Les décorations ne méritent aucun éloge; l'on se plaint même qu'elles sont fort vilaines, & qu'en général cette partie est trop négligée au théatre lyrique.

M. le comte d'Artois a assisté à ce spectacle. A la fin d'une scene où la Dlle. Arnoux, qui fait le rôle d'*Adele*, se retire pour aller s'asseoir pendant une fête, elle a jeté les yeux vers la loge de S. A. R., qui paroissant la regarder avec bienveillance, a enhardi l'actrice à lui sourire familiérement, comme elle auroit pu faire à un de ſes camarades ou à ſon amant; ce qui a indigné le public, qui l'a témoigné d'une façon humiliante pour elle.

6 Décembre 1775. Le tableau des avocats eſt enfin arrêté; il eſt à l'impreſſion. Me. Caillard a déja plaidé; Me. Gerbier doit le faire inceſſamment. Il a reparu à la rentrée, mais n'a pas été accueilli de ſes confreres avec beaucoup de cordialité.

8 Décembre 1775. M. de Guibert, dont la reine a redemandé la piece, a cru devoir la rendre plus digne de S. M., quoiqu'elle en eût déja fait l'éloge contre ceux qui la critiquoient, en profitant des cenſures & en l'améliorant beaucoup. Il a ſoumis à l'examen de ſa protectrice ſon *Connétable de Bourbon* ainſi amélioré. Il lui a porté ſon manuſcrit avec les corrections: *Vous voulez donc m'ôter le plaiſir de vous défendre*, a répondu avec grace la reine? Ce qui n'a pu que flatter beaucoup l'auteur, & peut-être impoſera ſilence aux envieux.

9 Décembre 1775. M. de Malesherbes, comme ſecretaire d'état du département de Paris, a la ſuprême direction de l'opéra; mais ce tripot, ſi agréable à ſon prédéceſſeur, ne lui convenant pas, il a déclaré à la ville, que comme elle payoit, il lui remettoit cette police.

9 Décembre. Un rhume épidémique, qui a commencé à Londre & y cauſe actuellement de l'inquiétude, au point qu'on voit arriver beaucoup d'Anglois pour ſe ſouſtraire à ce fléau, a ſauté dans nos provinces méridionales, a accablé preſque tous les habitants de Toulon & de Marſeille, & s'eſt étendu à Paris, où il regne actuellement d'une façon aſſez bénigne, ſauf aux invalides, où il devient catharreux & fait périr quelquefois dix ou douze de ces pauvres vieillards par jour. On l'a d'abord nommé *la grippe*, de l'ancien nom d'une pareille épidémie, il y a huit ans. On l'a en suite nommé *la Puce*, & c'est aujourd'hui *la folette*.

9 *Décembre* 1775. Le St. Beaumarchais est revenu de Londres, & va s'occuper de son procès contre le comte de la Blache, qu'il est question d'aller terminer en Provence ; mais son grand objet devroit être d'anéantir l'arrêt de flétrissure qui subsiste toujours contre lui, & qui le laisse dans un état peu analogue aux fonctions d'un homme en relation avec la cour pour des négociations dont on ne peut douter qu'il n'ait été chargé.

10 *Décembre* 1775. Les lettres particulieres d'Espagne parlent d'un traitement dur du prince des Asturies envers M. de Grimaldi, puisqu'il est question de coups de canne. C'est à l'occasion de remontrances dont ce premier ministre avoit été chargé de la part de S. M. catholique sur le peu d'égards qu'il avoit pour le confesseur du monarque qu'il lui avoit recommandé. Ce trait de violence de l'héritier présomptif de la couronne d'Espagne, n'est pas le premier auquel il se soit porté, puisqu'il avoit déja donné un soufflet au comte d'Aranda, aujourd'hui ambassadeur en France.

10 *Décembre*. Il est arrivé de Geneve une petite brochure sans titre, mais qu'on attribue avec raison au philosophe de Ferney. Il se jette aujourd'hui à corps perdu dans *l'économisme*, qui est la secte dominante. Le nouvel écrit est pour faire sa cour à M. Turgot, rela-

tivement à la suppression des corvées, qu'il regarde comme décidée, & auxquelles ont substitue un impôt.

11 *Décembre* 1775. MM. de l'académie des belles-lettres avoient laissé perdre leur droit d'assister par députation aux fêtes de Versailles. Cette compagnie, en proie aux jansénistes depuis long-temps, a voulu sortir de cette pédanterie. Elle a réclamé un privilege dont jouissent les deux autres, & qu'il lui appartenoit plus spécialement qu'à aucune, comme fournissant les inscriptions & devises nécessaires dans ces événements publics, & M. de Malesherbes leur a fait restituer leur droit.

M. de Malesherbes vient aussi de laisser l'académie des sciences maîtresse de ses pensions, dont autrefois disposoit arbitrairement M. de la Vrilliere.

12 *Décembre* 1775. La reine & la famille royale sont venues dimanche à l'opéra. Elles étoient parties de Versailles après le salut. On a été surpris de voir parmi cette auguste assemblée madame la comtesse de Provence, qui n'ayant pas encore fait son entrée en ce lieu in *fiocchi*, suivant l'étiquette, n'auroit pu y venir. Mais ce qui a le plus affligé, ç'a été de juger que les espérances conçues sur sa nouvelle grossesse étoient évanouies.

13 *Décembre* 1775. *L'Histoire de Jenny, ou le Sage & l'Athée, par M. Sherloc, traduit par monsieur de la Caille*, (roman philosophique par monsieur de Voltaire) est dans le goût de celui de *Bélisaire*. Il est historique en partie, & ce qu'il a d'action n'est que pour enchâsser d'une façon plus intéressante un dialogue intitulé : *Précis*

de la conversation des Mais, *entre un catholique & un anglican*, qui n'est pas à l'avantage de notre sainte religion, puisque le premier finit par devenir de celle de l'autre. Mais ceci n'est encore qu'un hors d'œuvre. Le véritable but est d'amener une très-longue dissertation, aussi dialoguée, *sur l'athéisme*, où l'on épuise le pour & le contre, & où la conversation, en forme de controverse, se termine d'une façon plus édifiante, car l'athée croit en Dieu, moins touché des raisonnements de son adversaire que du pathos dont il les appuie.

En général, cet ouvrage n'approche pas des autres opuscules de l'auteur en ce genre, où le raisonnement est mis en action & a plus de force. Il y a cependant quelques traits, quelques caracteres esquissés, quelques sarcasmes digne de M. de Voltaire. Au total, il est fort sérieux, fort triste, fort philosophique, & très-digne de faire le pendant de son modele. Il est moins ennuyeux, parce qu'il est moins long, & il est moins long, parce qu'il est de monsieur de Voltaire, sachant très-bien qu'il ne faut pas tant s'appésantir sur la morale & la métaphysique.

14 *Décembre* 1775. On ne sauroit croire, ou plutôt on doit penser qu'il y a un grand mouvement à Versailles. On appelle M. de St. Germain *le Maupeou du militaire*. Toute la haute noblesse, que ses suppressions intéressent, est en alarme & crie contre lui. On a excité *monsieur*, qui a intérêt à la chose, à cause des carabiniers. Il est allé chez le ministre de la guerre lui demander raison de son projet. Monsieur de St. Germain lui a répondu très-respectueu-

sement que ce n'étoit pas lui qui le vouloit, mais le roi. On présume la résolution de S. M. invariable à cet égard, confirmée par les avis des trois ministres, M. de St. Germain, M. Turgot & M. Malesherbes.

14 *Décembre* 1775. Les parents de madame la présidente de Saint-Vincent annonçoient depuis long-temps un mémoire formidable. Il paroît enfin, & répond tellement à l'épithete, que leur avocat n'a osé le signer, & qu'on a eu recours à un avocat forain : qui court ainsi, dit-on, risque de n'être jamais inscrit sur le tableau.

15 *Décembre* 1775. Il y avoit autrefois un fonds en masse pour les pensions de MM. de l'académie des sciences, qui n'étoient point fixées individuellement, & étoient plus ou moins fortes, suivant la volonté du ministre, c'est-à-dire, suivant que ces savants faisoient leur cour à madame de Langeac. M. de Malesherbes a senti l'inconvénient de cet arbitraire, & a laissé, comme on a dit, MM. de l'académie maîtres d'en disposer ; c'est-à-dire, qu'elles ne seront plus fortes qu'à raison de l'ancienneté d'élection à la place de pensionnaire ; ce qui ne se pratiquoit pas ainsi, puisque les plus jeunes avoient quelquefois les meilleures.

15 *Décembre*. Le roi est allé dîner avant-hier à Saint-Ouen chez monsieur le maréchal prince de Soubise. S. M. lui a demandé tout simplement un alloyau. Cette faveur, dont jouissoit beaucoup autrefois ce seigneur sous le feu roi, mais dont on ne l'auroit pas cru si susceptible sous celui-ci, intrigue les courtisans, toujours alarmés de peu de chose. On ajoute que S. M.

en le laissant maître du choix des convives, lui a déclaré qu'elle ne vouloit point de femmes.

15 *Décembre* 1775. Dans la brochure *sur les corvées*, M. de Voltaire se fait le champion du contrôleur-général, & répond à ceux qui se récrient contre la substitution d'un impôt à cette charge. Mais non content de résoudre les objections les plus ordinaires & les plus fortes sur cet objet, il évente les causes secretes de ces clameurs, qu'il développe & qu'il attribue à l'ignorance des riches habitants de Paris, aux mécontentements des gros financiers, & au désespoir des intrigants, qui sous un ministre pareil désesperent de faire fortune.

15 *Décembre*. Au mémoire pour madame de St. Vincent est joint un autre écrit, ayant pour titre : *Reproches de faux témoins*, &c. Celui-là est signé de l'avocat ordinaire, *Piet Duplessis*. La consultation est du 6 décembre.

16 *Décembre* 1775. Il paroît une sentence du châtelet d'une espece singuliere, en ce que ce tribunal se mêle de fonctions que s'attribue ordinairement le tribunal supérieur. Il s'agit d'une condamnation de livre; & celui qui a été jugé digne de l'animadversion du châtelet, a pour titre : *la Philosophie de la nature*. On ne sait pourquoi il a mérité cette prédilection. Il est en six volumes, & passe dans le monde pour être d'un M. de l'Isle. Dès le premier septembre il avoit été dénoncé à la compagnie assemblée en la chambre du conseil, par un de messieurs qui avoit fait à cet égard un long discours. La compagnie avoit arrêté en conséquence que les gens du roi prendroient communication, tant du

livre que dudit récit. Enfin Me. de Delay d'Achers, premier avocat du roi, ayant fait son rapport, ledit livre a été condamné à être lacéré & brûlé en la place de Greve par l'exécuteur de la haute justice, comme impie, blasphématoire & séditieux, tendant à soulever les peuples contre la religion & le gouvernement, à renverser tous les principes de la sûreté & de l'honnêteté publique, & à révolter les sujets contre l'autorité du roi.

On ne sait pourquoi cette sentence, du 9 septembre, n'a été exécutée que le jeudi 14 décembre.

16 Décembre 1775. Les reproches de madame de St. Vincent contre les faux témoins administrés par M. le maréchal de Richelieu contre elle, sont de la plus grande force, & suivant eux il en résulte que ce seigneur demeure lui-même convaincu, ou véhémentement soupçonné d'être l'auteur du crime dont il accuse cette dame. Outre les reproches généraux, il y en a de particuliers contre les experts en écriture, très détaillés & fondés sur les interrogatoires; les autres personnages, jouant un rôle dans l'affaire, sont également discutés, & il paroît d'après cet exposé que les faits sont portés au plus haut degré d'évidence, & que tout le public, du moins la partie la moins prévenue, commence à se ranger du côté de la présidente.

Quant à la réponse de cette dame, c'est un récit très-détaillé de tous les faits. S'il n'a pas produit une aussi forte sensation dans le public comme mémoire offensif contre le maréchal, il est on ne peut plus adroitement fait comme défenfif, puifque ce n'eft point à elle qu'eft impofé le devoir de faire preuve, que c'eft à fon accufateur ; & qu'ayant démontré que les moyens font infuffifants, nuls ou faux, elle fe trouve juftifiée par eux-mêmes, & il ne refte à M. le maréchal, en ce combat fcandaleux, que la honte de l'avoir livré.

C'eft certainement le meilleur ouvrage qui ait encore été fait par Mad. de St. Vincent. Outre qu'il eft infiniment mieux écrit qu'il ne fent point le légifte & le barreau, il eft ordonné avec une fageffe, une clarté & une intelligence qui font infiniment d'honneur à fon auteur. Tel qu'il foit, fi le ton en eft quelquefois vif, hardi, chaud & vindicatif, on conçoit qu'il ne devoit pas être autrement, étant foufcrit de 54 fignatures des parents ou alliés de Mad. de St. Vincent, tous gens de qualité, & fouvent de la plus haute. Celui-ci, fondé fur celui des reproches, n'eft cenfé avoir paru qu'après, c'eft-à-dire le 10 décembre.

16 *Décembre* 1775. On favoit déja que l'affemblée du clergé qui avoit fait une collection formidable de tous les livres contre la religion répandus en France, depuis fa grande affemblée de 1765, n'oferoit entreprendre la tâche de répondre à tant d'écrits, qui auroient occupé fes coopérateurs les plus laborieux pendant des années entieres, & qui peut-être au bout de ce temps n'auroient pu qu'annoncer leur impuiffance par des réponfes peu fatisfaifantes & vraifemblablement peu lues. Le clergé, pour fe tirer d'affaire, a imaginé de fubftituer à une réfutation folide & complete, une efpece de fermon, de manifefte contre les incrédules, ayant pour titre:

Avertissement de l'assemblée générale du clergé de France, tenue à Paris par permission du roi en 1775, aux fideles de ce royaume, sur les avantages de la religion chrétienne, & les effets pernicieux de l'incrédulité. C'est celui qui a été présenté dimanche 10 au roi, par les agents généraux du clergé ; ce qui donne déja à rire dans Paris aux dépens de nosseigneurs.

17 *Décembre* 1775. La premiere tragédie que les comédiens François doivent donner, & qui est aujourd'hui ce qu'ils appellent à l'étude, c'est Lorédan, piece de M. de Fontanelle. Elle devoit avoir lieu il y a plusieurs années, mais elle a essuyé différents contre-temps & retards, comme c'est malheureusement trop ordinaire à ce théatre.

18 *Décembre* 1775. M. le maréchal duc de Noailles ayant voulu supplier le roi de lui faire communiquer par M. le comte de St. Germain les mémoires de ce ministre concernant la réforme des gardes-du-corps, dont il est capitaine, S. M. lui a répondu séchement qu'elle n'aimoit point les curiosités.

19 *Décembre* 1775. A l'avertissement du clergé est jointe une condamnation de plusieurs livres contre la religion, qui ont paru depuis la derniere assemblée de 1765. Ces livres sont *le Christianisme dévoilé.* — *L'Antiquité dévoilée par ses usages.* — *Le Sermon des cinquante.* — *L'Examen important*, attribué dans le frontispice de cet ouvrage au lord Bolingbroke. — *La Contagion sacrée.* — *L'Examen critique des anciens & nouveaux apologistes du christianisme.* — *La Lettre de Trasybule à Leucippe.*

—— *Le Système de la nature*. —— *Le Système social*.
—— *Les Questions sur l'encyclopédie.* —— *De l'Homme*. —— *L'histoire critique de la vie de J. C.*
Le Bon Sens. —— *L'Histoire philosophique & politique du commerce & des établissements des Européens dans les deux Indes.*

Ces livres sont condamnés *in globo*, comme contenant des principes respectivement faux, injurieux à Dieu & à ses augustes attributs, favorisant ou enseignant l'athéisme, plein du poison du matérialisme, anéantissant les regles des mœurs, introduisant la confusion des vices & des vertus, capables d'altérer la paix des familles, d'éteindre les sentiments qui les unissent, autorisant toutes les passions & les désordres de toute espece, tendant à inspirer du mépris pour les livres saints, à renverser leur autorité, à dépouiller l'église du pouvoir qu'elle a reçu de J. C. & à décrier ses ministres, propres à révolter les sujets contre leurs souverains, à fomenter les séditions & les troubles, destructifs de toute révélation, remplis de calomnies & d'outrages contre notre sainte loi & la personne adorable de J. C. notre sauveur ; scandaleux, téméraires, impies, blasphématoires & aussi offensants pour la majesté divine que nuisibles au bien des empires & des sociétés.

Il est à observer que cette condamnation n'est signée que des prélats, comme se croyant seuls en droit de prononcer sur les matieres de dogme.

Il est à observer encore que l'auteur de *l'Histoire Philosophique & Politique des Etablissements des Européens dans les deux Indes*, est celui qui ait le plus provoqué l'attention de nosseigneurs.

nosseigneurs. Ils l'ont désigné spécialement dans leur avertissement, où ils le qualifient de l'un des plus séditieux écrivains parmi les incrédules modernes.

Enfin le tout est terminé par une lettre circulaire aux archevêques & évêques du clergé de France, où l'assemblée leur rend compte que parmi les importants objets qui l'ont occupée durant ses séances, sa principale application s'est portée sur les moyens d'arrêter le cours des livres impies & les progrès de l'irréligion. Qu'elle avoit commencé par recourir au roi ; que pour donner plus de poids à ses remontrances, elle l'avoit supplié de permettre qu'elles lui fussent présentées, non par une députation ordinaire, mais par l'assemblée en corps ; que S. M. avoit écouté avec autant d'intérêt que d'attention le prélat qui avoit porté la parole ; que la réponse du roi, avoit exprimé de la maniere la plus forte son attachement inviolable à la religion ; que sa majesté avoit répondu depuis à ses remontrances, qu'elle donneroit les ordres les plus précis pour que les loix & réglements sur la librairie, dont le clergé demandoit l'exécution, ne fussent pas éludés au préjudice de la religion & des mœurs. Cette lettre est datée le.... décembre 1775. Du reste, le clergé assemblé joint à cette lettre son avertissement & sa condamnation, &c. en disant à chaque prélat qu'il fera de ces deux écrits l'usage que sa sagesse lui prescrira.

19 *Décembre* 1775. On a le procès-verbal de la séance de M. le Noir au parlement de Pau, en date du 13 novembre. On y voit, ainsi qu'on l'avoit dit, que ce magistrat n'avoit aucun

militaire avec lui, & qu'il a présidé seul à la cérémonie, accompagné du Sr. Journet, maître des requêtes & intendant de la généralité d'Auch : que le parlement étoit composé du premier président & de six présidents à mortier, de l'évêque d'Oleron, conseiller né ; de deux chevaliers d'honneur & de 19 conseillers; & que tout le parquet étoit représenté par un substitut. Le discours de monsieur le Noir est remarquable par cet esprit de cour qui fait trouver tout bien, par les éloges qu'il prodigue également & aux conseillers démis & aux conseillers restés, par la douleur de ce magistrat d'avoir été employé ci-devant à la destruction des parlements, & par sa joie de servir aujourd'hui d'instrument à leur rétablissement. Il a insinué aux magistrats d'avoir ce même esprit de souplesse, de s'accommoder, de se faire tous à tout. Il annonce que sa majesté donne une marque particuliere de sa confiance à son parlement, en l'admettant à concourir à ce qui peut concerner le réglement de son service, intéresser l'administration de la justice, & à lui proposer le moyen de faire le bien des habitants de son ressort.

Le discours du premier président, le moteur de tous les troubles de ce parlement par le despotisme qu'il a voulu introduire, n'est pas moins singulier en ce que malgré la mortification qu'il essuie par le retour des anciens magistrats, qu'il a traversé le plus qu'il a pu, il fait bonne contenance & semble se féliciter de l'évenement, comme s'il l'eût desiré avec ardeur. Il a cependant le courage d'y faire mention des magistrats expulsés, dont il exalte les vertus & les talents: il charge M. le Noir de témoigner au roi à quel point ces victimes infortunées méritent ses bontés par leur zele pour le bien public.

Une circonstance particuliere de ce procès-verbal, c'est qu'après les enrégistrements faits en la grand'chambre, messieurs le Noir & Journet, & le parlement, sont descendus en la salle d'audience, où le public étoit assemblé, & où M. le Noir a fait un autre discours d'apparat. La publication des édits faits, ils sont remontés à la grand'chambre, où M. le Noir a invité le parlement à travailler incessamment aux mémoires que S. M. a ordonné lui être envoyés par l'article 12 de l'édit de rétablissement, & il a prié M. le premier président de le mettre à portée de concourir sans délai à l'exécution des intentions de S. M. Il a été nommé à cet effet des commissaires, avec indication de s'assembler jeudi prochain 16 du présent mois, à 4 heures de relevée, chez M. le P. P. pour remplir les vues de S. M.

Une autre circonstance particuliere, c'est que M. le Noir a remis deux lettres adressées à messieurs les officiers du parlement, l'une par M. de Miroménil, garde-des-sceaux, & l'autre par M. de Malesherbes, secretaire d'état au département de cette province. La lecture faite desdites lettres, qui feront transcrites dans le registre, MM. le Noir & Journet se sont retirés au parquet.

19 *Décembre* 1775. Le Sr. Destouches, l'ame damnée de M. l'abbé Terrai, profitant du crédit qu'il avoit sur l'esprit des officiers municipaux de la ville de Lyon, ou plutôt de la terreur que lui & son maître leur avoient inspirée, les

avoit engagés à faire faire à Paris par un sculpteur habile le buste de ce contrôleur-général, pour le placer dans leur hôtel-de-ville : depuis l'expulsion de l'abbé Terrai, ils ont rougi de leur délibération, & ont résolu qu'elle n'auroit aucune suite. Mais le buste est fait, & l'artiste demande à être payé, sauf à eux à en disposer comme ils voudront.

20 *Décembre* 1775. Le même jour de la réinstallation du parlement de Pau, cette compagnie a fait l'arrêté suivant, dont elle a donné sur le champ connoissance à MM. le Noir & Journet, retirés au parquet pendant ce temps-là. En voici la teneur.

" Dans la même séance, arrêté que la cour
» pénétrée de la plus vive reconnoissance des
» bienfaits dudit seigneur roi, comblée de joie de
» ce que rendant justice au zele dont tous les
» membres n'ont cessé d'être animés pour son ser-
» vice, ledit seigneur roi daigne les rappeller à
» des fonctions qui dans tous les temps ont fait
» leur gloire, & qui, s'il étoit possible, leur de-
» viendroient aujourd'hui plus précieux par les
» marques publiques de satisfaction que cet évé-
» nement excite dans tout le ressort ; ladite cour
» desireroit pouvoir se rendre en corps au pied du
» trône pour en remercier ledit seigneur roi ;
» mais que retenue par son devoir, assurée de
» donner audit seigneur roi une preuve plus cer-
» taine de ses sentiments, en les sacrifiant tous au
» bonheur de ses peuples & au soin de leur ren-
» dre la justice, elle supplie ledit seigneur roi
» d'agréer que le sieur de Navailles Pocyféré,
» chevalier d'honneur, qui se rend près de sa
» personne sacrée en qualité de député des états

„ de cette province, lui porte, au nom de ladite
„ cour, l'hommage de son attachement, de sa
„ soumission, de son amour & de son respect.

„ Dans la même séance, arrêté que dans l'ins-
„ tant MM. les commissaires du conseil se-
„ ront visités pour leur témoigner la satisfaction
„ de la cour, du choix que ledit seigneur roi a
„ fait de leurs personnes, pour lui porter ses or-
„ dres, & pour les assurer du zele avec lequel la-
„ dite cour concourra avec eux à tout ce qui
„ peut intéresser le service dudit seigneur roi
„ & le bonheur des peuples confiés à ses soins. „

21 *Décembre* 1775. Il n'y aura enfin plus de peine de mort infligée aux déserteurs : ils seront condamnés pour la vie à des galeres de terre, & employés à travailler aux fortifications. Il y aura trois dépôts principaux, à Strasbourg, à Metz, à Lille.

22 *Décembre* 1775. On a nouvelle de la mort du grand-maître de Malte, remplacé par un *Rohan*. Celui-ci, quoique François d'origine, est né en Espagne, où son pere se retira sous la minorité du feu roi; pour se soustraire au jugement prononcé contre lui, comme ayant cherché à fomenter une révolte contre M. le régent.

22 *Décembre*. On sait que le roi de Prusse a fait solliciter le Sr. Tronchin de venir le visiter dans la maladie grave dont il est attaqué, & que ce docteur a répondu qu'il ne pouvoit quitter le duc d'Orléans, auquel il étoit attaché, & encore en état de convalescence.

22 *Décembre*. Il paroît que la maison de *Rohan* est à la veille d'obtenir une faveur qu'elle demandoit depuis long-temps, celle d'avoir le

cordon bleu à 25 ans. On croit qu'en conséquence le prince de Soubise recevra cet ordre au premier janvier 1776.

23 *Décembre* 1775. Me. Linguet n'a pu obtenir la permission de faire imprimer sa requête, qu'on dit admirablement bien faite. Elle n'est point encore rejetée, ainsi qu'on l'avoit annoncé, mais elle sera rapportée avant la fin de l'année, & lui-même n'en attend aucun succès.

23 *Décembre.* Le baron de Pirch, capitaine aide-major au régiment d'Anhalt, celui qui a beaucoup guidé M. de Monteynard & M. de Muy dans les changements qu'ils ont faits à notre tactique, a été dangereusement blessé à Strasbourg ; & l'on regarde cette rixe comme une suite de la jalousie des autres militaires.

23 *Décembre.* On ne peut nombrer les demandes en séparation dont les tribunaux retentissent, & qui augmentent tous les jours. La marquise de Gouy reparoît sur les rangs ; elle a présenté une nouvelle requête, avec quelques faits nouveaux, où elle se plaint beaucoup de la lésinerie de son mari envers elle, prodigue pour lui seul.

23 *Décembre.* Qui croiroit que dans ce siecle & dans ce moment-ci, il se trouveroit encore quelque fanatique pour ressusciter la vieille querelle du formulaire ? C'est ce que fait l'auteur d'un gros volume, du caractere le plus fin, sur cet objet. Il paroît aussi une *Lettre en réponse de l'Ami de province, à la lettre de* M***, *du 30 août dernier*, sur le prétendu rétablissement des soi-disant jésuites. Elle est datée du 9 novembre, & donne les motifs de crédibilité, assurant à jamais l'anéantissement de cette société.

24 *Décembre* 1775. MM. de la ville ne pouvant tenir aux frais d'administration que leur coûte l'opéra, auxquels elle consacre de ses fonds plus de 50,000 écus par an, ont imaginé d'en confier le soin à quelque compagnie. Il s'en présente une, à la tête de laquelle voudroit se mettre le Sr. Berthin, des parties casuelles, homme fort riche, fort paillard, & qui consacrera volontiers une partie de son revenu pour se livrer à l'aise à tout son libertinage au milieu de ce voluptueux serrail ; mais il faut voir aussi si le public sera mieux servi.

25 *Décembre* 1775. On a parlé plusieurs fois du Sr. Dulaurens, maire de Rochefort, occupé depuis cinq ans à solliciter pour cette ville la liberté du commerce des colonies. Il avoit contre lui les fermiers-généraux & la ville de la Rochelle, soutenue par le Sr. Senac de Meilhan, alors son intendant : outre les contrariétés qu'il avoit éprouvées, il avoit reçu un ordre de sortir de Paris, qui heureusement n'eut pas de suite : enfin il a surmonté toutes les difficultés & toutes les objections, & il a obtenu un arrêt du conseil du 4 de ce mois, qui assimile Rochefort pour servir d'entrepôt au commerce des colonies, aux villes dénommées par le réglement de 1717. Outre cette faveur, on espère que le ministère y ramenera les armements & les approvisionnements pour les colonies au compte du roi, transportés à Bordeaux depuis quelques années.

La ville de Rochefort a été si enthousiasmée du zele de son maire, que par une délibération elle a arrêté de lui faire une pension reversible en partie sur la tête de sa femme, de faire faire son portrait, & de le placer dans l'hôtel-de-ville.

25 *Décembre* 1775. Le Sr. Laideguive, notaire, un des plus habiles hommes de son métier, vient de mourir : il avoit un art merveilleux de rédiger les actes & d'y répandre une sorte d'éloquence, sans rien ôter à la clarté, à la force, à la précision des stipulations. Il étoit fort riche, & laisse trois millions de bien. On observe à l'égard de sa charge, à quel point d'importance cet effet, dont la finance est de 40,000 livres, se trouve porté aujourd'hui. Il est question de de la vendre 300,000 livres.

26 *Décembre* 1775. On sait que depuis qu'il est question de valider les mariages des protestants, le gouvernement a invité M. de Voltaire à écrire sur cet objet intéressant : en conséquence il a fait ramasser à Paris toutes les pieces qui ont paru depuis quelque temps sur cette matiere, & l'on attend avec impatience son importante production. Il résulte toujours des sollicitations de M. Turgot à cet égard envers le philosophe de Ferney, qu'il ne quitte pas prise, & cherche seulement à bien préparer les esprits, à les éclairer, à faire précéder la voix de l'humanité dans les cœurs, avant de rendre une loi décisive.

27 *Décembre* 1775. On n'a pas manqué de faire ici au général Ricci une épitaphe, sinon spirituelle, au moins très-mordante. Cette production est bien digne d'une plume janséniste, dont elle sort vraisemblablement : en attendant quelque chose de mieux on va rapporter celle-ci :

Ci gît le dernier chef de la troupe d'Ignace,
 Dont la rage employa le poison & le fer :
Si jamais Dieu lui faisoit grace,
 Le ciel deviendroit un enfer.

28 *Décembre* 1775. M. de Voltaire, non content des divers éloges prodigués à M. Turgot & à son administration par voie indirecte, vient d'adresser à ce ministre une épître intitulée : *le Temps présent*. C'est une peinture touchante & agréable par le contraste de la vie malheureuse que les habitants de la campagne menoient depuis long-temps, avec celle dont ils vont jouir sous un gouvernement ami de l'agriculture & de l'humanité. L'auteur les met eux-mêmes en scene, & les fait parler d'une façon bien flatteuse pour M. Turgot. On y retrouve la maniere unique de l'auteur de tant de productions du même genre, qu'on lit toujours avec un nouveau plaisir. Il a eu l'adresse d'y faire venir monsieur de Choiseul, & de lui donner le coup d'encensoir, pour réparer, s'il est possible, le reproche d'ingratitude, qu'il n'a malheureusement que trop mérité envers cet illustre Mécene.

29 *Décembre* 1775. La procédure concernant l'affaire du maréchal de Richelieu est absolument close, & l'on espere voir enfin finir ce procès important. M. le prince de Conti est toujours très-favorable au maréchal, & annonce qu'il se fera porter aux assemblées plutôt que d'y manquer. Le grand nombre des ducs est aussi pour M. de Richelieu, mais les partisans de madame de St. Vincent comptent sur les magistrats en plus grand nombre.

29 *Décembre*. On rapporte que la reine ayant entrepris monsieur le comte de St. Germain sur ses opérations, lui avoit demandé pourquoi il conservoit 50 gendarmes & 50 chevaux-légers ? ajoutant : « c'est, sans doute, pour accompagner le roi au lit de justice ? --- Non,

» madame, c'est pour figurer aux *Te Deum*. »

29 *Décembre* 1775. L'emprunt du clergé, quoique rempli depuis long-temps, est toujours ouvert. Cet ordre se propose de faire ainsi une navette continuelle : comme il n'est qu'à quatre pour cent, il remboursera ses dettes plus onéreuses à cinq, ce qui fera refluer beaucoup d'argent dans le public, & doit consolider la réduction volontaire de l'intérêt à quatre pour cent généralement.

30 *Décembre* 1774. On sait que M. de Voltaire étoit fort lié avec l'abbé de Voisenon, c'est-à-dire, autant que deux gens de lettres peuvent l'être. Quoi qu'il en soit, il étoit naturel que le premier célébrât la mort de l'autre : c'est ce qu'il a fait par une épitaphe, où l'on voit que la douleur ne l'a pas empêché de s'égayer sur cette triste matiere. Voici comme il caractérise son confrere, l'académien :

 Ici gît ou plutôt frétille

 Voisenon, frere de Chaulieu :

 A sa muse vive & gentille

 Je ne prétends pas dire adieu,

 Car je m'en vais au même lieu,

 Comme cadet de la famille.

30 *Décembre*. Il paroît une *lettre d'un fermier de Champagne à M. Necker*, facétie qu'on attribue à M. de Voltaire. Elle roule sur le livre de ce banquier, relativement au commerce & à la législation des grains ; & l'on conçoit aisément que le persiflage étoit la seule arme avec laquelle le philosophe de Ferney pût combattre en matiere de politique, de commerce & d'administration, contre un homme aussi profond & aussi exercé que son rival.

31 *Décembre* 1775. On exalte beaucoup deux traits du roi, qui annoncent que S. M. entre dans les bonnes vues que lui présentent ses ministres, les adopte sincérement, & est à cet égard plus sévere qu'eux. M. le comte de St. Germain lui-même, & M. de Malesherbes de son côté, ayant proposé à ce prince d'accorder respectivement une pension à des sujets pour lesquels on en sollicitoit, la réponse successive de S. M. a été qu'elle ne pouvoit en donner qui fussent onéreuses à ses peuples ; qu'étant dans le cas de faire justice en payant ses dettes & diminuant les impôts, elle ne devoit point s'occuper d'une munificence déplacée.

31 *Décembre*. On sait que Louis XV, s'embarrassant peu de l'avenir, mangeoit continuellement d'avance sur les revenus de l'état, & qu'à sa mort il avoit ainsi anticipé de 180 millions, dont les receveurs-généraux & autres gros financiers avoient fait les avances : depuis que M. Turgot est dans le ministere, il est démontré qu'il a diminué cette anticipation de 37 millions, par les différentes réductions & économies sur ces emprunts usuraires ; en sorte qu'en allant toujours sur les mêmes errements, l'allégement doit devenir de plus en plus considérable. Voilà ce qui désole les sang-sues publiques, & les fait crier après un contrôleur-général qui leur ôte des bénéfices aussi gros & aussi funestes pour le monarque.

31 *Décembre*. On parle des *volumes* 6 & 7, servant de suite au *Journal historique de la révolution opérée dans la constitution de la monarchie Françoise par M. de Maupeou*. Ceux-ci embrassent la restauration de la magistrature depuis la mort

de Louis XV jufqu'à pâque de cette année; temps où les parlements fe font trouvés rétablis, fauf ceux de Metz & de Pau, qui l'ont été depuis, ainfi que nous l'avons marqué plus haut. L'auteur annonce un nouvel ordre de chofes par fon épigraphe: *afpice venturo lætentur ut omnia fœclo*, qui contrafte à merveille avec la premiere: *quis talia fando temperet à lacrimis!*

31 Décembre 1775. Le *Connétable de Bourbon* n'a pas eu hier le fuccès que l'on s'en promettoit: on a trouvé que les changements ne l'avoient point amélioré, & que le dénouement étoit, au contraire, plus déteftable. Les partifans de l'auteur profitant de la liberté donnée récemment à la cour d'applaudir, l'ont fait à toute outrance; mais en revanche il s'eft élevé au 5me. acte un murmure reffemblant fort à des huées. La reine, qui protege M. de Guibert & fon ouvrage, a été très-mécontente d'une critique auffi marquée & auffi indécente.

On a donnée enfuite *le ballet de Médée & Jafon*, exécuté il y a plufieurs années à Paris dans l'opéra d'*Ifmene & d'Ifménias*. Il faut fe rappeller que cette pantomime eft un poëme complet en trois actes. Mlle. Allard y a reparu, & a rempli le rôle de *Médée* dans le genre le plus tragique. Les acceffoires des décorations & du fpectacle en ont rendu les effets plus frappants, au point de paffer des yeux à l'ame & de l'émouvoir fortement.

Fin du huitieme Volume.

www.ingramcontent.com/pod-product-compliance
Lightning Source LLC
Chambersburg PA
CBHW070740170426
43200CB00007B/596